Renaud van Quekelberghe

ANNA

Eine Lebenslaufanalyse

Zum Autor:

Renaud van Quekelberghe, geb. 1944, Studium der Psychologie und Philosophie in Brüssel und Köln (Promotion 1972). Zunächst im psychiatrischen Bereich klinisch-psychologisch tätig, dann wissenschaftlicher Mitarbeiter am Institut für Psychologie der TU Berlin (Habilitation 1978). Seit 1979 Professur für Klinische Psychologie an der Erziehungswissenschaftlichen Hochschule Rheinland-Pfalz, Abt., Landau. Zahlreiche Veröffentlichungen auf folgenden Gebieten: Handlungstheorie, vergleichende Psychotherapieforschung, kognitive Therapie und Lebenslaufanalyse.

Renaud van Quekelberghe

ANNA

Eine Lebenslaufanalyse

Edition Humanistische Psychologie
— 1988 —

Herausgeber:
Anna und Milan Sreckovic

Umschlagentwurf:
Robert de Zoete

Vertrieb:
Moll & Eckhardt
Zülpicher Str. 174
5000 Köln 41

Satz:
HSH Fotosatz GbR
Industriestraße 31, 5138 Heinsberg

Gesamtherstellung:
Agentur Ulrich Himmels
Industriestraße 31, 5138 Heinsberg

ISBN 3-926176-15-6

Inhaltsverzeichnis

Inhaltsverzeichnis

Vorwort

Biographie-Forschung innerhalb der Psychologie erlebt zur Zeit eine Renaissance. Zu dieser »Neu- oder Wiedergeburt« möchte auch das vorliegende Buch in Theorie und Praxis beitragen.

Wie schon im ersten Kapitel sichtbar wird, vertrete ich einen perspektivisch-verstehenden Ansatz, der in der bisherigen Psychologie / Psychotherapie wenig geläufig ist. Erschwerend kommt noch hinzu, daß ich in diesem Buch mehrere Ziele und Absichten verfolge, deren Verwobenheit mancher Leser nicht unmittelbar nachvollziehen kann. Nicht zuletzt aus diesem Grund möchte ich einige einleitende Sätze schreiben.

Das Buch gliedert sich in vier Teile.

Im ersten Teil skizziere ich wichtige Prinzipien und Merkmale einer perspektivisch-verstehenden Psychologie. Gerade wenn behauptet wird, daß Sinnzusammenhänge einer kommunikativen Begegnung bzw. eines intersubjektiven Dialogs bedürfen, um zu ihrer Explikation und Selbstreflexion zu kommen, wäre es wohl fehl am Platz, ein festes Bezugssystem aufzustellen, wonach sich die Dialog-Partner (Therapeut und Klient) orientieren sollten. Was in vielen Therapieschulen — zumindest implizit — geschieht, nämlich eine allmähliche Annäherung bzw. Anpassung des Klienten an eine Theorie (Ideologie) der Entstehung und Heilung von Störungen, soll so weit wie möglich unterlassen werden. Die Idee einer prinzipiellen Unendlichkeit von Perspektiven (Bezugssystemen, Theorien, Modellen etc.), so einseitig und relativ sie auch wiederum sein kann, trägt sicher dazu bei, allzu dogmatische Festlegungen beim Therapeuten wie auch beim Klienten zu vermeiden. Darüber hinaus wirkt es sich beispielsweise förderlich auf die Berücksichtigung von Sinnzusammenhängen, die über den Horizont der individuellen Leidensgeschichte weit hinausgehen. In diesem Kontext wird dann verständlich, warum ich gleich zu Anfang auf psychophilosophische Traditionen wie Stoizismus, Taoismus oder Zen-Buddhismus näher eingehe.

Im ersten Teil stelle ich auch die therapeutische Methode »Lebenslaufanalyse« dar. Die vielfältigen Funktionen und Verfahren der Lebenslaufanalyse zielen auf einen selbstreflexiven, integrierenden Dialog über Motivsysteme, Themenkreise und Energiezentren der sich in Interaktion mit sich selbst, den anderen und der Welt vollziehenden Biographie.

In diesem Sinne möchte ich die Lebenslaufanalyse verstehen als ein in Entwicklung begriffenes, offenes Therapie-System, das seinen Schwerpunkt um therapierelevante Rekonstruktionsprozesse der Biographie kreisen läßt.

Im zweiten Teil werden gleichsam exemplarisch die Biographie und knapp einjährige Lebenslaufanalyse Annas zum zentralen Thema gemacht. Um dem Leser den Einstieg in die Entwicklungsdynamik dieser Lebensgeschichte zu erleichtern, habe ich mich weitgehend am chronologischen Verlauf orientiert. Die therapeutische Rekonstruktion des Lebenslaufs entwickelt sich nur streckenweise nach strengen diachronisch-sequentiellen Gesichtspunkten. Spiralförmige Umkreisungen, Zickzack-Bewegungen, Sprünge und Quereinstiege sind eher die Regel beim allmählich Sich-Einlassen auf die persönliche Lebensgeschichte. Trotz Rücksichtnahme auf die Gestaltung eines leserfreundlichen Manuskripts habe ich versucht, viele subjektive Gliederungs- und Einordnungsmuster Annas so zu übernehmen, daß Anna darin für sie wichtige Bestandteile der Rekonstruktionsarbeit ihrer Kindheit und Jugend möglichst unverzerrt wiederfinden würde.

Im dritten Teil verlasse ich die chronologische Ordnung zugunsten einer vorrangig themenzentrierten Beschreibung der Lebenslaufanalyse. Auch hier gilt meine Absicht weniger einer genauen Wiedergabe von lebenslaufanalytischen Sitzungsprotokollen, als der Verdeutlichung einiger weniger Themenkreise der letzten zehn Jahre, vor allem in ihrer Beziehung zu Annas seelischem Leidensweg. Falls dem Leser die Trennung zwischen biographischer Rekonstruktion und therapeutischer Lebenslaufanalyse dabei unscharf werden sollte, würde ich es als einen Beleg dafür nehmen, daß es mir geglückt ist, die enge Inderdependenz biographischer Rekonstruktionsarbeit und therapeutischer Lebensveränderung deutlich zu machen.

Im letzten, vierten Teil diskutiere ich zunächst die Lebenslaufanalyse und Biographie Annas in bezug auf bzw. auf dem Hintergrund verschiedener Persönlichkeits- und Psychotherapietheorien. Dabei wird besonders deutlich, wie eng Phänomene und Bezugssysteme, Lebensereignisse und Biographie-Theorien einander bedingen, miteinander verknüpft werden.

Sicher verfügt die Psychologie / Psychotherapie über viele interessante Bezugssysteme, um Lebensthemen und -ereignisse verständlich zu machen. Mir kam es aber vor allem darauf an, die bei Anna im Zuge ihrer Lebenslaufanalyse sich entwickelnden Reflexions- und Ordnungsmuster transparent zu machen. So schließt auch dieser Teil und das Buch mit der Idee Annas über den inneren Therapeuten.

Ein zentrales Anliegen dieses Buches ist selbstverständlich, am Beispiel »Anna« in eine — sagen wir mal — biographisch-existentielle, perspektivisch-verstehende Therapie einzuführen. Ein nicht minder wichtiges Anliegen — wenn auch weniger vordergründig — besteht für mich darin, den Dialog zwischen moderner Psychologie und uralten Weisheitstraditionen aufzunehmen und für die psychologische Biographie- und Therapieforschung fruchtbar zu machen.

Mein Dank gilt zunächst Frau Dipl.-Psych. Eva Münz für ihre Durchsicht des Manuskripts sowie ihre hilfreichen Anregungen. Ebenso sei meiner Sekretärin Frau R. Krieger für ihre tatkräftige Unterstützung bei der Manuskriptanfertigung herzlich gedankt.

Im Januar 1988 *Renaud van Quekelberghe*

Teil I

Theorie und Methoden

»Wir sind nicht bereit für das Namenlose, für das Lebendige, wir haben keine Ruhe, bis wir es nicht zu einem Namen verurteilt haben, der nicht mehr gilt.«
Max Frisch
(Aus: Rip van Winkle, Stuttgart 1969, S. 59)

1. Kapitel

Möglichkeiten einer perspektivisch-verstehenden Psychologie

> »Das Perspektivische ist die Grundbedingung allen Lebens.«
> *F. Nietzsche*

Themen, die um Lebenslauf, individuelle Geschichte, Subjekt, Identität, Personwerdung kreisen, werden in der zeitgenössischen, akademischen Psychologie nur sporadisch, eher beiläufig behandelt.

Oft sind diese Themen mit Etiketten versehen wie »idiographischer Ansatz«, »Phänomenologie«, »hermeneutische Methode« u.ä.m.; sie werden in der naturwissenschaftlich orientierten »Hochschulpsychologie« nicht besonders beachtet. Oder es wird lediglich auf psychoanalytische, zuweilen auch marxistisch-psychologische Spekulationen hingewiesen.

Innerhalb der Klinischen Psychologie gibt es zwar in der letzten Zeit einige Bemühungen, sich der Historizität des Subjekts verstärkt anzunehmen; dennoch macht die Auseinandersetzung mit der Biographie des Subjekts im Vergleich zu anderen Forschungsgebieten in der psychologischen Theorie wie auch in der Therapiepraxis nur langsam Fortschritte.

Ich selbst bin über Umwege, vor allem von der kognitiven Verhaltenstherapie und der Gestalttherapie ausgehend, erst in den letzten Jahren zur Einsicht gekommen, daß eine Zentrierung auf die Lebensgeschichte des Einzelnen für die Weiterentwicklung der Psychologie als Wissenschaft von entscheidender Bedeutung ist. So sehr ich mich aber für ein innerhalb der Psychologie zunehmendes Forschungsinteresse für Biographie (vgl. z.B. den Sammelband 'Biographie und Psychologie', *Jüttemann / Thomae,* 1987) freue, glaube ich doch, daß man zu kurz greift, wenn man nur einen neuen Forschungsschwerpunkt eröffnen will, etwa in der Reihenfolge: Verhalten, Kognition, Emotion, Motivation und schließlich Biographie.

Vielmehr bin ich der Auffassung, daß das Sich-Einlassen auf die geschichtliche Subjektivität einen gründlichen Perspektivenwechsel innerhalb des theoretischen und methodischen Selbstverständnisses der heutigen Psychologie erforderlich macht.

Die Rückbesinnung auf den Einzelnen und seine Biographie zieht ein Umdenken über die Grundannahmen und Kategorien der Psychologie nach sich. Statt vom Gesetz und vom Allgemeinen auszugehen, was m.E. letztlich auch bei der angewandten Psychologie erfolgt, soll versucht werden vom Primat des Besonderen, des Individuellen her Theorie und Praxis zu entwickeln. D.h. Wege zu eröffnen, die auf das Individuelle direkt zielen. Kategorien, die mir dazu sofort einfallen, sind etwa: Erleben, Erfahren, Lebenssinn, Lebensgeschichte, Geburt und Tod, Alltag und Arbeit, Leiden und Lieben, Sehnsüchte, Utopien... Mit anderen Worten, es sind Themen und Kategorien, die zusammenhängen mit der Direktheit und Betroffenheit der individuellen Erfahrung, mit der existentiellen Dimension des Handelns, der Historizität und Gesellschaftlichkeit des individuellen Lebenslaufs und letztlich mit der Möglichkeit einer Transzendenz in Richtung einer prinzipiellen Nichtkategorisierbarkeit des Menschlichen.

Eine Psychologie, die diese verschiedenen Aspekte berücksichtigen würde, schiene mir am ehesten geeignet zu sein, eine theoretische Basis für die Biographieforschung zu liefern. Diese Psychologie ist allerdings noch zu entwickeln und wird vermutlich noch lange fragmentarisch bleiben.

Will eine Psychologie dem Einzelnen und seinen idiosynkratischen, konstruktiven Sichtweisen gerecht werden, kann sie nicht dogmatisch oder doktrinär vorgehen. Sie muß vielmehr eine flexible, perspektivische Form annehmen.

Eine derartige Psychologie soll den Forscher oder den Praktiker vor Reduktionismen oder einseitigen Festlegungen in der Beschreibung und Erklärung von Erleben und Handeln schützen. Sie kann dazu beitragen, Toleranz gegenüber andersdenkenden (oftmals den Klienten) zu ermöglichen; sie soll dazu anleiten, die Dezentrierung von den eigenen Annahmen zu erleichtern und sich besser in die Erlebniswelten anderer einzufühlen.

Von einer perspektivischen Psychologie kann man m.E. von vornherein folgendes erwarten:

1. Sie soll eine »multiple Sichtweise« vertreten.

Dazu nur ein Beispiel: Ein perspektivischer Ansatz soll nicht nur ein lineares oder ein zirkuläres Kausalitätsmodell vertreten. Vielmehr wird eine prinzipielle Offenheit gegenüber einer Vielfalt von Kausalitätsmodellen erwartet. So stellen das Denkmodell der Synchronizität nach *C.G. Jung,* der holonome Ansatz nach *G. Miller* bzw. *S. Grof* oder ganzheitlich-motivationale Kausalitätsannahmen wie bei *A. Adler* oder *A. N. Leontjew* einige wenige Sichtweisen zur Kausalität dar.

2. Sie soll die Abhängigkeit des Blickwinkels von der jeweils eingenommenen Position (einer Theorie, eines Bezugssystems etc.) möglichst explizit machen. Damit einhergehend könnte man — erkenntnistheoretisch betrachtet — von einem Prinzip der Perspektivität sprechen, das von einigen Autoren wie z.B. *G. W. Leibniz* (1646 - 1716) oder bereits früher der Zen-Meister *Dogen Zenji* (1200 - 1253) in teils abstrakten, teils recht anschaulichen Worten beschrieben wurde:

— »Wie ein- und dieselbe Stadt, von verschiedenen Seiten betrachtet, uns gleichsam perspektivisch vervielfältigt erscheint, so gibt es vermöge der unendlichen Vielheit der einfachen Substanzen gleichsam ebenso viele verschiedene Welten, die indes nichts anderes sind, als — gemäß den verschiedenen Gesichtspunkten — perspektivische Ansichten einer einzigen.« (*G. W. Leibniz,* Monadologie, § 57).

— Wenn du mit deinem Boot in die Mitte des Ozeans fährst, ..., erscheint der Ozean rund — und dennoch ist er nicht rund. Sein Wesen ist grenzenlos... Uns jedoch erscheint er als ein großer Kreis von Wasser. Wir können erkennen, daß dies von allen Dingen gesagt werden kann. Abhängig von unserem Standpunkt, sehen wir die Dinge in verschiedener Weise... Wir sollten erkennen, daß es nicht nur außerhalb von uns so ist, sondern auch in uns — sogar in einem einzigen Wassertropfen.« (*Dogen Zenji,* Shobogenzo Bd. 1, Zürich 1986, S. 25)

Dogen scheint das Perspektivitätsprinzip sogar soweit gedacht zu haben, daß für ihn jede der potentiell unendlichen Perspektiven schon per se absolute Erkenntnis oder — phänomenologisch gesprochen — 'Wesensschau' ist.

3. Sie soll eine grundlegende Akzeptanz der prinzipiellen Unendlichkeit von Weltanschauungen, Biographien oder »Wahrheiten« vertreten. Angesichts dieses epistemologischen Unendlichkeitsprinzips dürfte klar sein, daß sich widersprechende Sichtweisen nicht »absolut« ausschließen können. Die Art und Form des Widerspruchs

läßt sich relativieren je nach gewählter Logik oder eingenommener Betrachtungsperspektive. Besonders bei diesem Prinzip wird klar, daß eine perspektivische Erkenntnisposition in die Nähe eines »radikalen Konstruktivismus« rückt. Beispielsweise klingt in diesem epistemologischen Kontext die Annahme einer vom Erkennenden unabhängigen »objektiven Wahrheit« viel zu dogmatisch, wenn nicht naiv.

Eine perspektivische Position im Zusammenhang mit verstehender Psychotherapie und Biographieforschung einzunehmen, muß nicht unbedingt die Festlegung auf einen willkürlichen Relativismus nach sich ziehen.

Das Stichwort »Eklektizismus« bietet sich zwar an, scheint aber letztendlich doch nicht zu passen. Der Einzelne und seine Erfahrungen lassen sich meines Erachtens *nicht* durch eine x-beliebige Psychologie abbilden, so einfach oder so komplex sie auch sei. Analog zur Geometrie würde ich sagen, es gibt bestimmte Probleme oder Phänomene des Einzelnen, die jeweils durch eine zwei-, drei- oder n-dimensionale »Theorie« besser in den Griff zu bekommen sind. Eine n-dimensionale Geometrie ist — gemessen an der möglichen Anzahl von Dimensionen — zwar eklektischer als die dreidimensionale. Dafür aber werden mathematische Möglichkeiten mit unendlich vielen Dimensionen eröffnet. Analog dazu suche ich mit dem perspektivischen Ansatz nach einer Psychologie, die in ihren Grundannahmen und -kategorien über die einzelnen psychologischen Welten von, sagen wir mal *Pawlow, Freud, Lewin, Rogers, Leontjew* und einigen Dutzend anderen Richtungen prinzipiell hinausgeht.

Wie ich an Hand der Skizze (Abb. 1) zu veranschaulichen versuche, sollte eine perspektivische Psychologie eine zeit- und systemüberschreitende Erkenntnisposition anstreben und diese in ihrer Theorie und Praxis deutlich machen.

Das Stichwort »verstehend« ist als eine Einschränkung und Explizierung des Beiwortes »perspektivisch« aufzufassen: Einschränkung insofern als ein eindeutiger Schwerpunkt auf hermeneutisch-interpretative oder qualitative Methoden gesetzt wird; Explizierung insofern als diese Methoden entsprechend den o.g. Grundmerkmalen einer perspektivischen Psychologie angewandt und ausgelegt werden sollen.

Die Frage nach dem Sinn eines x-beliebigen Phänomens läßt sich auf dem Hintergrund eines perspektivisch-verstehenden Ansatzes nicht ein für allemal beantworten. Denn der Sinn (wie auch das Phänomen selbst!) wird durch die jeweils eingenommene Perspektive konstituiert. Zumindest was das menschliche Erleben und Handeln angeht, wird davon ausgegangen, daß eine breite Vielfalt an Sinn(re)konstruktionen von vornherein besteht. Jeglicher Versuch, den Sinn eines Phänomens zu verstehen, eröffnet eine Perspektive, auf deren Grundlage sich der Sinn erst konstituiert. So gesehen kann ein sinnverstehender Ansatz nicht umhin, »Phänomen-Perspektiven« zu eröffnen, zu verschieben, zu verwerfen etc.

Im Zusammenhang mit dem Prinzip der »multiplen Sichtweise« erscheint mir die Berücksichtigung verschiedener Verstehens- oder Erkenntnismodalitäten sinnvoll. So z.B. sollten nicht nur intellektuelle, verstandesmäßige (gleichsam linkshemisphärische) Modalitäten, sondern auch imaginativ-emotionale, intuitiv-anschauliche, spekulativ-mystische (gleichsam rechtshemisphärische) Verstehensmodalitäten im Umgang mit dem jeweiligen Phänomen herangezogen werden können.

Ferner sollte im Einklang mit dem Prinzip der multiplen Sichtweise neben einer Pluralität von Erfassungsmodalitäten auch von einer Pluralität der Betrachtungsebenen und -kontexte ausgegangen werden. Gerade am Gegenstand »Biographie« wird deutlich, daß jedes Ereignis in einer schwer zu überblickenden Vielzahl von Kontexten (z.B. makro-, meso-, mikrosoziale Funktionszusammenhänge) eingebettet ist, und daß schon allein dadurch komplexe Aufschichtungen und Wechselwirkungen von Sinnzusammenhängen entstehen.

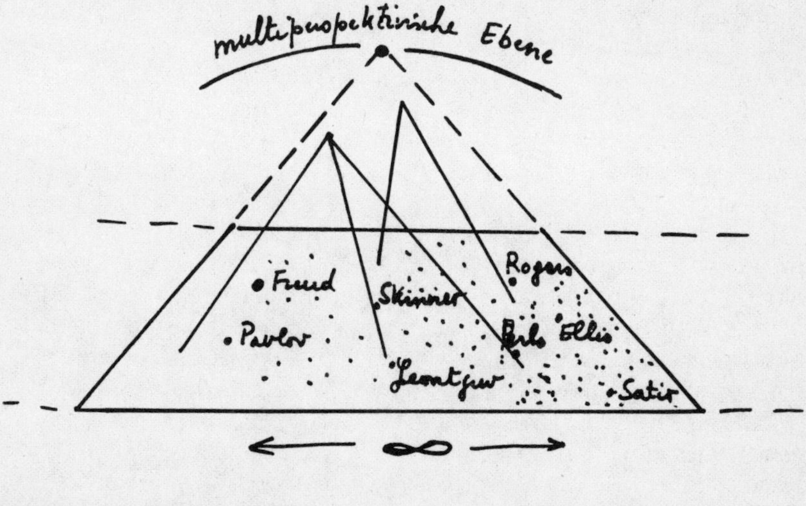

Abb. 1: Die multiperspektivische Ebene

Eine zentrale, ja grundlegende Determinante einer perspektivisch-verstehenden Psychologie sehe ich in der Thematisierung der Intersubjektivität als einer »Subjekt-Subjekt-Beziehung«. Je mehr man bemüht ist, die Bedingungen und Implikationen des eigenen Bezugssystems transparent zu machen, um so problematischer erscheint die Annahme eines abstrakt-objektiven, neutralen Untersuchers. Gerade im Zusammenhang mit Biographieforschung oder Lebenslaufanalyse zeigt sich, daß der Untersucher und sein Gegenstand von Anfang an als historische, reflexive Subjekte, als biographisch erlebende und handelnde Personen in Erscheinung treten. Die verstehenden Ansätze verwirklichen sich also mitten in einer Subjekt-Subjekt-Kommunikation. D.h. der zu untersuchende »Gegenstand« ist aktiv-intentional, erlebend-handelnd, — manchmal sogar nachdenklicher wie der Untersucher selbst.

Je nachdem, wie diese intersubjektive Dimension eingeschätzt wird, können in methodisch-theoretischer Hinsicht weitreichende Konsequenzen für die Gestaltung einer perspektivisch-verstehenden Psychologie entstehen. Persönlich neige ich dazu, die dabei aufkommenden Probleme und Konsequenzen (z.B. hinsichtlich der Empathie-, Verständigungs-, und Verstehensprozesse) als so weitreichend einzuschätzen, daß für mich die folgenden Ausführungen zur Lebenslaufanalyse lediglich eine erste Exemplifizierung einer noch in Entwicklung begriffenen perspektivisch-verstehenden Psychologie darstellen.

2. Kapitel

Psychophilosophische Traditionen und Lebenslaufanalyse

Gesucht wird nach einer verstehenden Psychologie, die den Menschen nicht nur kognitiv-abstrakt als ein aktiv-reflexives Subjekt, sondern darüberhinaus und vordergründig als ein »philosophierendes Wesen« ansieht.

Geht man von der biographiezentrierten Erfahrung aus, scheint mir auf dieser ursprünglichen Ebene das Psychologische (das Erlebbare, Erfahrbare) derart eng mit dem Religiösen und Philosophischen verbunden zu sein, daß nachträgliche abstrakt-begriffliche Unterscheidungen entlang einem kodifizierten Fächerkanon wie »Theologie-Psychologie-Philosophie« nur noch wenig mit der phänomenalen Synthesis des im Erleben ursprünglichen Gegebenen zu tun haben.

In der Geschichte der »Philosophien / Psychologien / Religionen« heben sich einige Traditionen hervor, die vorrangig auf die individuelle, ganzheitliche Erfahrung, ihre Entstehung, ihr Bewußtsein abzielen. Hierzu gehören bestimmte Strömungen und Autoren wie *Platon* und *Plotin* (Platonismus, Neoplatonismus); *Marc Aurel* und *Seneca* (römischer Stoizismus); *Lao Tse* und *Chuang Tse* (früher Taoismus); *Shankara, Nagarjuna* und *Dogen* (Vedanta, Mahayana- und Zen-Buddhismus), um nur einige Strömungen und Autoren zu nennen, die sich des handelnden und erlebenden Menschen annahmen und eine Art »transpersonaler Fortentwicklung« als zentrales menschliches Anliegen vorsahen.

Auch wenn die genannten Autoren und Strömungen zu unterschiedlichen Zeiten und Kulturen gehören, lassen sich doch etliche Konvergenzen feststellen, wie ich es im folgenden kurz erläutere.

— Streben nach Weisheit

Der 'Weise Mensch' wird als Prototyp optimaler seelisch-geistiger Entwicklung gepriesen. Er lebt mit sich selbst und dem ganzen Kosmos in Harmonie. Sein innerer Frieden, seine gelassene Heiterheit werden als Ausdruck einer in sich gefestigten inneren Verfassung geschildert, die sich kaum durch äußere Umstände stören läßt. Seelisches Gleichgewicht, vernünftiges Augenmaß, Humor, Selbstbescheidenheit, Angstfreiheit, Erfahrenheit, Alterslosigkeit (»steinalt und doch ewig jung«) u.ä.m. sind geradezu sprichwörtlich für den 'Weisen Menschen' in Ost und West. Sicher sind in etlichen Hinsichten — vor allem was die Dimension Weltzu- oder abgewandtheit angeht — etliche Unterschiede in und zwischen den einzelnen Kulturen zu verzeichnen. Es ist aber keinesweg so, daß der östliche Weise immer »asketischer« wäre als seine europäischen Kollegen. So sind die beiden erleuchteten Zen-Laien *Han-Shan* und *Shih-te* fröhliche Schelme, die in ihrem 'joie de vivre' einem weisen Epikureer gar nicht nachstehen.

— Betonung der Selbstreflexivität (Selbsterkenntnis, Selbstwerdung . . .)

Untrennbar mit dem Streben nach Weisheit ist die Hervorhebung von Erkundungsprozessen eigener Subjektivität. Begriffe wie Selbstexploration, Selbstanalyse, Selbsterkenntnis, Selbstbeobachtung dokumentieren sehr deutlich die verstärkte Beschäftigung mit dem eigenen Verhalten und Erleben. Empfindungen, Vorstellungen, Gefühle, Gedanken werden nach mehr oder weniger systematischen Anweisungen zum Gegenstand eines reflexiven Bewußtseins gemacht. Geistestätigkeiten wie Erfragen, Nachdenken, Beobachten, Hinterfragen, Intuiieren, Meditieren kommen bevorzugt zur Anwendung. Z.T. wird die eigene Biographie zum Gegenstand der Selbsterkundung erhoben. (Die »Bekenntnisse« des Augustinus sind hier wohl ein passendes Beispiel).

Durch eine intensive Beschäftigung mit dem individuellen Erleben und Verhalten, mit dem eigenen inneren Seelenleben, mit Daseins- und Identitätsfragen (»Wer bin ich? Woher komme ich? Wohin gehe ich? Was weiß ich? Was soll ich? . . .«) wird die Introspektion oder Selbstexploration bei dem nach Weisheit Strebenden manchmal bis zum Exzeß betrieben.

Das (sokratische) »Erkenne Dich selbst« ist eine immer wieder anzutreffende Aufforderung zur Einübung in vertiefte Formen der Selbsterfahrung. Selbstreflexive Tätigkeiten werden offenbar zu wichtigen Hilfsmitteln auf dem Weg zur Bewußtwerdung der eigenen Subjektivität, was wiederum zum inneren Frieden, zur Harmonie oder Weisheit wesentlich beiträgt.

— Hervorhebung kognitiver Restrukturierungen / Entwicklungen zu einer »tiefen Person«

Mit dem Streben nach Weisheit und der Selbstreflexivität einhergehend tauchen veränderte Bewußtseinszustände auf. Je nach psychophilosophischer Tradition werden mitunter sehr differenzierte Stufenmodelle der Bewußtseinsentwicklung vertreten. Die jeweils höchste Bewußtseinsstufe wird übereinstimmend als eine nicht mehr überbietbare Überwindung jeglicher Unterscheidung zwischen Subjekt und Objekt, zwischen dem Bewußtseinsakt und seinem Gegenstand, kurzum zwischen Sein und Bewußtsein beschrieben.
Die sich dabei vollziehenden Bewußtseinswandlungen oder — modern ausgedrückt — kognitiven Restrukturierungen ziehen eine Vielzahl von Veränderungsprozessen nach sich, die in vielerlei Hinsichten an psychotherapeutische Vorgänge erinnern.
Es gibt z.B. unzählige Berichte über stark kathartische Affektentladungen, schwerwiegende Orientierungskrisen, transitorische »psychotische Einbrüche«..., allerlei tranceähnliche oder ekstatische Erlebnisse, über emotionale Labilisierungen wie gesteigerte Wut, Verzweiflung, Ratlosigkeit etc., über eine Vielfalt an regressiven Verhaltensweisen und Phantasien, die einer intensiven Psychotherapie in nichts nachstehen.
Ähnlich wie in der modernen Psychotherapie werden diese verschiedenen Phänomene anhand diverser theoretischer Modelle erklärt, bewertet, interpretiert.
Soweit ich die o.g. Geistesströmungen überblicke, sehen sie die eben angeführten psychischen Phänomene vorwiegend als Mittel oder Begleitprozesse einer intensiven kognitiven Restrukturierung oder einer tiefen Personwandlung mit dem Ziel, in sich stabile, harmonische Verhaltens- und Erlebensstrukturen zu erreichen, die spätestens bei der Verwirklichung des Prototypen »der Weise Mensch« zu ihrer vollen Entfaltung kommen.
Ähnlich wie bei der Psychotherapie scheint es im Anfangsstadium kritische Durchgangsphasen zu geben, zu deren Lösung die gekonnte Lenkung eines Experten von entscheidender Bedeutung sein kann. Bei den auf dem Weisheitspfad schon Fortgeschrittenen scheinen die Veränderungen weniger »dramatisch« zu verlaufen. Dafür aber wird oft über eine progrediente Vertiefung berichtet, die ähnlich einer jahrelangen Selbstanalyse im Anschluß an eine intensive Psychotherapie, der Person in ihrem Erleben und Verhalten »Tiefgang« verleiht. Während die Anfänge eher durch krisenhafte Erschütterungen, rapide kognitive Restrukturierungen oder intensiv-kathartische Affektausbrüche markiert sind, erscheint die lange Endphase der »unendlichen Selbstanalyse« als eine ruhige aber konstante Vertiefung des Erlebens und Handelns.

— *Betonung einer ganzheitlichen bis hin zur kosmozentrierten Sicht des Menschseins*

Auch wenn zwischen den verschiedenen Weisheitsströmungen gravierende Unterschiede bei den Menschen- und Gesellschaftsbildern bzw. bei den ideologischen Setzungen hinsichtlich der Menschwerdung bestehen, kann man meines Erachtens ihre gemeinsame Tendenz zu einer ganzheitlichen Sicht des Menschen nicht übersehen. In gewissem Sinne geht die fortschreitende Entwicklung zum 'Weisen Menschen' mit einer zunehmenden Integration menschlicher Funktionen konform. Anfänglich als notwendig angesehene Dualitäten vereinheitlichen sich auf entsprechenden Bewußtseinsebenen:

— Körper — Seele (Materie — Geist; Form — Leere...)
— Individuum — Gesellschaft (Ich — Du; Mann — Frau, ...)
— Endlich — Unendlich / Vergänglich — Ewig / Vernünftig — Unvernünftig...
— Menschsein — Sein

Eng mit der ganzheitlichen, integrierenden Sicht des Einzelnen verbunden ist auch das explizit gemachte »Holonomie-Prinzip«, das man in verkürzter Form mit »im Teil ist das Ganze wesentlich enthalten« oder mit einer x-beliebigen Metapher wie z.b. »im Senfkorn ruht das ganze Universum« wiedergeben kann.
Auch wenn nur wenige die letzte Integrationsstufe erreichen, zeigen die Fortschritte auf niederen Stufen doch einen progredienten Integrationsprozeß zwischen Körper und Geist, zwischen Bewußtem und Unbewußtem, zwischen Innen- und Außenwelt.
Spaltungen und Vereinseitigungen, Disharmonien und Dysfunktionen, Abhängigkeiten und Verwirrungen werden durch eine Vielzahl von selbstreflexiven Tätigkeiten allmählich überwunden. Die verstärkte Beschäftigung mit dem »Ich« (Innen- oder Seelenleben) zielt aber genauso wie in der Lebenslaufanalyse nicht auf eine Intensivierung der »Egozentrik«, sondern durchweg auf eine Ich-Dezentrierung oder -Distanzierung, auf ein Loslassen von ichlastigen Sicht- und Verhaltensweisen. Ähnlich wie in einer intensiven Psychotherapie kann anfangs die zunehmende Beschäftigung mit dem eigenen Innenleben zu vorübergehenden narzißtischen Ich-Reaktionen führen. Zwar werden auch einzelne Übungen angewandt, die die narzißtischen Tendenzen erheblich stärken können; dies wird aber in den Weisheitstraditionen als Mittel zum Zweck einer größeren Ich-Distanzierung genutzt.

Durch diese summarische Darlegung dürften einige Parallelen zwischen Weisheitstraditionen und moderner Psychotherapie — und wie wir auch sehen werden — insbesondere zur Lebenslaufanalyse klarer geworden sein. Eine differenzierte Analyse einzelner psychophilosophischer Strömungen wie etwa Taoismus, Mahayana-Buddhismus, Stoizismus und Plotinismus würde viele brauchbare Informationen liefern, die für den Vergleich mit der modernen Psychotherapie und vor allem für die Weiterentwicklung der Lebenslaufanalyse förderlich wären.

Die in den letzten Jahrzehnten stark gestiegene Rezeption von östlichen Weisheitslehren einerseits und die üppige Bereicherung der Psychotherapie durch die Entstehung neuer humanistischer Verfahren andererseits haben recht konkrete Möglichkeiten des Vergleichs und Dialogs eröffnet. Der m. E. vorwiegend durch Unkenntnis und unzureichende Vermittlungen entstandene Eindruck einer nicht ernstzunehmenden Exotik fernöstlicher Systeme schwindet allmählich zugunsten einer sachlicheren Auseinandersetzung. Im gleichen Zuge werden Berührungspunkte und Konvergenzen zwischen den asiatischen Weisheitstraditionen und den westlichen Psychotherapien sowie ihren westlichen kulturellen Ursprüngen deutlicher und zahlreicher entdeckt.

Lebenslaufanalyse und »Stoa-Tao-Zen«

Der perspektivisch-verstehende Ansatz bei lebenslaufanalytischen Verfahren läßt sich in verschiedene, umgreifende Denk- und Handlungskontexte einbetten. Wie in früheren Veröffentlichungen bisher geschehen, sehe ich nach wie vor in den Handlungsmodellen, darunter vor allem aber in dem tätigkeitstheoretischen Modell, eine fruchtbare Reflexions- und Entwicklungsbasis für die Gestaltung und Entwicklung von biographiezentrierten Verfahren. Gleichwohl scheint sich das Heranziehen von psychophilosophischen Strömungen wie z.B. »Stoa, Tao, Zen« auf die Breite und Tiefe einer durch die Tätigkeitstheorie eingeleiteten Reflexion günstig auszuwirken. Dies gilt m. E. sowohl in therapie*theoretischer* als auch therapie*praktischer* Hinsicht.

Diese Form der kontextuellen Einbettung führt allerdings die Lebenslaufanalyse als diagnostisch-therapeutisches Verfahren deutlich weg von den sonst starken Einflüssen der Medizinalisierung und Technisierung innerhalb der Psychotherapieforschung. So wird das übliche medizinische Therapiemodell verlassen oder gar abgelehnt, wonach vorwiegend Symptome kuriert oder psychische Funktionsstörungen gemäß vorbestimmten psychopathologischen Einteilungen oder tariflich gebundenen Behandlungseinheiten beseitigt werden sollen.

Eine Orientierung der Lebenslaufanalyse an Weisheitstraditionen zieht nach sich, daß psychotherapeutische Grundkonzeptionen der humanistischen Psychologie (wie etwa bei *Maslow, Rogers, Perls* etc.) weitgehend vertreten werden: personzentrierte Behandlung, Vorrang der Selbstwerdung, Primat der Erfahrung, ganzheitliche Sichtweise... Der Reflexion über Leitmotive, Lebenssinn oder biographische Personenentwicklung wird hierbei ein zentraler Stellenwert zugesprochen. Das Symptom wird als Anlaß genommen, eine Reorientierung oder Weiterentwicklung der ganzen Person zu ermöglichen. In diesem Zusammenhang wurden bereits transpersonale oder »spirituelle« Aspekte der Selbstwerdung verstärkt thematisiert.

Die hier vorgeschlagene Orientierung der Lebenslaufanalyse an Traditionen des Stoizismus, Taoismus und Zen-Buddhismus hat sicher mit meinen eigenen, biographisch bedingten Präferenzen zu tun. Im Sinne eines perspektivischen Ansatzes glaube ich zudem, daß diese relativ breite Auswahl von Weisheitstraditionen vor einer vorschnellen dogmatischen Verengung besser schützen kann als eine allzu eindeutige Festlegung z.B. einzig und allein auf den Stoizismus. Ferner kann eine gewisse Vielfalt an Sichtweisen der heuristischen Produktivität bei der Gestaltung lebenslaufanalytischer Modelle oder Verfahren zugute kommen.

Zusammenhänge zwischen Weisheitsschulen wie Stoa, Tao, Zen u.ä. und der modernen Psychotherapie sind schon früh erkannt und in einem produktiven Sinn ausgelegt worden. Gründer verschiedener Therapieschulen — die einen durch ganze Abhandlungen, die anderen durch eher flüchtige Hinweise — haben darauf aufmerksam gemacht. Allen voran haben *C. G. Jung* und seine Schüler etliche platonisch-gnostische Werke sowie östliche Denkrichtungen (z.B. tibetischer Buddhismus) im Zusammenhang mit der Entwicklung der Komplexen Psychologie und Analytischen Psychotherapie eingehend studiert. *J. H. Schultz* hat sich bei der Konzeption und Gestaltung des Autogenen Trainings auf Yoga bezogen. *F. Perls* setzte sich mit dem Zen-Buddhismus auseinander. *C. Rogers* verwies wiederholt auf Strömungen des Taoismus sowie des jüdischen Chassidismus (in Verbindung mit *M. Buber*s existential-dialogischem Ansatz). Aussagen der Stoiker sind ein theoretischer Eckpfeiler der *RET* nach *A. Ellis.*

Die einzelnen Errungenschaften der Psychotherapie, hier insbesondere der Lebenslaufanalyse, erfahren eine starke Relativierung angesichts von jahrtausendealten Traditionen, in denen eine Fülle an menschlichen Themen in unzähligen Variationen angegangen wurde. Dennoch bei aller Relativierung, die geboten erscheint, sollte man die bisherigen Erträge der modernen Psychotherapie, insbesondere hinsichtlich einer Weiterentwicklung der Lebenslaufanalyse, nicht zu gering schätzen. In diesem Zusammenhang findet bei mir die Idee einer gegenseitigen Anregung, Überprüfung, Ergänzung am meisten Anklang. Durch den zunehmenden Austausch und Dialog verspreche ich mir ein tieferes Verständnis von Psychotherapie und Weisheitsschulung im Zusammenhang mit biographischer Analyse und Personwerdung.

Im folgenden — und gleichsam exemplarisch — gehe ich auf Lehren des Stoizismus, Taoismus und (Zen-)Buddhismus ein und erarbeite ihre vielfältige Relevanz für die Lebenslaufanalyse.

Die Stoa

Mit dem Heranziehen der Stoa als eine Grundlage für die Fortentwicklung der Lebenslaufanalyse werden Denktraditionen aus der hellenistisch-römischen Kultur thematisiert. Obgleich sie sich auf Gebieten der Logik, Erkenntnistheorie und Naturwissenschaften hervorgetan haben, beeinflußten die Stoiker vor allem durch ihre Traktate zur Lebensgestaltung bzw. ihre Reflexionen über Wege und Möglichkeiten vernünftigen Handelns und euthymen Erlebens die abendländische Geistesgeschichte (so z.B.: die Kirchenväter, *Spinoza, Goethe, Nietzsche, Russell*...).

Innerhalb der modernen Psychotherapie hat Albert *Ellis* auf wesentliche Parallelen zwischen der *RET* und der römischen Stoa hingewiesen. In seinem umfassenden Vergleich zwischen Stoizismus und *RET* hat auch *Hoellen* (1986) vielschichtige Entsprechungen in theoretischer und therapiepraktischer Hinsicht herausgearbeitet. Jahrhundertealte Übungen (vgl. z.B. die Prämeditation, *Hoellen,* S. 162 ff.) rücken hier in die Nähe gegenwärtiger Therapieverfahren. Streckenweise kann ich mich sogar nicht des Eindrucks erwehren, daß die Argumentationsführung oder Übungsanleitung eines *Seneca* oder *Marc Aurel* stichhaltiger und »therapeutisch gekonnter« auf mich wirken als manche Belehrungen *Albert Ellis'.* Wie keine andere Psychophilosophie — außer dem Buddhismus — hat die Stoa auf die Macht der Vorstellungen bzw. auf das Primat der Vernunft, des »Orthos Logos« (richtiges Denken) aufmerksam gemacht. Jeder kognitive Therapeut kennt wohl in diesem Zusammenhang den oft zitierten Spruch *Epiktets:*

> »Nicht die Dinge selbst beunruhigen die Menschen, sondern die Vorstellungen von den Dingen«[1)]

[1)] Und *Epiktet* schreibt weiter: »So ist z.B. der Tod nichts Furchtbares — sonst hätte er auch dem Sokrates furchbar erscheinen müssen, — sondern die Vorstellung, er sei etwas Furchtbares, das ist das Furchtbare.« (Aus: *Epiktet*: Handbüchlein der Moral und Unterredungen, S. 24, Hrsg. *H. Schmidt,* Stuttgart 1978)

Während aber der kognitive Therapeut meist auf ein partielles »cognitive reframing« oder »restructuring« abzielt, strebt der Stoiker über die groben Leidenschaften und Affekte hinweg ein Leben an in voller Übereinstimmung mit »sich selbst«, d.h. wohl mit der alleinigen Weltvernunft, dem einzigen »Orthos Logos«.

Die Kraft der Selbstbestimmung im Umgang mit den eigenen Vorstellungen, die Erziehung zur Selbständigkeit (Autarkie), die fortschreitende Beruhigung des Bewußtseins (Ataraxie), das Befolgen von Leitsätzen aus Vernunftgründen, das Sich-Bescheiden in der Bedürfnisbefriedigung, das unaufhörliche Üben der »leisen Heiterkeit« im Alltag (Eudaimonie) sind einige zentrale Kategorien der stoischen Weisheitslehre.

Nicht nur in bezug auf die o.g. Kategorien, auch hinsichtlich der Kategorien »Subjektivität, Person, politisches Handeln, Selbstwerdung, Meditation, seelisches Glück, seelische Gesundheit« kann die Stoa-Tradition viele Denkanstöße für die Reflexion und Fortentwicklung einer jeden Lebenslaufanalyse geben.

Auch wenn auf dem Hintergrund einer perspektivisch-verstehenden Psychologie die z.T. mystisch anklingenden Festlegungen der Stoa — wie z.B. die Annahme einer wie auch immer gearteten Weltvernunft — eine Relativierung zugunsten der biographischen Selbstgestaltung des Einzelnen erfahren müssen, erscheinen mir diese doch bei der Konstruktion und Fortentwicklung lebenslaufanalytischer Modelle und Verfahren — nicht zuletzt in Richtung einer transpersonalen Psychologie — von zentralem Wert zu sein.

Tao

Ähnlich wie bei der Stoa möchte ich nur einige Aspekte des Taoismus ansprechen, die im Zusammenhang mit der Konstruktion einer Reflexions- und Handlungsbasis mir für die Lebenslaufanalyse relevant erscheinen. Dabei beziehe ich mich vorrangig auf den früheren oder philosophischen Taoismus wie er z.B. in den Werken von Lao-Tse und Tschuang-Tse oder Ko Hung zum Ausdruck kommt. Taoistische Reflexionen sind vermutlich noch enger mit der chinesischen als das stoische Gedankengut mit der hellenistisch-römischen Kultur verwoben. Dennoch verfügen wir m. E. mittlerweile über genügend Studien, Textübersetzungen und Kommentare durch chinesische und westliche Forscher, um einen gründlichen Einblick in diese wichtige psychophilosophische Tradition zu gewinnen und daraus einige Impulse für die lebenslaufanalytische oder psychotherapeutische Forschung zu bekommen.

Das »dialektische Denken« in komplexen, meist polar angeordneten, sich gegenseitig ergänzenden — ja erzeugenden — Verlaufseinheiten ist ein Wesensmerkmal chinesischer Philosophie. Mir scheint, daß diese Charakteristik für das taoistische Denken am stärksten zutrifft. Viele Sätze aus dem Tao-Te-King veranschaulichen dieses — sagen wir mal — »dynamisch-systemische Denken« über Erleben und Handeln.

Im Zusammenhang mit der Entwicklung und Fundierung einer perspektivisch-verstehenden Psychologie regt der Taoismus an, soziale Normen und Werte in Frage zu stellen, biographische und sonstige Konstrukte / Konstruktionen zu relativieren und als vorläufige Festlegungen anzusehen, die durch die »Kultivierung des Tao« zu überwinden sind.

Das Hervorheben des konkreten Erlebens, der intuitiven Schau, der Einheit zwischen Innen und Außen, Mensch und Natur gehören eindeutig zur taoistischen Sichtweise. Auf die Relevanz von taoistischen Prinzipien wie Wu-Wei, Wu-Hsin für die Herbeiführung, Modulation und Nutzung von »Fließbewußtseinsprozessen« innerhalb der Psychotherapie habe ich an anderer Stelle (*van Quekelberghe,* 1986) hingewiesen. Im idealtypischen Fall des Fließbewußtseins (flow-Erlebnisses) gibt es keine überflüssige Hemmung, keine überstarke Kontrolle, keine störende Vorstellung. Die körperliche Bewegung paßt sich von Augenblick zu Augenblick den jeweiligen situationalen Erfordernissen an. Die Intensität und Verteilung der Aufmerksamkeit wird problemlos, passend und gleitend, verändert.

Wie die Stoiker sehen die Taoisten in der Entwicklung zum 'Weisen Menschen' die Vollendung und somit auch die Sinnbestimmung eines jeden menschlichen Individuums. Anders aber als bei der Stoa, die keine Abwendung von der Welt nahelegt, sind die kontemplativ-quietistischen Züge des taoistischen Weisen nicht zu übersehen. Aus der unscheinbar wirkenden Stille ergeht allerdings eine humorvolle Fröhlichkeit, die der beinahe sprichwörtlichen stoischen Ernsthaftigkeit abzugehen scheint. Der sog. »taoistische Humor« (nach *J. Blofeld,* 1986) ist meines Erachtens kein zufälliges Beiwerk. Er hängt irgendwie mit der perspektivischen Relativierung der eigenen »Tao-Kultivierung« zusammen und zeugt von einer tiefen (erkenntnistheoretischen) Einsicht und tief-menschlicher Erfahrung.

Zen(-Buddhismus)

Im Vergleich zu Stoa- und Tao-Schulen fällt auf, daß der Buddhismus mit einer Vielzahl von Kulturen in Berührung gekommen ist und immer noch kommt. Auch wenn die »Vier Edlen Wahrheiten« und der »Achtgliedrige Pfad« ein unveränderter Kern des Buddhismus geblieben sind, sind doch im Laufe seiner zweieinhalbtausendjährigen Geschichte vielfältige

Variationen entstanden — offenbar noch mehr Variationen als innerhalb der modernen Psychotherapie.

Abgesehen von meiner eigenen Präferenz erscheint mir die zen-buddhistische Tradition aus vielerlei Gründen für die transpersonal orientierte Psychotherapie und Lebenslaufanalyse fruchtbare Reflexionsgrundlagen abzugeben. Wichtige Anschauungen aus indischen, chinesischen und japanischen Kulturkreisen sind in dieser Tradition verankert. Die Nähe des chinesischen Ch'an (Zen) zum Taoismus ist bei einigen Variationen des Zen zuweilen so eng, daß es schwerfällt, wesentliche Unterschiede zu finden. Dank dem bis heute lebendig gebliebenen japanischen Zen-Buddhismus und den — seit den ersten Schriften *Suzukis* — zahlreichen Publikationen in westlichen Sprachen sind die Denk- und Übungstraditionen des Zen in greifbarere Nähe als die ausgestorbenen stoischen oder taoistischen Schulen gerückt. Allerdings bergen die kirchlich-religiösen Konventionen und Ritualisierungen des Zen-Buddhismus die Gefahr in sich, wesentliche Aspekte dieser Tradition wieder zunichte zu machen...

Für die verstehende Psychotherapie und die Lebenslaufanalyse messe ich einer vertieften Rezeption der durch die Zen-Bewegung tradierten Erfahrungen große Bedeutung zu. Schon die »Gestalttherapie« [1] zeigt, wie eng die Anknüpfungspunkte zwischen Zen und Psychotherapie sein können.

Eine zentrale Thematik des Buddhismus, das »Loslassen« oder »Darüberhinaus-Gehen« hat in der Zen-Bewegung z.T. radikale Ausdrucksformen gefunden. In erkenntnistheoretisch-konsequenter Weise wird eingesehen, daß sogar das Bezugssystem überwunden werden müßte, was zu paradoxen, originellen, ja humorvollen (Los-)Lösungen führt. Die Distanzierung oder Dezentrierung von allzu verengenden Ich-Bindungen zieht sich wie ein zentrales Leitmotiv durch die Zen-Bewegung. Über bestimmte Tätigkeiten wie die Koan- oder Zazen-Meditation wird versucht, das Festhalten an sich selbst, was in bester buddhistischer Tradition als Ursprung des Leidens angesehen wird, zu überwinden.

In dem mitunter radikalen Überwinden-Wollen jeglicher Theorie und begrifflicher Konstruktion über sich und die Welt steht die Zen-Bewegung dem Taoismus keineswegs nach. Einige Denklogiken wie die »fünfstufige Logik« aus dem Soto-Zen sind brauchbare Hilfen, allzu verengende, unbewegliche Sichtweisen über sich und die anderen in Bewegung zu bringen.

---

[1] Es ist bekannt, daß *Fritz Perls* sich mit dem Zen-Buddhismus intensiv befaßt hat. Viele Ideen der Gestalttherapie könnte man als »Bonpu-Zen« (»vulgarisierter« Zen) bezeichnen.

Das direkte Erfahren im »Hier-und-Jetzt« wird wie in kaum einer anderen Weisheitsschule hervorgehoben als ein Mittel zur persönlichen Selbstverwirklichung. Die Reinigung von Selbst- und Fremdaggressionen bzw. das Pflegen von Liebes- und Freundschaftsgefühlen gegenüber sämtlichen Lebenwesen, die Kultivierung einer geistigen Haltung des Loslassens oder Nicht-Haftens, die Schulung eines tiefen Begreifens (jenseits begrifflicher Sinndimensionen) der eigenen Existenz, die unaufhörliche, klare Konzentration auf den Augenblick, das alles sind wohl zentrale Themen der zenischen Tradition, deren Relevanz für die Lebenslaufanalyse oder eine verstehende Psychotherapie offenkundig ist.

Aus den dargestellten Stoa-, Tao-, Zen-Traditionen sind schon etliche Aspekte deutlich geworden, die im Zusammenhang mit der Bildung einer Reflexionsbasis für die biographische Analyse oder eine verstehende Psychotherapie direkt relevant erscheinen.

Das Heranziehen von drei statt einer oder zehn Traditionen ist sicher etwas willkürlich. Die an den hier ausgewählten psychophilosophischen Systemen beteiligten Kulturen sind aber so unterschiedlich, daß dadurch die Möglichkeit einer wechselseitigen Relativierung von allzu partikularen Sichtweisen entsteht. Gleichzeitig können auch einige Implikationen der jeweiligen Denksysteme leichter erkennbar werden. Mit anderen Worten: dies wirkt sich förderlich auf die Erarbeitung einer Reflexionsbasis, die der Perspektivität und Konstruktibilität des historischen Subjekts eine zentrale Bedeutung beimißt. Darüberhinaus zeigen diese drei Traditionen genügend Konvergenzen, um daraus Bestätigung und Ermutigung für die hier vertretene Sicht der Lebenslaufanalyse und verstehenden Psychotherapie zu erhalten.

Als Quintessenz der drei angeführten Systeme möchte ich zusammenfassend hervorheben, daß

1. alle drei Traditionen in der individuellen Entwicklung zum »Weisen Menschen« — dessen Typisierung annähernd gleich ausfällt — Sinn und Zweck menschlicher Existenz sehen. Auch wenn Individuen dieses Entwicklungsziel selten erreichen, gehen sie davon aus, daß es letzten Endes die alleinige Sinnmöglichkeit und -bestimmung menschlicher Existenz ist, sich zu einem »Weisen Menschen« zu entwickeln. Sämtliche psychologische Überlegungen und Übungen dienen eindeutig diesem Ziel.

2. sich bestimmte Bedingungen für die Realisierung des »Weisen Menschen« als vorteilhaft erweisen, die jedem — wann und wo

auch immer — direkt zugänglich sind. Jegliche Alltagshandlung oder -vorstellung, jedes Verhalten oder Gefühl kann zum Übungsgegenstand gemacht werden.
Bei allen diesen Traditionen wird das praktische Einüben (vor und nach Erreichen des Zieles) an erste Stelle gesetzt. Theoretische Überlegungen sollten vorrangig — wenn nicht ausschließlich — der Selbstverwirklichung zum »Weisen Menschen« dienen.

3. alle drei Traditionen sind sich darin einig, daß das Subjekt in sich etwas Absolutes, Universelles, Ewiges birgt / ist, und daß die Realisierung des »Weisen Menschen« darin besteht, über die Ich-Grenzen zu gelangen bzw. in den Grenzen selbst das Unbegrenzte zu erspüren (und demnach zu leben). Anders ausgedrückt: sie vertreten eine Art transpersonaler Psychologie der Selbstwerdung. Die Meditation und Reflexion über das eigene Dasein sprengt die biographisch-individuellen Selbstdefinitionen und -erfahrungen.

So gesehen, bieten die »Stoa-Tao-Zen-Lehren« einen hervorragenden Reflexionskontext für eine personzentrierte, perspektivisch-verstehende, transpersonal orientierte Lebenslaufanalyse. Diesen sollte man aber wiederum auf dem Hintergrund der modernen Psychotherapiegeschichte oder einer vergleichenden Psychotherapieforschung betrachten. D.h. der Reflexionskontext sollte kein Anlaß sein, sich für oder gegen irgendeine Orthodoxie zu entscheiden, sondern Anregungen geben zur Vertiefung und zur schöpferischen Gestaltung einer jeden Lebenslaufanalyse.

3. Kapitel

Theoretische Aspekte und Funktionen der Lebenslaufanalyse

»Lebensgeschichte« eignet sich besonders gut, um die vielfältige Kontextabhängigkeit von Ereignissen zu verdeutlichen. Ein- und dasselbe biographische Faktum kann je nach eingenommener Deutungsposition neu und anders beschrieben, begriffen werden. Neue Sinnaspekte, Bedeutungsvariationen von einzelnen, biographischen Geschehnissen entstehen beinahe zwangsläufig, sobald eine Änderung im Bezugssystem oder in der Betrachtungsperspektive eingenommen wird. Was bei einer bestimmten Hypothese in den Vordergrund der Aufmerksamkeit rückt, kehrt bei einer anderen in den Hintergrund zurück. Mehrfaches Ineinandergreifen von Sinnkontexten und semantische Vernetzungen von Sinnzusammenhängen tun sich im Prozeß einer Lebenslaufrekonstruktion auf.

Entsprechend der wirkungsgeschichtlichen Hermeneutik *Gadamers* (1960), wonach durch den geschichtlichen Ablauf eine unaufhebbare Differenz zwischen einem Ereignis und seinem Interpreten entsteht, gilt es — auch wenn einem selbst zu einem bestimmten Zeitpunkt eine Verstehensperspektive als die allein richtige Sichtweise erscheint — dennoch offen zu bleiben für eine prinzipielle Loslösung davon.

Nicht nur der Therapeut, auch der Klient selbst ist als Interpret durch die zeitliche Distanz und die daraus neu entstandenen Wirkungskontexte vom Ereignis getrennt. Bei der therapeutischen Lebenslaufanalyse sind es somit zwei Interpreten, die über das zu verstehende Ereignis in Interaktion miteinander kommen. Je nachdem wie diese Interaktion geschieht, entsteht ein gemeinsamer, auf Verständigung und Verstehen zentrierter Dialog, der als eine kooperative, koproduktive Sinnherstellung gestaltet werden kann. Es sollte auf jeden Fall darauf geachtet werden, daß Arbeits- und Kooperationsbedingungen geschaffen werden, die zur Etablierung und Verstärkung einer vertrauensvollen Atmosphäre führen, auf deren Basis sich eine angst- und störungsfreie Mitarbeit entfalten kann. In dieser vertrauensvollen, kooperativen Atmosphäre stellt sich meines Erachtens am ehesten eine produktiv-kreative Verstehensbasis für die Durcharbeitung einzelner Themen ein. Auch wenn sich Identifikations-, Widerstands- oder Konfrontationsprozesse breitmachen, sind sie dann nicht etwa im Sinne einer »Übertragungsneurose« zu kultivieren, sondern möglichst bald in Richtung einer klar definierten Kooperation zu verändern, in der die Ziele, Erwartungen, Grenzen etc. des jeweiligen Klienten an Transparenz oder Deutlichkeit gewinnen können.

Die Kooperation zielt auf die Herstellung von neuen, für die Weiterentwicklung des Subjekts produktiven, sinnträchtigen Perspektiven, die für die jetzige und künftige Lebensgestaltung relevant werden können. In welchem Stadium sich auch immer die Lebenslaufanalyse befindet, welche Themen und Verfahren, kooperativ angegangen werden, es geht hierbei vordergründig um die Reflexion und Produktion von existentiellen, auf die ganze Person bezogenen Sinn-Perspektiven.

Lebenslaufanalyse und Lebenssinn

Wer sich mit Lebensgeschichte befaßt, wird alsbald mit existentiellen Sinnfragen konfrontiert. Von einer perspektivisch-verstehenden Psychologie wird man hierzu keine dogmatische Antwort erwarten können. Das Erfahrbar-Machen vom eigenen Gewordensein und das Rekonstruieren von damit verbundenen Sinnzusammenhängen birgt in sich die Chance, einen individuumspezifischen Lebenssinn zu erkennen oder zu finden. Häufig ist damit eine Restrukturierung von Wahrnehmungen und Einstellungen verbunden, die auch alternative Zukunftsperspektiven eröffnen kann.

Sofern die Lebenslaufanalyse als ein Beitrag zur persönlichen Selbstentwicklung gesehen wird, erschöpft sie sich nicht in einer partikularen Problemlösung oder in der Behebung einer bestimmten Symptomatik. Vielmehr betrachtet sie die fortwährende Entwicklung der Person über ihre Probleme und Symptome hinaus als eine vorrangige, sinnschaffende Aufgabe. Durch die Berührung und Auseinandersetzung mit Weisheitstraditionen wie *Stoa, Tao, Zen* (s. Kap. 2) ergibt sich die Möglichkeit einer Vertiefung bei den Beantwortungsversuchen von Sinnfragen.

Auch wenn ein konstruktivistischer Standpunkt vertreten wird, wonach Lebenssinn nicht einfach vorliegt, sondern hergestellt wird, bedeutet dies jedoch nicht, daß die Sinnsuche zu einer Art »intellektueller Spielerei« relativiert würde. Im Gegenteil, es gilt gleichsam im Zuge der Selbstverwirklichung die Sinnfrage der biographischen Werdung und Analyse erneut und vertieft anzugehen.

Lebenslaufanalyse und empathisches Verstehen

Im Fall einer längeren, umfassenden Lebenslaufanalyse wird der Therapeut oder Begleiter enorm gefordert. Es geht nämlich darum, sich unvoreingenommen für eine längere Zeit auf eine neue Erfahrungswelt, auf andersartige Sinnkonstruktionen einzulassen. Dies bedeutet gleichzeitig, daß man bereit und in der Lage sein kann, seine eigenen Annahmen und Grenzen wahrzunehmen und vorübergehend davon Abstand zu nehmen.

Die subjektive Sichtweise des Klienten zeitweilig einzunehmen, gleichsam mitzuerleben, empfinde ich nach wie vor als eine Kerndimension von Psychotherapie. Mit verstehender Empathie meine ich nicht nur die Verbalisierung und Dezentrierung auf gesprächstechnischem Niveau. Beim vorübergehenden Perspektivenwechsel mit dem Ziel eines »bedingungslosen« Verstehens wird sich der Therapeut oder Begleiter immer wieder seiner eigenen Grenzen im empathischen Nachvollziehen bewußt. Vieles von dem, was ausgedrückt wird, kann ich mir zwar mehr oder weniger anschaulich vorstellen oder intellektuell nachvollziehen. Das empathische Erfahren dessen, was mitgeteilt wird, ist trotz intensiver Hingabe zur Person und ihren Lebensthemen weitaus schwieriger. So paradox es klingen mag, denke ich, daß das Sich-Bekennen zu Grenzen eigenen empathischen Verstehens eine Vertiefung und Intensivierung der therapeutischen Beziehung einleiten kann. Widerstände, ablehnende Reaktionen oder Proteste des Klienten hängen nicht selten mit naiven Annahmen des Therapeuten zusammen, der denkt, die Auffassungen des Klienten gut zu verstehen und nun versucht, ihn nach seinen Theorien, eigenen Lebensnormen oder Erfahrungen wahrzunehmen, ja zu bewerten.

Ausgehend von einer kooperativen Sicht des Verstehensprozesses ist das empathische Nachempfinden eine gemeinsame Aufgabe für Klienten und Therapeuten. Es geht nämlich darum, von verschiedenen Perspektiven her, vorwiegend durch eine Ich-Dezentrierung biographisch bedeutsame Phänomene zu erkunden. Die Art und Qualität des Verstehensprozesses hängt wesentlich davon ab, ob und wie es zunehmend dem Klienten (aber auch dem Therapeuten) gelingt, durch flexible Ich-Dezentrierungen zu einer produktiven Sinnherstellung im Umgang mit dem jeweiligen biographischen Gegenstand zu gelangen.

Je mehr der Klient diese kooperative Ich-Dezentrierung während des Therapieprozesses verwirklicht, umso wahrscheinlicher wird er später in der Lage sein, sich selbst gegenüber ohne fremde Hilfe eine empathische Verstehensform anzuwenden, die aus flexiblen, miteinander kooperierenden Ich-Dezentrierungsprozessen besteht.

Mit dem Voranschreiten des »kooperativen Dialogs«, mit der Einübung der Ich-Dezentrierung und der Bereitschaft zur Öffnung des Verstehens gegenüber multiplen Ebenen, Erfassungsmodalitäten (nicht nur »intellektuelles Verstehen«) und Sichtweisen entwickelt sich allmählich ein personumfassendes, biographisch-ganzheitliches Verstehen beim Klienten. Die im Verlauf dieses Verstehensprozesses zunehmend mögliche Selbstakzeptanz (Toleranz, Sich-Gewähren-Lassen) dürfte schon allein eine nicht geringe therapeutische Wirkung haben.

Lebenslaufanalyse und die Konstruktibilität des historischen Subjekts

Allein dadurch, daß die Person an ihre Lebensgeschichte aktiv herangeht, schafft sie eine Möglichkeit, sich von ihren impliziten Bezugssystemen zu distanzieren. Die Bewußtmachung und der gezielte Wechsel von Bezugssystemen können dazu beitragen, leidensträchtige Ich-Annahmen zu relativieren.

Eine Lebenslaufanalyse kann nicht umhin, nicht nur neue Aspekte und Erlebnisse der Lebensgeschichte an den Tag zu fördern. Sie bringt zentrale Annahmen in Bewegung, auf deren Grundlagen das Subjekt seine Geschichte artikuliert. Spätestens dann, wenn diese Grundannahmen angegangen werden, erkennt die Person, wie aktiv sie sich selbst und ihre Lebenswelt konstruiert.

Der überwiegende Teil der vom Individuum rekonstruierten Lebensgeschichte besteht für mich nicht aus harten Fakten wie Geburtsdatum, Wohnort, Anzahl der Geschwister etc., sondern aus »Annahmen« (Interpretationen, Bewertungen, Schlußfolgerungen, Vermutungen etc.). Viele solcher Annahmen werden im Laufe der Jahre oder Jahrzehnte dem Individuum dermaßen selbstverständlich oder implizit, daß sie keiner weiteren Überprüfung unterzogen werden. Sie sind gleichsam zu festen Bestandteilen der Person geworden. Neu eintretende Ereignisse werden fast automatisch in Beziehung zu ihnen gesetzt und diesen Annahmen entsprechend wahrgenommen und interpretiert.

Je nach herangetragener Betrachtungsweise manifestiert sich die Lebensgeschichte in einem neuen Licht, eben entsprechend der gewählten Betrachtungsweise. Die harten Fakten und Ereignisse können somit zu einer neuen Sinneinheit zusammengefügt werden. Dieser prinzipiellen Vielfalt der historischen Konstruktionen wird allerdings am Anfang vom Klienten oft hartnäckig widersprochen. Für ihn gelten seine Konstruktionsmodelle. Es bedarf daher viel Geduld und therapeutischen Könnens, um dem Klienten dazu zu verhelfen, seine zentralen Annahmen, seine automatisierten Wert- und Orientierungssysteme bewußt zu machen und sie zu relativieren, indem deren Konstrukt-Charakter verdeutlicht wird.

Dementsprechend wird in der Lebenslaufanalyse kein großer Wert auf eine scheinbar gültige Rekonstruktion oder Reinterpretation der eigenen Lebensgeschichte gelegt. Vielmehr geht es darum, die als gültig erscheinenden Bezugssysteme oder zentralen Annahmen der Person in Frage zu stellen. Indem diese Systeme oder Annahmen gleichsam überschritten werden, wird dem Klienten die Möglichkeit eröffnet, sich selbst jenseits von willkürlichen Festlegungen allmählich zu erkennen und erfahren.

Der Konstrukt-Charakter der »Person« (Biographie, Individualität) kann selbstverständlich auf verschiedenen Ebenen und unterschiedlich intensiv erfahren werden. Auf dem Hintergrund von Weisheitslehren wie »Stoa — Tao — Zen« erscheinen die individuellen Selbst- und Weltsichten als vorläufige Konstruktionen, die u.U. hinderlich sein können, um zu umfassenderen Erfahrungen vorzustoßen. Wenn die Lebenslaufanalyse nicht nur als eine kognitive Therapie, sondern auch und vor allem als ein Weg zur tiefen Selbsterfahrung verstanden wird, dann wird die Konstrukthaftigkeit bzw. »Konstruktibilität« des historischen Subjekts nicht nur auf dem Gebiet kognitiver Kernannahmen thematisiert. Vielmehr wird dann versucht zu einer — jenseits von Konstrukten jeglicher Art — ursprünglichen Selbst- und Welterfahrung zu gelangen.

Funktionen der Lebenslaufanalyse

Die Funktionen der Lebenslaufanalyse sind vielfältig und vielschichtig. Je nachdem in welchem Kontext und mit welcher Zielsetzung die in Kapitel 4 geschilderten Verfahren zur Anwendung kommen — so z.B. als Therapie, intensive Selbsterfahrung oder gelegentliche Selbstanalyse —, werden bestimmte Funktionen hervorgehoben, andere geraten dafür mehr in den Hintergrund.

Oft knüpfen Klienten an Lebenslaufanalyse bestimmte Erwartungen, die so direkt mit der eigenen Lebensgeschichte zusammenhängen, daß es schwerfallen würde, sie in abstrakter Form darzulegen. Die hier kurz angeführten Funktionen sind wesentliche Aspekte, denen bei meinem Verständnis der Lebenslaufanalyse besondere Aufmerksamkeit zukommt. Wenn man davon ausgeht, daß eine erkenntniszentrierte, verstehende Therapie darum bemüht ist, den therapeutischen Prozeß der Selbsterkenntnis zu unterstützen oder in Gang zu bringen, dann ist die direkte Auseinandersetzung mit der eigenen Lebensgeschichte ein wichtiges Mittel zur Erzeugung einer reflexiven, sich selbst erkennenden Bewußtseinsform.

Besonders wichtig erscheinen mir hierbei die Erarbeitung von Sinnzusammenhängen, die Herausarbeitung von Grundthemen und Hauptmotiven, die Wiederentdeckung der Geschichtlichkeit des eigenen Erlebens und Handelns und schließlich die intensive Bewußtwerdung der gesellschaftlichen Eingebundenheit der Personwerdung und -wahrnehmung.

Ich möchte hier nicht auf alle diese Funktionen detailliert eingehen. Was die Wiederentdeckung der Geschichtlichkeit angeht, ist es so, daß die Person oftmals durch die Beschäftigung mit ihrer Biographie ihre bis in die Gegenwart hinein wirkende Vergangenheit bewußter wahrnimmt. Scheinbar zusammenhanglose Ereignisse fügen sich allmählich, ähnlich einem Puzzle, zu einer kompletten Gestalt. Ein differenzierteres Bild über die Personwerdung, ihre Beständigkeiten und Wandlungen, macht sich breit und ersetzt allmählich allzu einseitige Erklärungsweisen der eigenen Biographie.

Die Person, die sich auf eine ausgedehnte biographische Aufklärung ihres Handelns einläßt, kann deutlicher verstehen und erfahren, daß sie in einem Netz institutionsbedingter Beziehungen zu dem geworden ist, was sie glaubt, geworden zu sein. Sie begreift und erfährt ihre gesellschaftliche Eingebundenheit bei fast jeder wiedererlebten Episode ihres Lebens. Darüberhinaus kann sie die Erfahrung machen, daß ihre Biographie nur durch Erhellung der institutionellen und gesellschaftlichen Wechselwirkungen verständlich wird. Eine allmähliche Dezentrierung und Distanzierung von den in unzähligen Wechselwirkungen mit Institutionen und ihren Vertretern (Eltern, Verwandte, Lehrer, Schüler, Partner ...) erworbenen Sichtweisen eröffnet ein Erfahrungsfeld, das die Bewußtmachung von willkürlichen »Ich-Grenzen« ermöglicht, — etwa im Sinne des sokratischen »Erkenne-Dich-Selbst«.

1. Erste Funktion: Lebenslaufanalyse als Aufdeckung und Auseinandersetzung mit Leitmotiven oder Motivsystemen

Mit dem Tätigkeitstheoretiker *A. N. Leontjew* (1977) gehe ich davon aus, daß jede Person aus einer Vielzahl von Motivsystemen besteht, die intern wie auch miteinander flexibel-hierarchisch verknüpft sind. Somit begleiten Motivsysteme jede Handlung und geben ihr eine persönliche Dimension, einen persönlichen Sinn. Ein klar umrissenes Handlungsziel wird meist durch eine Vielzahl von persönlichen Beweggründen, Motivsystemen bedingt. Sinnbildende Motive überschreiten den jeweils überschaubaren Handlungsraum und beziehen sich und die mit ihnen verbundene Handlung auf die Entwicklung des individualgeschichtlichen Subjekts als Ganzen. Zu den üblichen Bestandteilen eines sinnbildenden Motivsystems, das im Zusammenhang mit der Lebenslaufanalyse in Form von Themenkreisen beschrieben wird, zähle ich sechs Komponenten, die ich an anderer Stelle (*van Quekelberghe,* 1985) näher dargestellt habe.

a) Anschauliche Leitfiguren

Je nach Umfang des Motivsystems lassen sich unterschiedlich viele Vorbilder herausarbeiten. Die Leitfiguren sind z.T. sehr reale Personen aus der direkten Umgebung des Klienten, z.T. aber auch kulturelle Idealfiguren oder sonstige Phantasiebilder. Durch ihren Modellcharakter und ihre lustbetonte Besetzung sind solche Leitfiguren gleichsam eine treibende Kraft bei der Orientierung individuellen Handelns.
Ausgedehnte Lebenslaufexplorationen zeigen deutlich, daß von der Kleinkindzeit an bis in die aktuelle Gegenwart zahlreiche Leitbilder entstehen. Im Zusammenhang mit der Rekonstruktion der Pubertät wird das Thema 'Vorbilder' meist direkt vom Klienten angesprochen.
Wenn man Leitfiguren als wertvolle Hinweise zur Erfassung von grundlegenden sinnbildenden Motivsystemen betrachtet, lohnt es sich, systematisch nach ihnen zu fragen. Eine Therapieaufgabe kann hier z.B. sein, Idealbilder der Kindheit, Adoleszenz und Erwachsenenzeit zu notieren, Gruppierungen zu bilden und damit nach einhergehenden Themen zu suchen.

b) Schlüsselerfahrungen

Im Vergleich zu Alltagserfahrungen sind sie emotional-affektiv stark besetzt und üben eine langanhaltende Wirkung auf die Personentwicklung aus, ohne daß sich der Einzelne ihrer voll bewußt sein müßte. Traumatische Erlebnisse der Kindheit sind Beispiele für Schlüsselerfahrungen. Solche Erfahrungen sind aber an kein bestimmtes Lebensalter gebunden. Sie sind oft gefühlsintensiv, raum-zeitlich überschaubar und haben einen symbolträchtigen, metapherartigen Sinngehalt. In ihnen verdichten sich verschiedene Strebungen und Sinnrichtungen der Person. Hin und wieder mar-

kieren sie eine bestimmte Etappe oder Wende in der Lebensgeschichte des Einzelnen.
Bei vielen Personen kann man in bezug auf diese Erlebnisse bestimmte Wiederholungen oder Affektpräferenzen feststellen. So z.B. gibt es Personen, die vorrangig dramatische Angst- und Trennungsepisoden beschreiben; wieder andere berichten hin und wieder über ekstatische oder autistisch anmutende Schlüsselerfahrungen.

c) Spezifische Stimmungen und Gefühle

eng mit Vorbildern und Schlüsselerfahrungen verbunden, gehören zu motivationalen Themenkreisen oder -komplexen besondere Stimmungen und Gefühlsreaktionen. Da Emotionen ursprünglich und vorrangig nicht nur verbal geäußert werden, bedeutet dies auch, daß die körperliche oder nonverbale Kommunikation des Subjekts bei der Rekonstruktion von Themenkreisen verstärkt einbezogen werden muß. Das Wiedererleben von Affekten, Gefühlen oder Stimmungen in der Therapie kann vorbewußte Begleitkognitionen oder -vorstellungen ins Gedächtnis zurückrufen und somit zur Bewußtwerdung und Erkenntnis einzelner Motivsysteme beitragen.

d) Metakognition / Grundannahmen / Wertungen

Es handelt sich bei dieser Motivsystem-Komponente um Annahmen, die bestimmte Überzeugungs-, Wert- oder Denkhaltungen vermitteln. Wichtig sind nicht so sehr die Aussagen selbst, sondern die darin zum Ausdruck kommenden Grundhaltungen. Es ist daher wesentlich, nicht bei den Aussagen stehenzubleiben, sondern die Haltungen, die sich hinter bestimmten Annahmen oder Selbstaussagen verbergen können, herauszuarbeiten. Auch wenn Metakognitionen — entwicklungsgenetisch betrachtet — nicht zu den ursprünglichen Komponenten zählen, gewinnen sie doch im Laufe der Zeit an Zentralität und Einfluß. Sie können somit zum regulativen Kern von motivationalen Themenkreisen werden.

e) Subjektiv-theoretische Erklärungen

Es geht hier um Erklärungsansätze der Person über Stellenwert, Entstehung, Funktionen eines gegebenen Themenkreises oder seiner wesentlichen Bestandteile. Diese persongebundenen Erklärungs- und Interpretationsansätze beziehen sich zunächst auf die der Person bewußten Bestandteile. Wenn die vom Klienten angefertigten Theorien entwicklungshemmende Aspekte zeigen, lohnt es sich dann, diese Punkt für Punkt unter die Lupe zu nehmen und zu hinterfragen.

f) Wissens- und Verhaltensfertigkeiten

Eine Reihe von realen oder eingebildeten Fertigkeiten gehören zu jedem motivationalen Themenkreis und beeinflussen somit die Handlungsplanung und -durchführung. Auch wenn diese Fertigkeiten eher an die Peripherie eines jeden Motivsystems anzusiedeln sind, erweist es sich dennoch als notwendig, sie bei der motivationalen Analyse mitzuerfassen. Zu den wissensmäßigen Fertigkeiten gehören z.B. unterschiedlich elaborierte Strategien oder Pläne, ausgeprägte Wissensinteressen sowie verschiedenartige Informationen, Meinungen, Vorurteile, die im Laufe der Lebensgeschichte als zum Themenkomplex gehörig gespeichert und bewertet wurden. Automatisierte Verhaltensroutinen, die einem nicht mehr bewußt sein brauchen, können reflexartig (wenn die Handlungssituation dies erfordert) abgerufen werden. Erst wenn Konflikte oder Unsicherheiten aufkommen, werden Umfang und Intensität der vorhandenen Automatismen wieder bewußt.

Bei langjährigen Grundthemen der Person sind alle eben dargestellten Komponenten vorfindbar. Außerdem kann man davon ausgehen, daß diese Komponenten neben vielfältigen funktionellen Relationen miteinander, auch zahlreiche Beziehungen zu anderen Themenkreisen unterhalten.

Die hier kurz geschilderten Motivsystem-Komponenten fasse ich vorrangig als heuristische Konstrukte zur Klarlegung und Durcharbeitung von leitenden Themenkreisen oder Motiven der Biographie auf. Im konkreten theoretischen Reflexionsverfahren wird der übergreifende Systemcharakter einzelner Komponenten nicht direkt sichtbar. Auch wenn Themenkreisen eine gewisse Systematik, Binnengliederung oder »logische Stringenz« innewohnt, wäre es wohl verfehlt zu versuchen, durch analytische Kleinarbeit zu wahrheitsgemäßen Abbildern ihrer systemischen Vernetzung zu gelangen. Abgesehen von der epistemologischen Fragwürdigkeit eines solchen Vorhabens meine ich, daß die Art und Intensität der Bewußtmachung von Motivsystemen gänzlich den vereinbarten Ober- und Teilzielsetzungen einer jeden Biographieanalyse unterzuordnen sind. Die in Teil II und III dargestellten Themenkreise Annas sind demnach nicht als ein Versuch zu verstehen, eine »Sechs-Komponenten-Motivsystem-Theorie« oder eine wie auch anders geartete Theorie zu bestätigen; sondern sie explizieren die therapeutische Arbeit auf dem Hintergrund des hier skizzierten Motivsystem-Konzepts.

2. Zweite Funktion: Lebenslaufanalyse als Schulung der Achtsamkeit

Bei der Auseinandersetzung mit und Reflexion über die Biographie geht es nicht nur darum, neue Erkenntnisse oder Einsichten zu sammeln. Vielmehr soll bei dem Individuum eine überdauernde Änderung seines Bewußtseins erzielt werden. Somit erscheint mir im Umgang mit den lebenslaufanalytischen Verfahren zentral, daß der Therapeut den Klienten dazu anleitet, eine meditative Haltung einzunehmen. Ähnlich wie in einer Meditation, die zur Schulung der Achtsamkeit oder Geistesruhe eine Aussage als Gegenstand nimmt, richtet sich die meditativ verstandene Lebenslaufanalyse auf bestimmte biographische Themen und / oder Ereignisse. Diese Themen und / oder Ereignisse werden so bearbeitet,

- daß eine möglichst deutliche Wahrnehmung, eine eindeutige Erinnerung oder Vorstellung, eine tiefe Anteilnahme sich einstellen kann,
- daß neue Sinnzusammenhänge (möglichst in Form einer organismischen Ganzheit) erscheinen können,
- und daß alte Betrachtungsgewohnheiten relativiert werden.

Daraus folgt, daß Ereignisse oder zentrale Themen möglichst präzise, wenn es geht sogar plastischer als in der Wirklichkeit (so z.B. im Zeitlupentempo), wiedererlebt und wahrgenommen werden. Durch die Überwindung des Vermeidens, durch das intensive Sich-Einlassen wird das Abschiednehmen, das Loslassen vom Thema oder vom Ereignis wesentlich erleichtert. Die Schulung von Geistesruhe, Konzentrationsfähigkeit, umsichtiger Selbstbetrachtung entwickelt und stärkt eine tolerante, in sich gefestigte Haltung gegenüber sich selbst, den anderen und der Welt.

Durch das Einüben der fokussierten Achtsamkeit können biographische Ereignisse oder Sinneinheiten genauer betrachtet werden. Innere Widerstände, Vermeidungs- und Verleugnungstendenzen lassen sich durch die erhöhte Konzentration auf den jeweiligen Gegenstand leichter überwinden. Bestimmte, vorbewußte oder unterschwellige Assoziationen können dann deutlicher als sonst wahrgenommen werden.

Eine reflexiv-meditative Haltung stellt sich nach einer gewissen Zeit der Einübung fast wie von selbst ein. Allein dadurch können neue Zentrierungen oder Gewichtungen des Wahrgenommenen entstehen. Nicht nur der Gegenstand, auch die Interaktion mit ihm rücken dabei stärker in das Aufmerksamkeitsfeld. Es wird dabei zunehmend auf die Art und Qualität der Verarbeitung Wert gelegt.

Bezogen auf die Lebenslaufanalyse zeigt sich, daß sich die Auseinandersetzung mit einzelnen Themen und Ereignissen weniger durch eine Anhäufung von Daten als vielmehr durch eine neue Form des reflexiven Umgangs mit dem jeweiligen Gegenstand auszeichnet.

Durch die Einübung der Achtsamkeit rückt die Biographie als Konstrukt, Erklärungs- oder Interpretationsgefüge in den Hintergrund. Einzelne Ereignisse, Prozesse, Interaktionen gewinnen an Wichtigkeit. Das direkte Erfahren dessen, was sich ereignet, nimmt an Bedeutung zu, während das Intellektualisieren vorübergehend an Bedeutung verliert.

Die Schulung der Achtsamkeit über die biographische Analyse hinaus hat in den hier vertretenen Weisheitstraditionen (Stoa — Tao — Zen) zweifelsohne einen hohen Stellenwert. Am deutlichsten wird dies meines Erachtens im (Zen-)Buddhismus hervorgehoben. Die sog. Satipatthana-Lehrrede des Buddhas betont, daß die Achtsamkeitsübungen (bezogen auf die Atmung, Empfindungen, mentalen Prozesse und Gegenstände) völlig ausreichen, um die »höchste Weisheit« zu erlangen. Achtsamkeit zu üben bedeutet hier, sich alle Tätigkeiten im Alltag voll bewußt zu machen und dabei eine präzise, beobachtende, aber 'nicht-haftende' Haltung einzunehmen.

3. Dritte Funktion: Lebenslaufanalyse als Einübung in Ich-Dezentrierung

Eine intensive Beschäftigung mit der eigenen Lebensgeschichte birgt in sich die Gefahr, egozentrische Erlebens- und Verhaltensgewohnheiten zu unterstützen. Das hier intendierte Ziel verstehe ich aber genau umgekehrt: Es sollen nämlich durch die Rückbesinnung auf die eigene Geschichte Ich-Dezentrierungsprozesse eingeleitet und gefördert werden. D.h. die intensive Beschäftigung mit sich selbst soll zur Entstehung einer flexiblen Ich-Beziehung und -Lösung beitragen, etwa getreu dem Motto: »Indem wir uns in unsere Geschichte bewußt hineinversetzen, sie voll annehmen, können wir uns zugleich immer mehr davon lösen.«

Paradoxerweise erfolgt die Ich-Dezentrierung auf der Basis einer zunächst intensivierten Ich-Zentrierung. Die Überwindung von quälenden Themen oder Konflikten erfolgt oft dadurch, daß man sich auf sie gleichsam bedingungslos »so einläßt, daß sie durch und durch erfahren werden.« Je mehr das Wahrnehmen und Verstehen des Gegenstandes an Klarheit gewinnt, umso stärker fühlt sich die Person im Umgang mit ihm. Zumindest weiß sie, »woran sie ist« und braucht sich nicht ihrer Lebensgeschichte gegenüber hilflos und ausgeliefert zu fühlen.

Die Ich-Dezentrierung verstehe ich als eine Bezeichnung für einen dialektischen Prozeß des Sich-Einlassens auf etwas und Loslassens von etwas. In gewissem Sinne soll mit der Ich-Dezentrierung eine Haltung erzielt werden, die sich eines x-beliebigen Gegenstandes zutiefst annehmen kann, ohne jedoch gleichzeitig daran zu haften.

Eine Art »Fließgleichgewicht« zwischen Annahme und Loslösung kennzeichnet am ehesten den Prozeß der Dezentrierung. Es geht nämlich darum, Fixierungspunkte (z.B. hartnäckige Zwangsvorstellungen, scheinbar unüberwindbares Leiden etc.) so zu behandeln, daß automatisierte, reflexartige Einstellungen und Verhaltensweisen nicht als selbstverständlich hingenommen werden, sondern genau beobachtet und abgebaut, »deautomatisiert« werden.

Spätestens hier zeigt sich, daß die Schulung der Achtsamkeit in einem engen Zusammenhang mit der Einübung der Ich-Dezentrierung zu sehen ist. Eine genaue Fokussierung auf einen »Fixierungspunkt« ermöglicht eine Bewußtmachung von unhinterfragten, routinierten oder automatisierten Sicht- und Handlungsweisen. Daraufhin kann dann die Entwicklung von alternativen, erfolgsversprechenden Bewältigungsformen eingeleitet werden.

Transpersonal betrachtet gilt es über die Fixierungspunkte hinaus diese verfrühte oder verabsolutierte Identifikation mit der eigenen Lebensgeschichte zugunsten einer tieferen Selbstwahrnehmung zu überwinden. In diesem Zusammenhang gilt es, sich auch jenseits von Rollenvorschriften und Statusgrenzen zu erfahren. Eine Loslösung oder Dezentrierung von allzu engen Ich-Sichten kann allmählich dazu führen, sich von mehr oder weniger konventionellen Identitätsgrenzen loszulösen und sich ich-überschreitenden Perspektiven zu öffnen.

Die eben dargestellten Funktionen der Lebenslaufanalyse sind z.T. eng mit der eigenen Sichtweise biographischer Selbstreflexion verknüpft. Je nach dem gewählten Bezugssystem, je nach individueller Erwartung an die Lebenslaufanalyse entstehen weitere, andersartige Funktionen. Im Laufe einer fortschreitenden Therapie verändern sich die Funktionen und ihre Wahrnehmung selbstverständlich nicht zuletzt auf dem Hintergrund der konkreten Klient-Therapeut-Interaktion.

Die von mir als optimal angesehene Funktion der Lebenslaufanalyse würde sicher in der gegenseitigen Hilfe liegen, die sich Klient und Therapeut — jeder auf seine Weise — auf dem Weg zum »Weisen Menschen« geben können. Auch wenn Grenzen und Hindernisse das Heranwachsen des »Weisen Menschen« im Klienten wie im Therapeuten erschweren, glaube ich doch, daß eine starke Zentrierung auf diese lebenslaufanalytische Aufgabe ... »Berge versetzen kann«.

4. Kapitel

Lebenslaufanalytische Verfahren

Einleitung

Für mich ist die Lebenslaufanalyse kein »therapeutisches Standardverfahren«. Im Gegenteil. Die breite Vielfalt der Analyseformen und -modalitäten sollte vielmehr dazu anregen, sich den verschieden- und einzigartigen Lebensläufen therapeutisch anzupassen.

Zielsetzungen und Wege, dahin zu gelangen, haben sich möglichst an den bei der jeweiligen Person vorhandenen Erfahrungen, Interessen, Fähigkeiten und Fertigkeiten zu orientieren. Dementsprechend wäre es hier verfehlt, Vorschriften und Regeln für die Gestaltung des Therapie-Settings oder für die Planung einzelner Schritte aufstellen zu wollen. Es gilt gerade nicht wie bei vielen anderen Therapieformen, den Klienten möglichst früh und für die gesamte Behandlungszeit an bestimmte Verfahren anzupassen.

Entlang dem Prinzip, lebenslaufanalytische Tätigkeiten zu einem überdauernden Bestandteil des weiteren Lebenslaufs zu implementieren, d.h. Fremd- in Selbstanalyse münden zu lassen, muß man darauf achten, daß eine möglichst tiefe Vertrauens- und Kooperationsatmosphäre entsteht. Therapiesetting und -gestaltung sollten so gehandhabt werden, daß sie als vertrauens- und kooperations-aktivierende Maßnahmen fungieren können. Wenn sich z.B. bestimmte Kommunikationsrituale irgendwann als hinderlich für die Intensivierung der Vertrauensatmosphäre erweisen, braucht man nicht dogmatisch daran festhalten zu wollen. Entsprechend der Idee einer »differentiellen Psychotherapie« (*van Quekelberghe,* 1979) gibt es kein »orthodoxes lebenslaufanalytisches Verfahren«, von dem sich der Therapeut mehr oder weniger weit entfernen kann. Statt dessen gibt es Entscheidungen und Setzungen, die sich für die Durchführung der Lebenslaufanalyse, für die Realisierung einer produktiven Vertrauens- und Arbeitsatmospäre als mehr oder weniger sinnvoll erweisen. Fundierte

Kenntnisse über eine breit angelegte Psychotherapieforschung sowie vielfältige therapeutische Praxiserfahrungen tragen selbstverständlich dazu bei, eher günstige Entscheidungen und Setzungen zu treffen.

Eine Therapie, die über keinen festen Kanon an Verfahren verfügt, ist nicht leicht erlernbar. Der Therapeut sollte sich ja auch nicht durch das vorschnelle Erlernen von Standardverfahren an seiner eigenen Lebenslaufanalyse vorbei entwickeln. Bei ihm ist auf jeden Fall eine intensive Auseinandersetzung mit der eigenen Biographie vorauszusetzen. Eingetrichtertes oder aufgepfropftes Expertenwissen reicht nicht aus.

Ausgehend von der Idee einer differentiellen Psychotherapie können die verschiedenen von mir angeführten Therapiestudien (so z.B. »Albert und Sigrid« (1985), aber auch in diesem Buch) nur eine exemplarische Funktion haben. D.h. sie sollten vor allem dazu anregen, auf dem Hintergrund verschiedenster Ansätze individuelle, neue und einzigartige lebenslaufanalytische Wege zu erproben. Die hier dokumentierten Verfahrensformen und -schritte lassen sich also nicht auf andere Therapeut-Klient-Interaktionen einfach übertragen oder als »lebenslaufanalytisches Therapieprogrammpaket« in generalisierter Form anwenden!

Darüberhinaus wäre wohl eine allzu dogmatische Festlegung auf eine bestimmte Methodik oder Theorie mit der hier vertretenen *perspektivisch-verstehenden Psychologie* nicht vereinbar. Auch wenn im konkreten Einzelfall — so wie bei Anna — nur einige Wege der Rekonstruktion und Weiterentwicklung des Lebenslaufs aufgezeigt werden, gehe ich doch von der prinzipiellen Unendlichkeit von Theorien und Methoden aus, die zur Anwendung kommen können.

Ein perspektivischer Ansatz kann nicht umhin, jeden gewählten Weg, sei es in der Theorie, sei es in der Methodik, von vornherein zu relativieren. Dieser Ansatz macht darauf aufmerksam, daß jegliche Biographie eine mögliche Formung menschliches Daseins zum Ausdruck bringt, und daß jede Lebenslaufanalyse eine einzigartige Auseinandersetzung mit dieser einen Biographie bedeutet. Von einem differentiell-psychotherapeutischen Standpunkt aus betrachtet ist die schon jetzt schier unüberschaubare Pluralität der Therapieverfahren und -modelle[1)] eine gleichsam natürliche Folge einer verstärkten therapeutischen Auseinandersetzung mit der Reichtumsvielfalt der Phänomene und Probleme menschlicher Existenzformen. Wenn sich die Lebenslaufanalyse als eine differentielle Psychotherapie das Ziel setzt, eine für die Einzelperson individuelle, quasi maß-

---

1) Laut dem »Kursbuch Psychotherapie« (*Eichmann, K.; Mayer, I.*: München & Frankfurt / M., 1985): 593 psychotherapeutische Verfahren, Formen, Schulen.

geschneiderte Therapieform zu entwerfen, bedeutet dies nicht zwangsläufig, daß es sich um eine positionslose, völlig synkretistische (nach dem Motto: »maximaler Eintopf«) Biographiereflexion handelt. Zwar werden eine Vielfalt von Modellen, Ebenen, Verfahren bei der Therapiegestaltung zugelassen; klientenzentrierte Prinzipien und Regeln nehmen aber auf die Gewichtung, Verknüpfung, Bewertung etc. der einzelnen Elemente Einfluß. Dies ist jedenfalls für die von mir vertretene Form der Lebenslaufanalyse Voraussetzung.

Lebenslaufanalytische Verfahren

Eine vorherrschende, jedoch nicht ausschließliche Tätigkeit bei den zahlreichen Verfahrensweisen, die im Rahmen einer Lebenslaufanalyse zur Anwendung kommen können, ist sicher das »Erzählen über sich selbst«. Diese Erzähl-Tätigkeit läßt sich auf vielfältige Art und Weise strukturieren.

Tätigkeitstheoretisch betrachtet kann man davon ausgehen, daß je nach Erzähltätigkeit unterschiedliche Bewußtseinsabbilder oder Erlebnisformen der Lebenslaufereignisse entstehen. Nicht zuletzt aus diesem Grund versuche ich, vielfältige Formen der Selbsterzählung im Rahmen von Lebenslaufanalysen anzuwenden und theoretisch-methodisch zu reflektieren. Die von mir im folgenden angeführten Gruppierungen sind nur zur groben Orientierung in diesem relativ neuen Forschungsfeld gedacht.

Bei einer ersten globalen Gruppierung lassen sich schon drei voneinander getrennte Formen der Lebenslaufanalyse unterscheiden:

— *Die chronologische Lebenslaufanalyse*

Relativ große Lebensphasen oder -abschnitte wie frühe Kindheit, Grundschulzeit, Pubertät etc. werden vereinbart. Es soll versucht werden, diese Phasen zu rekonstruieren, indem man sich — so weit es geht — an der chronologischen Reihenfolge von Ereignissen orientiert.

— *Die thematische Lebenslaufanalyse*

Ein bestimmtes Thema wie »meine Partner«, »meine Lehrer«, »meine Ich-Ideale« etc. wird zum Schwerpunkt therapeutischer Sitzungen gemacht. Der Klient versucht, verschiedene Themenaspekte entlang einer Vielfalt von Ereignissen zu rekonstruieren und wiederzuerleben. Die chronologische Orientierung ist hierbei nicht primär relevant.

— *Die ereigniszentrierte Lebenslaufanalyse*

Bestimmte Schlüsselerfahrungen bzw. traumatisierende Episoden sollen möglichst ausführlich und intensiv zurückerinnert und wiedererlebt werden. Für eine solche Lebenslaufanalyse ist notwendig, daß der Therapeut über wichtige Kontextinformationen verfügt, um den Klienten bei seinen Wiedererlebensversuchen effektiv zu unterstützen und ihn gezielt an die Ereignisse heranzubringen.

Entsprechend dieser globalen Gruppierung sind zunächst eine Reihe von Verfahren zu beschreiben, die darauf abzielen, den Klienten in verbaler oder schriftlicher Form über seine gesamte Lebensspanne berichten zu lassen.

— *Der faktisch-chronologischer Werdegang*

Analog der klassischen Anamneseerhebung wird der Klient dazu aufgefordert, sich an Fakten aus den verschiedensten Tätigkeits- und Erfahrungsbereichen seiner Lebenspraxis zu erinnern und chronologisch zu ordnen. Umfang, Systematik und Art der Darstellung lassen sich erheblich variieren. Der Schwerpunkt einer solchen Rekonstruktion liegt darin, verfügbare »biographisch-objektive Daten« zu sammeln und die für Therapeuten wie Klienten relevanten Informationen, die diese implizieren, chronologisch zu ordnen.

Anhand des faktisch-chronologischen Werdegangs lassen sich gemeinsam mit dem Klienten Arbeitshypothesen aufstellen, die auf der Grundlage weiterer im folgenden beschriebener Strategien näher untersucht werden können. Bei dieser wie auch bei anderen Rekonstruktionsaufgaben sind verschiedene Arten und Techniken der Durchführung und Protokollierung vorstellbar. Der Werdegang wird meist während der diagnostisch-therapeutischen Sitzung rekonstruiert und protokolliert.

— *Das »anamnestische Erkundungsgespräch«*

Das Hauptgewicht liegt hier in der Befragung durch den Lebenslaufanalytiker. Diese Befragung zielt weniger auf eine Sammlung von harten Daten als vielmehr auf ein möglichst umfassendes Ausloten von handlungsleitenden Motiven. Eine diagnostische Form der Erkundung kann darin bestehen, auf dem Hintergrund des rekonstruierten, faktisch chronologischen Werdegangs oder entlang bestimmter Themen, den Klienten über ihm bedeutsam erscheinende Lebensereignisse zu befragen, weniger um Daten zu sammeln als um den Klienten zu einer weiteren Exploration der zugrundeliegenden Beweggründe zu veranlassen.

Eine eher therapeutische Variante dieser motivationalen Befragungsform stellt der »Sokratische Dialog« dar. Der Lebenslaufforscher und Therapeut versucht unklar gebliebene Bedingungen von Lebensereignissen durch ein auf subjektive Begründung bzw. implizite Theorien hin fokussiertes Gespräch transparent zu machen.

— Der emotionale Werdegang

Die Erarbeitung der Dynamik des Lebenslaufs kann zum ausschließlichen Thema gemacht werden. Unabhängig von der chronologischen Reihenfolge versucht der Klient die Eigenbewegung von Schlüsselereignissen, Krisensituationen oder Konflikten gefühlsmäßig nachzuvollziehen. Der Therapeut achtet darauf, daß der Klient nicht einfach Lebensereignisse erzählt, sondern ihre emotionale, affektive Bedeutung für seine Personwerdung erspürt und thematisiert. Ein wichtiges Ziel bei der Bearbeitung des emotionalen Werdegangs ist z.B. die Bewußtwerdung von motivationalen Leitlinien und ihrem Verlauf.
Wichtige Unterscheidungen wie z.B. zwischen »objektiven Fakten« und »subjektiven Bewertungen« oder zwischen »Beschreiben« und »Erklären« lassen sich daran klar machen. Auch können anhand dieser Aufgaben emotionale Schlüsselerlebnisse sowie motivationale Leitlinien der Personentwicklung, ihre Invarianz und Wandlung, herausgearbeitet werden.

— Die thematisch-symbolische Lebenslaufrekonstruktion

Bei einer vorwiegend thematisch-symbolischen Besprechung des Lebenslaufs werden individuelle Bedeutungsnetze (personale Sinnsysteme) ohne Rücksicht auf eine chronologische Abfolge von Ereignissen herausgearbeitet und bewußt gemacht. Themen wie z.B. »Körper, Macht, Tod, Freude...« werden für eine bestimmte Zeit (wenige Minuten bis zu mehreren Stunden) zum Angelpunkt für die Darstellung und Besprechung von individualtypischen Verarbeitungs- und Auseinandersetzungsformen. Diese und weitere symbolträchtige Themen, die oftmals mit Informationen über zentrale Leitmotive der Personentwicklung einhergehen, lassen sich über folgende Verfahren gewinnen:

— gelenkte Tagträume
— Phantasiereisen
— Malen von Bildern
— meditative Betrachtung

über das jeweils gewählte symbol- und motivträchtige Thema

Die dabei gewonnenen Informationen werden mit dem Therapeuten besprochen und lebenslaufanalytisch weiter untersucht. Mir scheint, daß zentrale Leitmotive der Personentwicklung am ehesten durch solche thematisch-symbolische Betrachtungs- und Wiedererlebensformen aufdeck- und rekonstruierbar sind.

— *Die positive versus negative Lebenslaufbilanz*

Die künstliche Trennung zwischen Licht- und Schattenseite der persönlichen Entwicklung ist sicher problematisch. Eine solche Trennung erscheint mir aber insofern günstig, als sie oft Anlaß zur Diskussion und Problematisierung der aktuellen Bewertung früherer Lebensereignisse gibt. Als ein wichtiges Ziel erscheint mir, eine differenzierte Sicht der negativen und positiven Lebenslaufbilanz zu erarbeiten. Dabei sollen vor allem Ambivalenzen, Diskrepanzen und Widersprüche hinterfragt werden. Richtung und Intensität der Bewertung von persönlichen Ereignissen und Entwicklungen liefern eine Reihe von Ansatzpunkten für die weitere Lebenslaufanalyse.
Bei diesem Verfahren kommt es — mehr noch als bei den o.g. Rekonstruktionsversuchen — auf die Art der Durchführung und Begleitung durch den Therapeuten wesentlich an. Gerade bei Klienten, die in verstärktem Maße zu ausgesprochen negativen Sichtweisen von sich, den anderen und der Welt neigen, ist besondere Vorsicht indiziert, will man durch eine solche Übung eine realistische Bilanz fördern und die »neurotische Neigung zur Negativität« überwinden.

— *Die fiktive Lebenslaufrückschau und -vorschau*

Meist orientieren sich Lebenslaufrekonstruktionen an der realen Personenentwicklung. Hier wird nun das Gegenteil versucht, nämlich sich von der geschichtlichen Realität zu lösen und fiktive Lebensläufe zu konstruieren. Dabei werden persongebundene Utopien oder Idealvorstellungen besonders angesprochen.
Fiktive Lebenslaufrekonstruktionen zielen darauf, verfestigte Sicht- und Erlebensweisen aufzulösen und alternative Handlungsmöglichkeiten und Lebenswege bewußt zu machen bzw. zu eröffnen. Dabei können Affekte und Vorstellungen aktiviert werden, die für die reale Lebensführung bedeutsam sind. Durch entsprechende Instruktionen lassen sich verschiedene Alternativen zur realen Entwicklung phantasieren. So z.B.:

— fiktive Lebenslaufrückschau: Phantasien aus der Kindheit und Jugend können Wirklichkeit werden. Bestimmte idealisierte Lebensläufe wie diejenigen von Romanhelden oder historischen Persönlichkeiten, mit denen sich die Person stark identifizierte oder noch immer identifiziert, können z.B. nacherlebt und besprochen werden.

— fiktive Lebenslaufvorschau: Der Klient wird aufgefordert, Wunschphantasien (bis hin zu eher realen Erwartungen) über seinen künftigen beruflichen wie emotionalen Werdegang zu produzieren und entsprechende Lebensläufe zu konstruieren.

In Kombination mit den eben angeführten, eher globalen Rekonstruktionsstrategien des Lebenslaufs kann man die nun folgenden »Erzähl-Verfahren« von Anfang an nur auf einzelne Lebenssituationen und -ereignisse richten. An anderer Stelle (*van Quekelberghe,* 1985) habe ich das Berichten über das (Wieder-)Erleben von Lebenslaufereignissen als ein zentrales Verfahren der Lebenslaufanalyse ausführlich beschrieben. Hier möchte ich dieses Verfahren nur kurz schildern.

— *Das Berichten über das (Wieder-)Erleben von Lebenslaufereignissen*

Der Klient wird in einen Zustand tiefer Entspannung versetzt und versucht wie bei Tagtraumverfahren, sich bestimmte Ereignisse (Situationen, Abläufe...) vorzustellen. Er wird vom Therapeuten aufgefordert, über seine Empfindungen, Eindrücke, Gedanken, Stimmungen, Gefühle, so wie sie bei ihm auftauchen, zu berichten. Aufgrund der vorher stattgefundenen Absprache wird er darauf gelenkt, sich an Ereignisse der Vergangenheit zu erinnern, die zu einem bestimmten Entwicklungsalter oder Thema gehören. Es können aber auch — je nach Instruktion oder Zielsetzung — fiktive Ereignisse (z.B. zukünftige Situationen, Lebensideale oder fiktive Erinnerungen aus der Säuglingszeit) erzählt werden. Bei dieser Erzählweise liegt der Klient möglichst bequem und mit geschlossenen Augen. Der »Reisebegleiter« sitzt seitlich von ihm und kann den ganzen Körper so auf einen Blick überschauen, daß er jede Regung, vor allem im oberen Körperteil, gut wahrnehmen kann. Die Aufgabe des Therapeuten bzw. »Reisebegleiters« besteht vorrangig darin, den Mitteilungen des Reisenden zuzuhören und Rückmeldungen zu geben, vor allem um den Kontakt zum Reisenden nicht abbrechen zu lassen, sowie Anregungen zur vertieften Auseinandersetzung mit dem jeweils gewählten Thema zu geben. Diese Art der Lebenslaufanalyse verläuft — global betrachtet — eher »rechtshemisphärisch«, sofern Assoziationen, Phantasievorstellungen, Stimmungsbilder aufeinander folgen, ohne den Ansprüchen von strukturierenden, logischen Argumentations- oder Rechtfertigungsfiguren entsprechen zu wollen.

Die Dauer der »Lebenslaufreise« kann erheblich variieren und wird vorab mit dem Klienten vereinbart. Nachdem der Klient aus dem hypnoiden Zustand zurückgeholt worden ist, findet eine Nachbesprechung der während der »Reise« im entspannten Zustand gemachten Erfahrungen statt. Soweit es geht, sollte der Therapeut voreilige Deutungen und Schlußfolgerungen vermeiden. In der Nachbesprechung geht es darum, neben der Erfassung von subjektiven Eindrücken und Verarbeitungsformen des Klienten reflexive Prozesse über wichtig erscheinende Lebensereignisse in Gang zu bringen.

Im Zusammenhang mit der Rekonstruktion und mit dem Wiedererleben von Lebenslaufereignissen können auch ergänzende Methoden eingesetzt werden wie etwa:

— *Assoziative Informationsanreicherung*

Um an z.T. unbewußt gewordene Informationen zu einzelnen Lebensereignissen und -abschnitten heranzukommen, werden die wenigen vorhandenen Informationen einzeln untersucht. Analog der Amplifikationsmethode *C. G. Jung's* werden spontane Phantasien, freie Assoziationen, Tagträume, die der Person im Zusammenhang mit dem Lebenslaufabschnitt einfallen, als sinnträchtiges Material dazu herangezogen. Schritt für Schritt werden die neu produzierten Informationen mit den wenigen Ausgangsdaten konfrontiert und kombiniert. Nicht selten können dadurch verschüttete Erlebnisse oder sachliche Informationen wieder ans Licht kommen.

— *Systematische Wiederannäherung*

Über suggerierende Anweisungen wird der Klient schrittweise an das Ereignis oder den zu untersuchenden Lebensabschnitt herangeführt. Der Therapeut beschreibt z.B. bestimmte Verhaltens- und Erlebensweisen, die für die zu untersuchende Episode oder Tätigkeit meist zutreffen und versucht, den Klienten stimmungsmäßig in die damalige Zeit zurückzuversetzen. Sobald sich der Klient in einem mittleren bis tiefen Entspannungszustand befindet, wird er angehalten, Bilder, Gedanken, Stimmungen mitzuteilen, die ihm zum untersuchten Abschnitt oder Ereignis einfallen. Beinhalten diese Mitteilungen neue, wichtige Informationen, so werden sie vom Therapeuten als weiteres suggerierendes Beschreibungsmaterial benutzt.

— *Simulation durch Rollenspiele*

Viele Lebensereignisse und -situationen lassen sich durch verschiedenartige Rollenspiele simulieren und nacherleben.

Dabei ist es förderlich, wenn der Klient — ähnlich wie im Familienpsychodrama — auch die Rollen anderer Personen (z.B. seiner Eltern) streckenweise übernimmt, um sich etwaige Perspektivenunterschiede bei der Bearbeitung von problematischen Situationen spürbarer, erlebnisnäher zu machen. Bestimmte Episoden können systematisch variiert werden, um das »Tragische« oder das »Komische« in den Vordergrund des Erlebens heranzuholen. Der gesamte Lebenslauf kann anhand einiger dramatischer Szenen wie ein kleines Theaterstück konzipiert und gespielt werden. Dies kann nach Art des Puppen- oder Stehgreiftheaters (Commedia dell' arte) geschehen. Intensive, z.T. als Therapieaufgaben formulierte Vor- und Nachbereitungen sind in jedem Falle erforderlich. Die nachträgliche Besprechung wichtiger, mit Video aufgenommener Passagen wirkt sich förderlich auf den Selbstreflexionsprozeß aus.
Die Simulation läßt sich dadurch steigern, indem Gegenstände (z.B. Spielsachen, Kleidung und sonstige Details der zu simulierenden Situation) möglichst realitätsnah dargestellt werden. Ferner bietet sich auch an, um an Gefühle oder Stimmungen der Vergangenheit leichter heranzukommen, damalige Lieblingslieder, -spiele oder andere Lieblingsbeschäftigungen wieder zu aktivieren. Durch die Wiederaufnahme früherer Tätigkeiten können damit einhergehende Stimmungen wieder wachgerufen werden. Bei einem halbstündigen »Versteck-Spiel« in einer Therapiegruppe verirrte sich z.B. eine Klientin in ein dorniges Gebüsch mit Brennesseln. Dies war ihr auch bei einem Versteckspiel mit 6 oder 7 Jahren genauso passiert. Die plötzlich einsetzenden Schmerzen riefen die damalige Stimmungslage (Angst, Hilflosigkeit) wie automatisch und gleichsam unverändert, wieder wach.

In diesem Zusammenhang kann es sich als sinnvoll herausstellen, simulierende Rollenspiele »vor Ort«, d.h. in der damaligen ökosozialen Umgebung des Klienten durchzuführen. Ferner kann man mit dem Klienten damalige Wohnorte besuchen, und sie nach verwertbaren Erinnerungsspuren systematisch »abklopfen«, wie z.B. einen früheren Schulweg mehrmals hin und her gehen und dabei auf aufkommende Umfeld- und Stimmungsdetails achten.

Eine Reihe weiterer Verfahren läßt sich unter dem Titel »Expressive Lebenslaufanalyse« zusammenfassen. Bei diesen Verfahren wird zunächst nicht-verbalen Ausdrucksweisen der Vorrang gegeben. Aspekte, Situationen, Entwicklungen des Lebenslaufs können mit Klängen, Farben, Linien, Pantomimen, Collagen etc. zum Ausdruck gebracht werden. Nachträgliche Kommentare bieten meist zahlreiche Möglichkeiten für die weitere Reflexion über wichtige Lebenslaufthemen oder -episoden an.

In den letzten Jahren sind eine Reihe von Büchern und Arbeiten erschienen, die lebenslaufzentrierte, erlebnisaktivierende Übungen mit z.T. recht präzisen Anleitungen für die Selbst- oder Gruppenanwendung beschreiben: z.B. *P. Fischer,* 1986; *H. Gutjons* et al, 1986; *E. Meueler,* 1987; *C. Stevens,* 1981[6]; *K. Thomas,* 1986[3]; *L. von Werder,* 1986. Die bisher gesammelten Erfahrungen auf diesem Gebiet zeigen, daß der Einsatz »expressiver Verfahren« eine fördernde, motivierende Wirkung in Richtung einer vertieften Selbstreflexion bewirkt.

Im Vergleich zu den »Erzähl-Verfahren«, die eine eher begrifflich-argumentative, gleichsam linkshemisphärische Herangehensweise hervorheben, spielen bei den expressiven Verfahren intuitive, symbolisch-metaphorische oder rechtshemisphärische Bewußtmachungsprozesse eine zentrale Rolle.

Da eine anschauliche Darstellung expressiver Verfahren den Gesamtumfang eines Buches leicht in Anspruch nehmen würde, skizziere ich hier nur ein paar Verfahren, die ich regelmäßig anwende.

— *Die Lebenslinien-Übung*

Bei dieser Übung wird der Klient aufgefordert, seine Lebensgeschichte bzw. seinen bisherigen Lebensweg in Form einer Linie zu zeichnen. *P. Fischer* (1986) hat diese besondere Art graphischer Darstellungen der Lebensgeschichte untersucht. Er schlägt hierfür bestimmte Instruktionen und Gliederungsschritte vor. So z.B. wird der Klient in einem ersten Schritt in einen entspannten Zustand versetzt und aufgefordert, ein inneres Bild seines bisherigen Lebensweges aufkommen zu lassen. In einem zweiten Schritt soll die Person in aller Stille ihre »Linie« auf einem Blatt Papier festhalten. Beim dritten und letzten Schritt wird die Person aufgefordert, anhand der graphischen Darstellung ihr aktualisiertes, biographisches Selbstverständnis verbal zu explizieren. Im Dialog mit dem Therapeuten werden bestimmte Merkmale oder Informationen, im Zusammenhang mit der graphischen Darstellung und ihrem Entstehungsprozeß zum Reflexionsgegenstand erhoben (zu diesem Verfahren vgl. auch Teil II, Kap. 1, S. 70).

— *Mandala-Zeichnung*

Die Person wird hier aufgefordert, wichtige Themen ihres Lebenslaufs auf ein DIN A 3-Blatt aufzuzeichnen. Das Blatt wird wie ein Mandala [1] formal gegliedert: zwei sich in der Mitte des Blattes

1) Mandalas sind im Hinduismus und tibetischen Buddhismus Diagramme aus Quadraten und Kreisen, die in zwei- oder dreidimensionaler Form kosmische Kräfte darstellen (vgl. auch *C. G. Jung,* Gesammelte Werke Bd. 9, 1. Zürich, 1958 ff.)

kreuzende Linien und ein großer Kreis. Die Person kann man dazu auffordern, anhand von Farbstiften und unter Berücksichtigung der vorgegebenen Gliederung einzelne Bilder, Symbole, Worte zu zeichnen. Während die Mitte des Blattes ihren persönlichen Kernbereich darstellt, stehen außerhalb des Kreises befindliche Randgebiete für eher entfernte Umweltbezüge. Je nach Anweisung kann man die Mandala-Zeichnung mit diversen »Collage-Methoden« auf kreative Art und Weise kombinieren.

— *Strichmännchen-Zeichnungen*

Eine weitere Möglichkeit zeichnerischer Darstellung der Lebensgeschichte besteht darin, »Strichmännchen-Zeichnungen« bzw. »comic strips« zu einzelnen Lebensthemen oder -abschnitten, evtl. unter Zeitdruck, zeichnen zu lassen. Der Klient wird dazu aufgefordert, wichtige Szenen oder Stationen seiner Lebensgeschichte zu zeichnen. Dabei kommt es überhaupt nicht auf die Güte der Zeichnung an. Vielmehr sollen möglichst viele Lebensereignisse und Situationen, die beim Zeichnen einfallen, skizzenhaft dargestellt werden. Handlungssituationen und -subjekte werden anhand weniger Striche angedeutet. Mittels Sprechblasen können kurze Dialoge festgehalten werden. Jedes Bild kann man dann mit einem Titel versehen. Binnen einer Stunde können ein bis drei Dutzend solcher Zeichnungen angefertigt werden. Anschließend kommentiert der Zeichner seine Bilder. Gemeinsam mit dem Therapeuten werden bestimmte, sich wiederholende Themen, auffällige Szenen oder Situationen einer näheren Analyse unterzogen. Diese Methode läßt sich auch bei der Behandlung einzelner Themen wie etwa »mein Partner«, »meine Eltern«, . . . anwenden.

In diesem Zusammenhang möchte ich auch anmerken, daß etliche projektive Verfahren, die auf Bildmaterial basieren, i.S. von »expressiven Verfahren« eingesetzt werden können. So z.B. kann die Person zu einzelnen TAT-Tafeln[1)] — statt wie üblich dramatische Geschichten zu erfinden — sich biographische Ereignisse, Situationen oder Probleme vorstellen, die ihrem Gefühl nach mit der thematischen Valenz oder dem Aufforderungscharakter der jeweiligen Tafel zusammenhängen.

Einige Verfahren, die innerhalb der Familientherapie entstanden sind, wie z.B. das Genogramm der Herkunftsfamilie, (vgl. *P. Heinl,* 1987), das »Familienbrett« (*K. Ludewig* et al., 1983), die Familienskulptur u.ä.m.

1) TAT: Abkürzung für »Thematischer Apperzeptionstest« von *Morgan, C. D.* und *H. A. Murray,* 1935

können für die Lebenslaufanalyse eines einzelnen Klienten wie auch ganzer Gruppen relativ leicht modifiziert und in eine übergreifende biographische Analyse integriert werden.

— *Das Familiengenogramm*

Ausgehend von sich selbst oder einem Familienmitglied versucht der Klient, verschiedene Erwartungen, Aufträge (Delegationen), überlieferte Annahmen herauszufinden. Fühlt er sich z.B. mehr der mütterlichen oder väterlichen Linie zugeordnet? Wie sieht sein »familienpsychologisches Erbe« aus? Welche Verwandte oder Personen haben, außer Eltern oder Großeltern, einen wichtigen Einfluß auf seine Personentwicklung ausgeübt? Welche Wertvorstellungen oder Verhaltensregeln werden bewußt / unbewußt über Generationen hinweg weitertradiert?
Diese und weitere Fragen können eine ausgedehnte genographische Analyse des eigenen Lebenslaufs einleiten. Gemeinsam mit dem Therapeuten lassen sich Arbeitshypothesen aufstellen, zu deren Überprüfung weitere lebenslaufanalytische Verfahren herangezogen werden können.
Durch eine konsequente familientheoretische Sichtweise erscheint es mir möglich, relativ schnell an zentrale Handlungsmotive und Identifikationsmuster zu gelangen. Jede intensive Lebenslaufanalyse sollte meines Erachtens auch die Rekonstruktion des Familiengenogramms einbeziehen. Denn hierdurch kann der Blick für soziale und gesellschaftliche Bedingungen der Person- oder Identitätsbildung auf sehr anschauliche Weise geschärft werden. Außerdem trägt die genographische Analyse wesentlich dazu bei, die relativ engen (leider aber allzu selbstverständlichen) Grenzen der Individuumsgeschichte zu sprengen.

— *Lebenslaufanalytische Meditationen*

Jedes lebenslaufbezogene Thema eignet sich zum meditativen Nachdenken. Themen und Aspekte des Lebenslaufs, die die Person im Kontext der Einzel- oder Gruppentherapie als für sie relevant begreift, können in kurzer prägnanter Form zusammengefaßt und als Meditations- oder Reflexionsgegenstand herangezogen werden. Vor der Meditation werden Erwartungen und Ziele, die mit dem vorgeschlagenen Thema einhergehen, kurz erläutert und mit dem Klienten eine leicht einprägsame Formulierung gesucht. Lebenslaufbezogene Themen sind z.B.: »Mein Vater, als ich klein war«, »mit dem Kopf durch die Wand«, »der Beste sein« u.ä.m. Solche Themen können nach mehreren Meditationsdurchgängen (durchschnittliche Dauer: zwischen 10 und 30 Minuten) gewechselt werden. Lebenslaufanalytische Meditationen eignen sich besonders als Thera-

pieaufgabe zwischen zwei regulären Sitzungen. Der Klient wird dazu motiviert, kurze aber häufige Meditationen über ein lebenslaufrelevantes Thema durchzuführen und über auftretende Phantasien, Gedanken, Gefühle Protokoll zu führen. Bei der nächsten lebenslaufanalytischen Sitzung bespricht er mit dem Therapeuten die Meditationsergebnisse.
Wie schon im 3. Kapitel über die Funktionen der Lebenslaufanalyse angedeutet, geht die Relevanz meditativer Tätigkeiten für die lebenslaufanalytische Therapie weit über die Durchführung einzelner Übungen hinaus. In gewissem Sinne dienen viele Rekonstruktionswege und -verfahren dazu, eine Art meditativer Haltung gegenüber sich selbst, den anderen und der Welt zu kultivieren.

— *Auf der Suche nach der verlorenen Zeit*

Falls dies dem Klienten ohne allzu großen Zeitaufwand durchführbar erscheint, kann der Therapeut ihn dazu auffordern, Bekannte und Verwandte über bestimmte Ereignisse und Lebensabschnitte zu befragen oder den damaligen Wohnort zu besuchen und ihn nach Erinnerungsspuren systematisch abzusuchen.
Familienalben, alte Briefe, Fotos, Tagebücher u.ä.m. sind selbstverständlich auch sinn- und stimmungsträchtige Informationsquellen.

Die eben dargestellten Strategien zur Rekonstruktion vom gesamten Lebenslauf sowie von einzelnen Lebensereignissen und -abschnitten geben einen Eindruck über die Vielfalt von Zugriffs- und Zugangsmöglichkeiten. Obgleich sie sich mit bloßen Ausschnitten aus der Lebenspraxis und -entwicklung derselben befassen, lassen sich solche Verfahren in übergreifende Strategien einbetten, die sich zum Ziel setzen, zu einem tieferen Selbsterkennen und -erleben zu gelangen und aus dieser Erfahrung heraus neue Hoffnung und Kraft zu schöpfen.

Auch wenn die hier beschriebenen lebenslaufanalytischen Verfahren in jeder Therapie, die sich auf die Entwicklungsgeschichte des Einzelnen einlassen will, Eingang finden können, verlangen sie doch vom Therapeuten einen hohen Grad an Selbstreflexion, vertiefte Erfahrungen mit verschiedenartigen Therapiemethoden und ein fundiertes epistemologisches Wissen.

Was die Selbstreflexion angeht, erscheint es mir wünschenswert, wenn der Therapeut durch eigene Selbsterfahrung eine klare Erkenntnis der Motive seines Erlebens und Handelns erlangt hat. Je reifer, weiser und gelassener der Therapeut ist, umso eher verwirklicht er die erforderliche Haltung für eine therapeutische Handhabung lebenslaufanalytischer Verfahren.

Eine vertiefte Erfahrung in einigen Therapieformen erscheint mir auch von großem Vorteil. Jedenfalls kann sie davor schützen, bestimmte Aspekte menschlichen Handelns allzu einseitig zu betonen. Außerdem kann der Therapeut bei der Begegnung mit vielfältigen psychischen Erscheinungen auf ein breites und flexibles Repertoire an Fertigkeiten zurückgreifen. Hinzu kommt noch, daß eine nicht allzu einseitige Ausbildung die Dogmatisierungsgefahr beim Selbsterkenntnisprozeß erheblich mindern kann.

Weiterhin erscheint mir ein fundiertes epistemologisches Wissen nicht zuletzt angesichts der Vielfalt und Komplexität lebensgeschichtlicher Handlungsbedingungen sehr ratsam. Denn es bedarf schon viel Geschick und Reflexionsarbeit, will man sich »nicht-reduktionistisch« auf die Lebenswelt anderer voll einlassen.

Schon allein wegen der verschiedenartigen Verfahren, die im Rahmen einer umfassenden Lebenslaufanalyse eingesetzt werden, ist es nicht möglich, eine allzu einseitige oder allzu ritualisierte Beziehungsform einzunehmen. Wenn ich z.B. eine Person beim Wiedererleben früherer Ereignisse vor Ort begleite oder wenn ich ihr bei einer Reise in die Vergangenheit unter hypnose-ähnlichen Bedingungen assistiere, versuche ich eine warmherzige Haltung zu dieser Person zu entwickeln, was sich unabhängig von der Methodenvielfalt in einem offenen und vertrauensvollen Kommunikationsraum äußert.

Im Prinzip ist die empfohlene »offene, warmherzige, freundschaftliche Haltung« des Therapeuten bei Gruppen- nicht anders als bei Einzeltherapien. Je nach Gruppenstrukturen und -prozessen müssen aber Ziele, Erwartungen, Verfahren der Lebenslaufanalyse anders definiert und gestaltet werden als bei einzeltherapeutischen Maßnahmen.

Teil II

Annas Rekonstruktion ihrer Kindheit und Jugend

»Eine Rekapitulation, so erklärte sie (Florinda) mir, sei die Potenz der *Pirscher,* ähnlich wie der *Traum*körper die Potenz der *Träumer sei.* Sie bestehe darin, daß man sein Leben bis in die unbedeutendsten Einzelheiten erinnere.

Also hatte ihr Wohltäter ihr jenen Bretterverschlag als Werkzeug und als Symbol geschenkt. Er war ein Werkzeug, das es ihr erlaubte, Konzentration zu lernen, denn sie mußte jahrelang darin sitzen, bis ihr ganzes Leben an ihren Augen vorbeigezogen war. ...

Die *Pirscher,* so sagte sie, benutzen solche Kästen oder Erdsärge, in denen sie sich abschließen, während sie jeden Augenblick ihres Lebens nicht nur erinnern, sondern eigentlich wiedererleben.«

Carlos Castaneda (Aus: Die Kunst des Pirschens, Frankfurt / M. 1981, S. 292)

Einleitung zu Annas Lebenslaufanalyse und Biographie

Galt Teil I der Einführung in die Theorie und Methoden der Lebenslaufanalyse, zentrieren sich Teil II wie auch die folgenden Teile III und IV auf die Lebenslaufanalyse und Biographie Annas.

Wie schon im Vorwort angedeutet, ist es nicht mein Ziel eine Biographie zu schreiben. Vielmehr geht es mir um folgendes:

- Die Relevanz der perspektivisch-verstehenden Psychologie für das psychotherapeutische Handeln an einem Beispiel zu verdeutlichen.
- Möglichkeiten und Formen einer verstehenden, biographiezentrierten Psychotherapie (Lebenslaufanalyse) am Beispiel einer Therapie zu dokumentieren.
- Neue Wege der Reflexion über die Rekonstruktion oder das Wiedererleben von Biographischem zu erschließen, — vor allem im Sinne einer »transpersonalen Selbstwerdung«.

Die Einengung auf ein Beispiel — Anna — bringt mit sich Vor- und Nachteile. So kann sich durch mehrere Beispiele eher ein Gesamteindruck über die Komplexität biographisch-therapeutischer Arbeit bilden. Andererseits bietet die Einschränkung auf eine einzige Lebensgeschichte eine Vertiefungsmöglichkeit, die sich — vorausgesetzt man verliert sich nicht in tausend Details — noch relativ leicht überblicken läßt.

Da meines Erachtens jede Person — existentiell betrachtet — einmalig und einzigartig ist, möchte ich nicht allzu lange über die Prototypikalitätsfrage des Falles »Annas« diskutieren. Später in Teil IV, Kap. 1 gehe ich ohnehin auf einige Klassifikations- und Erklärungsmuster der professionellen Psychiatrie und Psychotherapie näher ein. Im Lichte solcher Ansätze dürfte Anna zur breiten Klientel der ambulanten Psychotherapie »neurotischer Leiden« gehören.

Anna, 30 Jahre alt, litt unter depressiven Verstimmungen. Sie war zu Beginn der Therapie hinsichtlich ihrer Zukunftsorientierung und ihrer weiteren Lebensplanung ziemlich ratlos. Im Umgang mit anderen Menschen merkte sie neben diffusen Ängsten deutliche Schwankungen zwischen Kontaktsuche und Rückzug bzw. aktiver Isolation.

Mit der Psychotherapie verband sie die Hoffnung, diese Probleme, so weit wie möglich, einzudämmen, aber auch den ursächlichen Sinnzusammenhang solcher Störungen aufzuklären, den sie mit ihrer Lebensgeschichte für eng verbunden hielt.

Darüber hinaus wollte sie »endlich Klarheit über ihre bisherige biographische Entwicklung« erlangen. Dafür war sie bereit und gewillt, auch in Form einer Selbstanalyse, sich auf eine längere Beschäftigung und Auseinandersetzung mit ihrer Lebensgeschichte einzulassen.

Annas Lebenslaufanalyse dauerte ein knappes Jahr. Es fanden ca. 130 Sitzungen statt, zwei bis drei Termine pro Woche. Therapieaufgaben und selbstanalytische Reflexionen ergaben eine Fülle von Material, das nur z.T. im Rahmen der Lebenslaufanalyse bearbeitet werden konnte.

Gegen Ende der Therapie lieh mir Anna neben dem lebenslaufanalytischen Material etliche ihrer in der Zeit zwischen 19 und 30 Jahren geschriebenen Tagebücher [1)], damit ich eventuell auftauchende Fragen bei meiner post-therapeutischen Beschäftigung mit ihrer Biographie besser lösen bzw. beantworten könnte.

Mit meinem Vorhaben, ein Buch über ihre Lebensgeschichte zu schreiben, war sie einverstanden, — jedoch mit der Einschränkung, daß dieses Buch niemals in die Hände ihrer Mutter geraten möge . . .

Die im folgenden Kapitel dargestellten Lebensphasen und -themen Annas von ihrer Geburt bis zum Auszug von zuhause mit 19 Jahren sind weitgehend chronologisch geordnet. Die Rekonstruktion bzw. das Wiedererleben ihrer Biographie während der Lebenslaufanalyse verlief allerdings nicht linear geordnet. Schon bald nach Beginn der Therapie wurden Schlüsselerlebnisse und thematische Schwerpunkte aus ihrer Kindheit und Jugend herausgegriffen und zum Gegenstand einer näheren Analyse gemacht. Die Art der Auseinandersetzung mit ihrer Kindheit und Jugend war vorwiegend gesprächsorientiert. Dennoch kamen einige der im Teil I, Kapitel 4, geschilderten nicht-verbalen Methoden wie Zeichnen, Lebenslinie-Übung, Anlegen eines Foto-Albums etc. zum Einsatz.

---

1) Insgesamt handelt es sich bei den Tagebüchern um acht- bis neuntausend DIN A 5-Seiten. Fast tagtäglich schrieb Anna in dieser Zeit zwei bis drei Seiten.

Die zu den einzelnen Phasen zusammengetragenen Informationen stammen weitgehend aus der Rekonstruktionsarbeit Annas in der Auseinandersetzung mit wichtigen Episoden ihrer Lebensgeschichte. Hin und wieder habe ich jedoch auf Tagebücher oder mir sonst zugängliches Material (z.B. Briefe) zurückgegriffen. Da aber meine Grundabsicht nicht im Schreiben einer Biographie, sondern in der Dokumentation einer »perspektivisch-verstehenden Lebenslaufanalyse« lag, habe ich fast ausschließlich Erlebnisse und Ereignisse thematisiert, die Gegenstand des therapeutischen Dialogs gewesen sind.

1. Kapitel

Entwicklungsphasen Annas

Bei der rekonstruktiven Darstellung ihrer Lebensgeschichte verwendete Anna eine Einteilung in Phasen. Grob betrachtet unterteilte sie ihre bisherige Lebensgeschichte in sieben Abschnitte. Ihre Gliederung basierte zwar auf der in unserer Kultur üblichen Einteilung (frühe und mittlere Kindheit, Jugendalter, frühes Erwachsenenalter etc.), orientierte sich aber weitgehend an Familienumzügen. D.h. die einzelnen Lebenszeitabschnitte waren bei Anna oft mit einer bestimmten Wohnumwelt verbunden. Sie sprach demnach auch von der »damaligen Zeit in X oder Y.«

1. Phase in W. (0 — 7 Jahre)
2. Phase im »Klippenweg« (7 — 10 Jahre)
3. Phase im »Haus Zollak« (10 — 15 Jahre)
4. Phase in der Schweiz (15 — 16 Jahre)
5. Phase »Wieder zu Hause, die Lehr- und Bürozeit« (16 — 19 Jahre)
6. Phase »Weg von zu Hause, die Fabrikarbeitzeit« (19 — 25 Jahre)
7. Phase »Abendgymnasium« (25 — 29 Jahre)

Die beiden letzten Phasen stellen im Vergleich zu den anderen eine eher pauschale Einteilung dar. Anna unterschied in diesem dritten Lebensjahrzehnt ca. 5 bis 6 Zeitperioden, die je nach behandeltem Thema zusammengefaßt wurden. Insgesamt ließ sich für sie bei diesem letzten großen Entwicklungsabschnitt ihres Lebens noch keine feste Einteilungs- und »Ortungs«-Struktur erkennen.

Die übrigen, vorherigen fünf Phasen wirkten dagegen wie feste Orientierungs- und Gliederungsraster. Auch wenn durch die Lebenslaufanalyse etliche neue Gliederungsaspekte hinzukamen, änderten sie doch Annas Einteilungsschema nicht.

In Bezug auf den Übergang von Phase 1 zu Phase 2 hatte das erste Schuljahr in W. eine Sonderstellung: einerseits gehörte es wie die 2. Phase zur »Grundschulzeit«; andererseits aber fiel es noch in die Zeit vor dem Umzug. Zumindest für die Entwicklungsabschnitte bis zu ihrem 19. Lebensjahr bevorzugte Anna eine Einordnung entsprechend dem Wohnortwechsel. Sie verband mit jedem Ort eine gewisse öko-psycho-soziale Atmosphäre, von der sie annahm, in ihrer Entwicklung entscheidend mitgeprägt worden zu sein. Es schien ihr, als ob bestimmte Stimmungen, bestimmte Erfahrungen mit der jeweiligen Wohnortatmosphäre auf seltsame aber eindeutige Weise verknüpft gewesen wären.

Bei der Besprechung von Familienfotos war es Anna wichtig, daß ich mir die Landschafts- und Wohnatmosphäre ihrer verschiedenen Biographie-Welten konkret vorstellen konnte. Auf dem Hintergrund dieses — sagen wir mal — umzugsorientierten Phasenmodells bestimmten einzelne Lebensereignisse die weitere Zeitgliederung. So waren Formulierungen wie »dies fiel in die Zeit vor oder nach meinem Gipsbein« oder »das war noch vor meiner Bekehrung« bei der narrativen Beschreibung ihres Lebenslaufs durchaus üblich.

Im Gegensatz zu Umzügen und Schlüsselerlebnissen eignen sich einzelne Lebensthemen nur ausnahmsweise zur zeitlichen Orientierung und Strukturierung des Lebenslaufs. Zwar können in bestimmten Zeitabschnitten einzelne Themenkomplexe den Lebenslauf wesentlich prägen. In der Regel aber reichen ihre Entstehungswurzeln weiter zurück als in die Phase, in der sie voll thematisiert werden. Umgekehrt machen sich ihre Auswirkungen oft bis in die aktuellste Vergangenheit bemerkbar. Es ist daher verständlich, daß die zeitliche Strukturierung der Biographie sich vorwiegend an lebensverändernden Ereignissen (wie etwa Umzug, Heirat, Ausbildungsbeginn, neuer Beruf, Krankheit...) oder einschneidenden Erlebnissen orientiert.

Zu Beginn der Lebenslaufanalyse fertigte Anna mehrere »Lebenslinien« und Übersichtstabellen über prägende Ereignisse und Erlebnisse ihrer Lebensgeschichte an. Sie erfand dabei einige Darstellungsmöglichkeiten, Themen, Ereignisse und Erlebnisse synoptisch auf eine DIN A 3-Seite zusammenzutragen.

Bei der ersten synoptischen Tabelle trug sie z.B. oben von links nach rechts die Phasen ein. In der Mitte zog sie eine Zeitlinie, jedes Jahr von 0 bis 29 Jahre in 2 cm Abstand. Oberhalb und unterhalb der Linie zeichnete Anna in verschiedener Höhe die einzelnen Ereignisse und Erlebnisse ein, die sie mit der Bewertung »furchtbar bis herrlich« einschätzte. Unten notierte sie noch Stichworte zu einigen Themen: Der Zeitabschnitt zwischen 6 und 8 Jahren sah z.B. wie folgt aus:

Tabelle 1

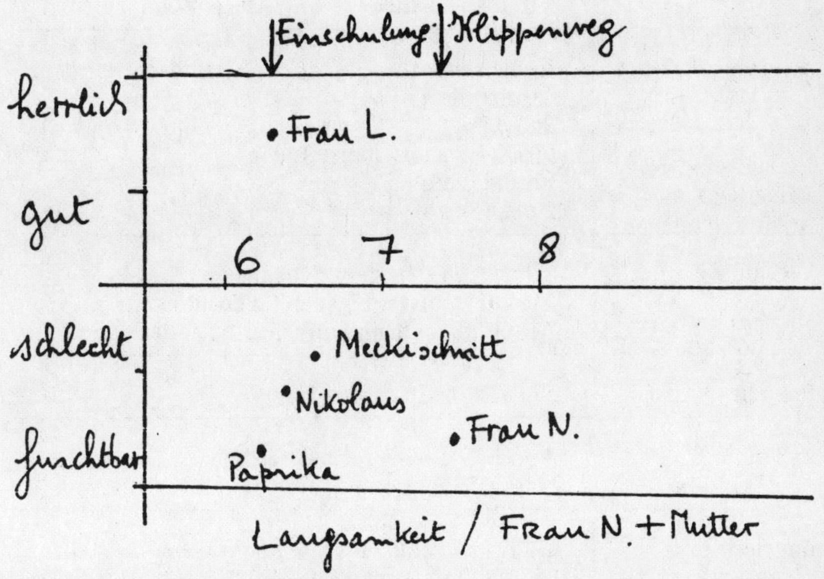

Bei der zweiten synoptischen Tabelle ordnete sie zu den einzelnen Phasen Themen entlang der eigenen Kategorien »äußerer Zwang, psychischer Druck, Verhaltenszwang, Freiheit, innere und äußere Orientierung, gutes Verhalten, Glück« ein.

Die Phase im Klippenweg (ca. 7 ¼ bis knapp 10 Jahre) sah auf dieser Tabelle etwa so aus:

Tabelle 2

Klippenweg

7 ¼ Jahre bis 10 Jahre

	Umzug / Schulwechsel	
äußerer Zwang	Armut häßliche Kleider	Zeitmangel Mutters Vorschriften
psychischer Druck	Außenseiter in der Schule unbeliebt Frau N.: unerwiderte Liebe Birgits Unfall Ungehorsam	Überforderung
Verhaltenszwang	Schwatzen / Trödeln / Toben (Bewußtsein der eigenen Schlechtigkeit; Anschluß an arme, unbeliebte Kinder)	
Freiheit	eigene Vorsätze	
äußere Orientierung	Anna F. als Freundin (Pferde) Natur, Winnetou	
innere Orientierung	Gutsein, Idealismus: den Schwachen beistehen, Mama Freude machen, erwachsen sein (»Wunschkind«)	
gutes Verhalten	Besuch bei Mama im Krankenhaus Frau N. um Verzeihung bitten Anna F. meine Lüge gestehen Hausaufgaben verzieren einen Regenwurm retten	
Glück	Anna F. Spiele in der Natur Wunschkind-Ideal. Vorbild Winnetou	

Die dritte Tabelle (auf vier zusammengeklebten DIN A 4-Seiten) gleicht eher einem Bild: in der Mitte sieht man einen in Phasen eingeteilten Weg, auf dem Annas Hauptthemen stichwortartig eingetragen sind. Links und rechts davon schrieb sie einzelne Sätze zu Situationen, Ereignissen, Erlebnissen in verschiedenen Farben. Für die Zeit ihrer Bekehrung (ca. 14 Jahre) sieht der Bildausschnitt so aus:

Tabelle 3

Die dritte Tabelle (auf vier zusammengeklebten DIN A 4-Seiten) gleicht eher einem Bild: in der Mitte sieht man einen in Phasen eingeteilten Weg, auf dem Annas Hauptthemen stichwortartig eingetragen sind. Links und rechts davon schrieb sie einzelne Sätze zu Situationen, Ereignissen, Erlebnissen in verschiedenen Farben. Für die Zeit ihrer Bekehrung (ca. 14 Jahre) sieht der Bildausschnitt so aus:

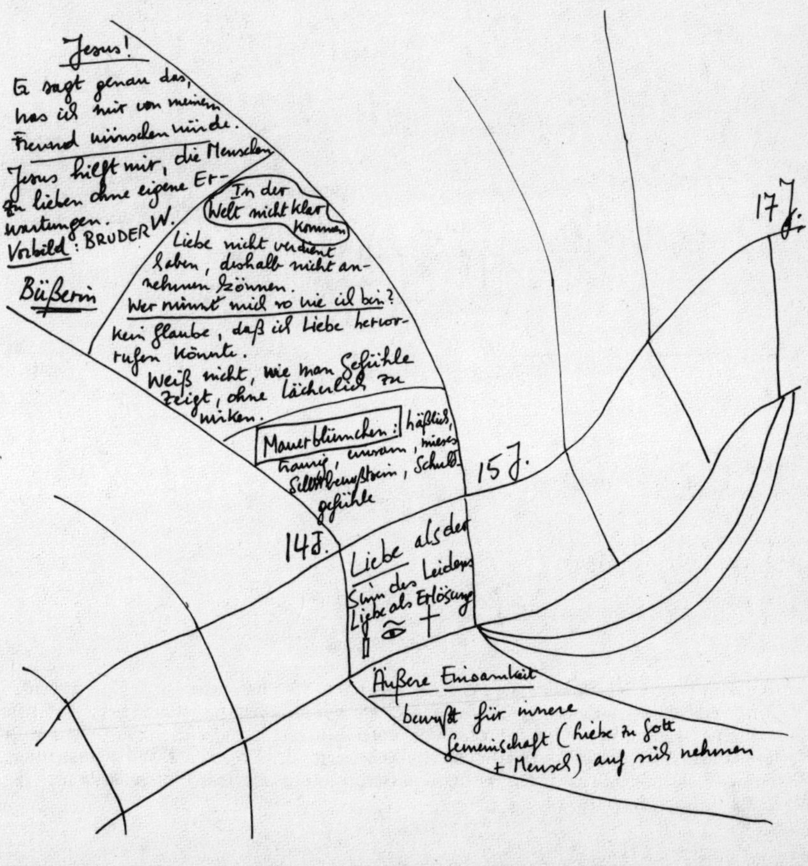

Zu Anfang ihrer Lebenslaufanalyse zeichnete Anna auch eine »Lebenslinie«. Die Durchführung und Besprechung dieses Verfahrens erfolgte entsprechend den von *P. Fischer* (1986) vorgesehenen drei Schritten.[1)] Die hier abgebildeten Linienausschnitte (s. Abb. 1 und 2) beziehen sich auf die Zeitspanne zwischen Annas Geburt und ihrem Auszug von zu Hause (Abb. 1) und auf das Alter 23 / 24 Jahre (Abb. 2). Die schon ab 17 Jahren beobachtbare Linienstreckung verstärkt sich noch für die Jahre danach. Die Linie von 19 bis 29 Jahre ist ungefähr doppelt so lang wie der Linienabschnitt von Abbildung 1. Dabei wirkt die gesamte Linie mit ihren abwechselnden Höhen und Tiefen wie eine Sinuskurve, die mit einigen Eintragungen und Zeichnungen von ihr versehen wurde.

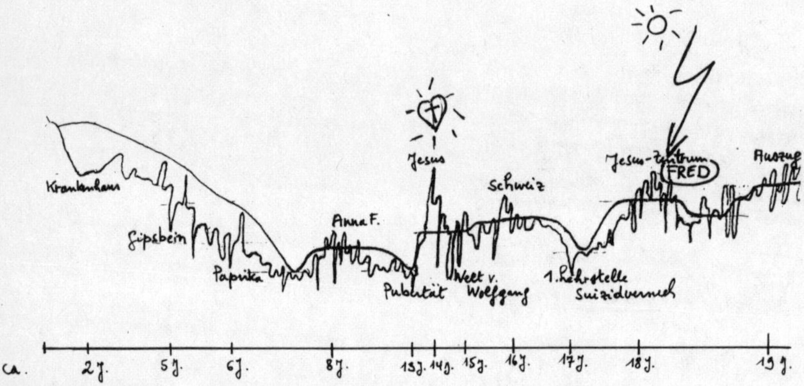

Abb. 1 : Lebenslinie 0 - 19 Jahre

---

1) In einem ersten Schritt wird die Person angewiesen, sich ihr bisheriges Leben als einen Weg mit verschiedenen Etappen, Wendepunkten etc. vorzustellen. Im zweiten Schritt soll die Person eine »Linie« vor ihrem inneren Auge entstehen lassen und auf einem Blatt Papier festhalten. Im dritten Schritt expliziert das Subjekt zuerst den Prozeß der Linienentstehung. Daran schließt sich eine Kommentierung und Besprechung einzelner Linienmerkmale (vgl. auch Teil I, Kap. 4).

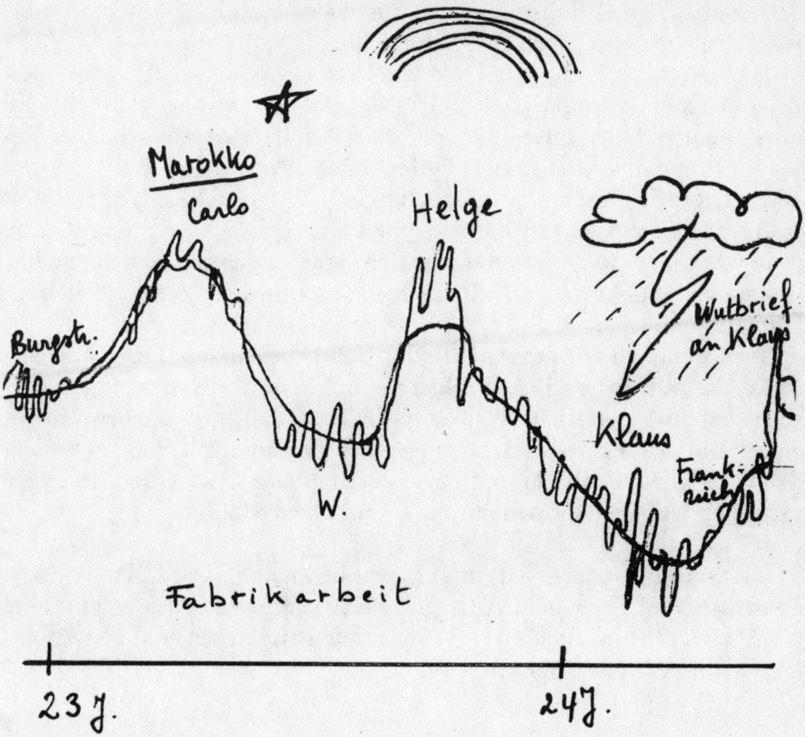

Abb. 2: Lebenslinie 23 / 24 Jahre

Schnell gewinnt man beim ersten Lebenslinienabschnitt (Abb. 1) ein klares Bild darüber, wie sich Anna an den gefühlsmäßigen Verlauf ihrer Kindheit und Jugend rückerinnerte

Seit ihrer Geburt bis etwa zum ersten Jahr im Klippenweg (von 0 bis 8 Jahre) bewegt sich die (obere) Linie kontinuierlich nach unten bis zu einem ersten Tiefpunkt im Alter von 6 - 7 Jahren (vgl. hierzu das »Verbrechergefühl«, (Teil II, Kap. 2), um zunächst kaum (8 - 13 Jahre), dann doch deutlicher und trotz einiger tiefer Einschnitte (z.B. Suizidversuch) allmählich wieder nach oben zu gelangen. Ihre »Bekehrung« und Freundschaft mit dem Amerikaner »Fred« werden durch ein strahlendes Herz bzw. eine strahlende Sonne als zwei positive Höhepunkte besonders markiert.

Bei der weiteren Lebenslaufanalyse wurden mir diese ziemlich detaillierte biographische »Fieberkurve« sowie die o.g. synoptischen Tabellen zu einer nützlichen Hilfe für meine anfängliche Orientierung in und Reflexion über ihre 30jährige Lebensgeschichte.

Auch Anna stellte gegen Ende der Lebenslaufanalyse fest, daß diese Zeichnungen, Synopsen und Linien ihr selbst eine brauchbare Hilfe für die Fortentwicklung ihrer biographischen Analyse gewesen seien: sie halfen ihr zum einen, eine gewisse Ordnung, so etwas wie einen roten Faden zu finden in z.T. auf sie zunächst chaotisch wirkenden Zeitperioden und zum anderen bei Vergleichen zwischen einzelnen Phasen ihres Lebens (z.B. was wiederholt, was verändert sich?) die Gemeinsamkeiten und Unterschiede, die Fort- und Rückschritte deutlicher herausarbeiten zu können.

Auch wenn ich vor der Anfertigung von Lebenslinien, Lebensthemen-Mandalas oder synoptischen Bildern einige konkrete Hinweise gebe, versuche ich doch den Klienten so zu motivieren, daß er — wie bei Anna — eigene Darstellungsvarianten erprobt. Selbstverständlich hängt es wesentlich vom Klienten ab, ob und inwieweit er Interesse an graphisch-zeichnerischen Umgangsformen mit biographischem Material findet.

Abschließend möchte ich entlang der Phaseneinteilung Annas wichtige Erlebnisse und Themen ihrer Biographie »synoptisch« zusammenfassen, die zum Gegenstand mehr oder weniger intensiver, lebenslaufanalytischer Explorationen und Übungen wurden.

1. Phase in W. (0 — 7 Jahre)

Die erste Erinnerung:	gut vs. böse sein
Bestrafungsrituale der Mutter:	Das Gipsbein
Regel- und Kontroll-systeme der Mutter	Ich bin ihre Marionette
Bewegungs- und Rede-drang	Wildfang
Bedrückende Realität	Dumpf-brütende Stimmungen
Eigene Fantasiewelt Ideal-; Wunschbilder	Schneewittchen / Oma
Das Anders-Sein-Gefühl	— wir sind anders — ich bin anders
Birgit der Sonnenschein	Anna das Kummerkind
I. Schuljahr Liebling von Frau L.	gut sein / Wunschkind
Das Verbrechergefühl	böse sein Paprika-Geschichte Mein Nikolaus ...

2. Phase Klippenweg (7 - 10 Jahre)

Die neue Klasse	Außenseiter sein
Die Lehrerin Frau N. (Frau N. auf Mutterseite)	Schuld Verbrechergefühl
Die strafenden Eltern (Neu: auch Vater muß strafen)	das Schwarze Schaf der Familie
Gesteigerte Angst- und	Verlassenheitsgefühle
Häßlich-sein	das häßliche Entlein (ich bin anders)
Die Freundin Anna F.	Wildfang Einssein mit der Natur
Vor- und Idealbilder	Neu: wie Winnetou sein Stolz und Würde

3. Phase Haus Zollak (10-15 Jahre)

Beschämungen / Demütigungen	Mit mir kann man alles machen Ich habe keine Würde

Verlassenheits- und Wertlosigkeits- gefühle

Melancholische Stimmungen

Zwei Idealbilder	Struwwel- liese (Wildfang)	u./o.	Wunsch- kind (Anna S.)

Die Bekehrung (Bruder W. und die Sekte) Beten, Bekennen, Missionieren	Jesus vs. Satan

Die erste Liebe: Wolfgang	Pakt mit dem Teufel

4. Phase in der Schweiz (15 - 16 Jahre)

Verliebt-sein in Frauen

Starke Unsicherheits-/Wertlosigkeitsgefühle

Der I. Selbstmordversuch

Neue Perspektive: Woodstock-Festival

5. Phase: Wieder zu Hause (17 - 19 Jahre)

Die erste Anstellung / Berufswelt

Die strafende, kontrollierende Mutter

Einsamkeitsgefühle

Der 2. Selbstmordversuch

Sehnsüchte nach Liebe, Frieden	Hippiewelt
Jesus-Zentrum v. Sekte	Jesus-People
Die unerwiderte Liebe	Fred der Hippie

6. Phase: Weg von zu Hause (19 - 24 / 25 Jahre)

(sog. »chaotische Phase)

Reisen (Vorbild: Hermann Hesse). Neues erleben.

Frei, selbständig sein

Kontakte zur Drogen- und Hippiewelt

Außenseiter-sein

Vergewaltigung, Fehlgeburt, Abtreibung

Die Werbekolonne (die verkommene, böse Welt)

Selbstmordversuch

Vorbild als Frau:
Identifikation mit: Janis Joplin

Unscheinbares, häßliches Mauerblümchen sein vs. Aufbau ihres Selbstvertrauens als Frau

Chaotische Männerbeziehungen
Die große (aber kurze) Liebe — Rafa und Helge

7. Phase: Das Abendgymnasium (25 - 29 / 30 Jahre)

(sog. geordnete Phase)

Eine unglückliche, aber herausfordernde Liebesbeziehung	Klaus
Das Marokko-Erlebnis	peak experiences
Schluß mit Außenseiter-sein, mit Hippie-Träumen und Hinwendung zur »gesellschaftlichen Realität«	
Entdeckung der Bildung als bleibender Wert und Status	Bildung
Gescheiterte Männerbeziehungen	Liebe
Einsamkeit, Alleinsein, Verlassenheits-, Minderwertigkeitsgefühl	Einsamkeit/ Verlassenheit

Bei der Herstellung der »Schaukästen« zu den einzelnen Phasen sind mir zahlreiche Daten und Äußerungen Annas wieder in Erinnerung gekommen. Allein für die 6. und 7. Phase ließen sich anhand der Tagebücher die Themen und Ereignisse der letzten zehn Jahre Woche für Woche rekonstruieren. Es sollte dabei nicht übersehen werden, daß die Tagebücher, selbst wenn sie wichtige Daten liefern, dennoch nur eine selektive Auswahl von Annas unzähligen erfahrenen Situationen darstellen.

Im Zuge einer noch umfassenderen Auflistung von Ereignissen und Erlebnissen sehe ich aber die Gefahr, daß sich Anna als historische Person für sich selbst, für den Leser und auch für mich allmählich und endgültig auflöst. Wie dem auch sei, waren bei der synoptischen Zusammenstellung der »Schaukästen« folgende Überlegungen ausschlaggebend:

1. Anna sollte meine Auswahl und Zusammenstellung ihrer Themen als stimmig, vielleicht sogar als das Wesentliche empfinden.
2. Ich selbst sollte den festen Eindruck gewinnen, daß eine erneute Um- und Ausarbeitung der Daten — bei annähernd gleicher Informationsdichte — der vorliegenden Zusammenfassung recht ähnlich aussehen würde.
3. Der Leser sollte in der Lage sein, sich ein anschauliches, übergreifendes Bild von wichtigen Themen und einschneidenden Erlebnissen im bisherigen Lebenslauf Annas machen zu können.

Vor allem erscheinen mir die zwei ersten Überlegungen nicht nur im Hinblick auf Synopsen, sondern generell in bezug auf eine Lebenslaufanalyse, die sich einer perspektivisch-verstehenden Psychologie verpflichtet fühlt, unabdingbar zu sein.

2. Kapitel

Die ersten sieben Jahre

Die ersten sieben Jahre ihrer Kindheit verbringt Anna im Haus der Großmutter mütterlicherseits. Die Oma bewohnt die obere Etage. Die Wohnverhältnisse sind beengt. Das Geld ist knapp. Während der Vater eine feste Anstellung als Schreiner hat, geht ihre Mutter hin und wieder in eine Fabrik arbeiten.

1. Prägende Erlebnisse in der Mutter-Kind-Beziehung

1.1 Die erste Erinnerung: »gut- vs. böse sein«

Im Zusammenhang mit lebenslaufanalytischen Regressionen in die frühe Kleinkindzeit wird selten über direkte Erinnerungen an Erlebnisse berichtet, die während der ersten 18 Lebensmonate stattfanden. Auf dem Hintergrund neuerer Erkenntnisse aus der peri- und pränatalen Psychologie sowie aus Psychotherapien, die auf die Bewußtwerdung und Aufarbeitung erster Lebenserfahrungen (z. B. Primärtherapie, Rebirthing, LSD-Therapie etc.) zielen, kann jedoch nicht mehr ausgeschlossen werden, daß Erinnerungen an die ersten beiden Lebensjahre möglich sein können.

Die im Rahmen der Lebenslaufanalyse aufgetauchte erste Erinnerung Annas gilt ihrem Krankenhausaufenthalt mit knapp 2 Jahren. Sie wurde damals am Darm operiert. Laut Aussage einer Tante habe ihre Mutter sie »stundenlang auf dem Topf puterrot brüllen lassen«. Als Anna wegen eines Familienumzugs einige Tage von einer Nachbarin betreut wurde, habe diese Frau die Einweisung ins Krankenhaus veranlaßt. Mögliche Diagnose im Nachhinein: Vorfall des Mastdarmrohres. Anna mußte operiert werden. Sie schildert ihre erste Erinnerung folgendermaßen:

»Ich liege still und friedlich in einem Gitterbett. Ich brülle nicht, wie die anderen Kinder, die ich in ihren Betten sehe. Eine Krankenschwester sitzt an meinem Bett und füttert mich. Es ist etwas Grünes auf dem Löffel — vermutlich grüne Erbsen — das sehe ich heute noch vor mir. Ich wundere mich, daß ich so willig esse, ganz anders als zu Hause. Die Krankenschwester hat ein freundliches Gesicht. Sie lächelt mich an. Ich empfinde mich als lieb und brav, und das Gesicht der Schwester gibt mir ein liebevolles Gefühl. Unter ihrem Hals trägt sie eine ovale Rot-Kreuz-Brosche, die ich fasziniert und selbstvergessen betrachte. Ich zeige auf die Brosche — die Schwester lächelt und rückt näher, so daß ich die Brosche berühren kann. Ich fühle mich rundherum wohl und spüre guten Kontakt zur Krankenschwester.
Die Brosche wird zum Symbol für: »gelungener Kontakt — Wohlbehagen — gut sein«. Einige Wochen nach dem Krankenhausaufenthalt komme ich mit meiner Mutter an einem Autohaus vorbei und sehe das runde BMW-Zeichen als Neon-Reklame. Freudig erinnere ich mich an die Brosche und will meiner Mutter unbedingt das Erlebnis mitteilen, wie lieb ich war. Wir bleiben stehen, ich versuche, mich verständlich zu machen, und sie bemüht sich zu begreifen. Plötzlich lacht sie, sie hat es also verstanden. Ich spüre eine tiefe Verbundenheit zu ihr.«

Ich neige dazu, frühkindlichen Erinnerungen — zumal wenn sie bis in die ersten beiden Lebensjahre zurückgehen — eine wichtige Rolle im Rahmen der biographischen Selbstanalyse oder Rekonstruktion zuzuschreiben. Während Anna diese Früherinnerung schilderte, fiel mir die berühmte Beschreibung des »Madeleine-Erlebnisses« von Marcel Proust ein. Ferner die »Geier-Phantasie« von Leonardo da Vinci sowie meine eigenen frühen Erinnerungen aus dem 2. Lebensjahr. Das »Brosche-Erlebnis« birgt in sich einen Erfahrungsschatz, in dem erste wichtige Gefühle und Motive der Biographie Annas implizit enthalten sind.

Analog zu Proust's »Madeleine-Erlebnis« könnte man die Erfahrung dieser frühen Erinnerung als eine »Suche nach der verlorenen Zeit (temps perdu) ansehen, die wieder entdeckt (temps retrouvé) werden kann. Von zentraler Bedeutung erscheint mir das Gefühl eines guten Kontaktes zur Krankenschwester. Damit einhergehend: das willige Essen, die liebevolle gegenseitige Anerkennung (Anna — Schwester), das tiefe befriedigende »Brosche-Gefühl« und letztlich auch das Aha-Erlebnis der Mutter, das Verstanden-werden sowie die gute tiefe Verbundenheit im Gefühl: »Mutter versteht mich, ich bin nicht trotzig und böse, — ich bin ein liebes williges Kind«.

Anna möchte von ihrer Mutter als *gutes, liebenswertes, williges Kind* angenommen werden. Im Gegensatz zur unproblematischen Fütterung im Krankenhaus war die Nahrungsaufnahme zu Hause — seit der Umstellung von Flasche auf Brei — ein ständiger Kampf, der die Mutter-Kind-Beziehung erheblich belastete. Laut Aussage der Mutter setzten diese Schwierigkeiten ein, als Anna ca. 6 Monate alt war. Von nun an fühlte sich ihre Mutter zunehmend beim Füttern überfordert. Um den Löffel in Annas Mund zu bekommen, mußte sie ihr die Nase zuhalten. Sodann weigerte Anna sich, das Essen hinunterzuschlucken und spie es oft wieder aus. Ihre Mutter bekam immer mehr Angst vor ihr und meinte, Anna würde sie hassen und könnte sich endgültig zum »Tyrannen« entwickeln. Dennoch hielt sich die Mutter beim Füttern des Kindes an feste Zeiten.

Bereits hier fällt mir auf, daß Anna — wohl aufgrund von Schilderungen ihrer Eltern — fast ausschließlich über Geschichten und Beobachtungen zu berichten weiß, die vom 6. Lebensmonat an eine schwierige Beziehungsatmosphäre zwischen Mutter und Tochter widerspiegeln.

Anna ist das erste Kind. Ihre Schwester Birgit wurde ca. 3 1/2 Jahre später geboren. Ca. zwei Jahre vor Annas Geburt war ihre Mutter schon einmal schwanger gewesen, mußte aber ziemlich spät in der Schwangerschaft (ca. im 6. bis 7. Monat) das Kind — die Mutter meint: einen Jungen — abtreiben lassen, weil sie TBC hatte.

Diese Abtreibung beschreibt ihre Mutter als »äußerst qualvoll«. Als sie zum zweiten Mal schwanger wurde, wollte Annas Mutter auf jeden Fall ihr Kind behalten und schonte sich hierfür soweit wie möglich. Anna war ein ausgesprochenes »Wunschkind«. Beide Eltern wünschten sich ein Mädchen. Was die Mutter betrifft, so verband sie mit dem Namen »Anna« die Erinnerung an ein junges Mädchen, *Anna S.* aus einer wohlhabenden Familie, das für sie ein Traumideal verkörperte: Bildung, Anmut, schwarze Locken und Geigenspielen (s. Teil III, Kap. I). Auf dem Hintergrund solcher Informationen könnte das »Brosche-Erlebnis« als eine gefühlsmäßige Erwiderung Annas auf diesen Wunsch der Mutter gesehen werden: »Ich möchte dem Wunschkind entsprechen. Ich bin das liebe Kind, das ich sein soll. Ich liebe dich, Mama, und du kannst mich auch lieben — ich bin nicht böse, ich bin gut, du bist gut . . .«. Sicher handelt es sich bei dieser Erinnerung um eine Gefühlsqualität, deren Dichte nur unzureichend mit Worten von Erwachsenen beschrieben, geschweige denn erfaßt werden kann. In dieser ersten Erinnerung scheint bereits ein Grundthema Annas durch: »Ich bin doch gut und liebenswert. Ich kann dir und du kannst mir vertrauen«. Dagegen sprechen jedoch die Erfahrungen, die Mutter und Tocher vor dem Krankenhausaufenthalt hatten.

Oder noch anders ausgedrückt: auf der einen Seite können ich und die Mutter (die Krankenschwester, the generalized other) wirklich tiefen liebevollen Kontakt haben. Ich fühle mich und den anderen dabei als vollwertig. Auf der anderen Seite: »bin ich wirklich bösartig, schlecht, trotzig ... wie es mir Mutter vermittelt?«

Das »Brosche-Erlebnis« ist meines Erachtens im Zusammenhang mit den vor der Mastdarmoperation einhergehenden Spannungen im Kontakt zur Mutter zu bewerten. Die als »entgegengesetzt« (etwa: »gut vs. schlecht«) beschriebenen Bedeutungen der ersten Erinnerung könnte man je nach Theorie als Ambivalenz, Spaltung oder Unsicherheit im Selbstwertgefühl definieren. Es erscheint mir aber aufgrund der frühen Erfahrungsstufe dieser Erinnerung vorschnell, derlei pathographische Fachtermini heranzuziehen. Jedenfalls läßt Anna in ihrer Biographie-Konstruktion das Thema »lieb- vs. böse-sein« mit dieser ersten Erinnerung anfangen. Sie glaubt, daß sich dieses Thema bis in die Spätpubertät, wenn nicht bis heute, weiterentwickelt und vertieft hat.

Während der einjährigen Lebenslaufanalyse wurden die frühen Lebenslaufereignisse (etwa bis zum dritten Lebensjahr) nur selten und beiläufig angesprochen. Idealtypisch gesehen würde sicherlich eine intensive Suche und Verarbeitung frühester Erlebnisse einen wichtigen Teil jeder Lebenslaufanalyse bilden. (Sowohl durch Befragung von Verwandten wie auch durch eine Vielzahl von regressionsfördernden Verfahren können Schlüsselerlebnisse oder potentiell traumatisierende Erfahrungen aufgedeckt und bearbeitet werden).

1.2 Bestrafungsrituale

»Wenn du lieb und gehorsam bist, ist Mama auch lieb zu dir«

Spätestens ab dem dritten Lebensjahr Annas bekommt dieses Thema durch ein Bestrafungs- und Belohnungsritual klare Konturen. Anna: »... weil meine Mutter mit mir die Kellertreppe hinunterstürzte, als ich dort eine Tracht Prügel kriegen sollte, während sie schwanger mit meiner Schwester war, müssen die Strafszenen also spätestens ab drei Jahren begonnen haben. Sie waren ein Ritual, das vorher genau geklärt wurde, weshalb »die Wucht« (Strafe) und nachher war alles wieder gut, wenn man um Verzeihung gebeten hatte. Das wurde dann mit Umarmung besiegelt.«

Nach der Schilderung Annas ist das »Keller-Bestrafungs-Ritual« unzählige Male in der Zeitspanne zwischen drei und sieben Jahren durchgeführt worden und hat bei ihr meines Erachtens nicht nur lebhafte Erinnerungen hinterlassen, sondern zu bestimmten überdauernnden Einstellungsschemata, Wahrnehmungsrastern, Verhaltensmustern etc. geführt.

Die folgende Lebensepisode der damals 5 1/2jährigen Anna[1] würde ich als ein Schlüsselerlebnis (vgl. *van Quekelberghe*, 1983, 1984, 1985) ansehen. Sie steht stellvertretend für eine ganze Reihe ähnlicher Interaktionsszenen zwischen Anna und ihrer Mutter.

Das Gipsbein
»Mama und ich üben den Bibelvers ein, den ich für die Sonntagsschule lernen muß. Mama hat schlechte Laune, steht innerlich unter Strom. Der Vers ist äußerst verwickelt, ich habe Angst vor Mamas Stimmung, in der ihr sehr schnell die Hand ausrutscht. In der Mitte des Verses ist ein Haken, das Wort »Jehova«, das vergesse ich am laufenden Band. Mama wird wütend und meint, ich ärgere sie absichtlich. »Je-ho-va!« Jetzt du: »ich: Jehova«. Sie: »Na, also. Jetzt noch mal von vorn.« Ich erinnere mich an den Anfang des Verses und an der Stelle wo das Wort Jehova kommt, ist die wieder, die Gedächtnislücke, und ich sehe Mamas Verdacht, daß ich das Wort weiß, aber nicht sagen will und kriege furchtbare Angst.
Sie schlägt mich und sagt mir das Wort erneut, und ich muß in den Keller und da den Spruch so lange sagen, bis ich ihn kann und dann darf ich rauskommen. Aber ich habe alles durcheinander im Kopf und versuche verzweifelt mich zu erinnern und will, daß die ganze Tortur bald zu Ende ist. Ich komme aus dem Keller, wenn ich meine, jetzt könnte ich den Vers. Aber es wiederholt sich: Gedächtnislücke. Mama brüllt, schlägt und tritt mich, wiederholt mit mir das Wort, brüllt mir Jehova ins Gesicht und schickt mich wieder in den Keller. »Ich werde dir deinen verdammten Trotz schon austreiben« sagt sie. Sie sagt, ich wolle sie nur auf die Palme bringen und mich innerlich daran weiden. »Du hast es doch eben noch gewußt und da willst du mir erzählen, du könntest dich nicht mehr erinnern?!« schreit sie...
Sie ist dabei, Gardinen aufzuhängen. Die Tortur erstreckt sich über den ganzen Nachmittag. Sie steht auf dem Hocker und ich steh unten und versuche erneut, den Spruch aufzusagen. Sie ist wie wild, fuchtelt mit der Gardinenstange bei ihren wütenden Schimpftiraden und zufällig gerät die Stange mir in den Mund und zieht meinen Mund breit. Sie fängt lauthals und gehässig an zu lachen, macht die Grimasse nach und dann geht's weiter mit der Tortur.

[1] Da Anna im Rahmen ihrer Lebenslaufanalyse viele familiäre Nachforschungen betrieb, ist die Alterseinschätzung meistens genau angebbar — bei manchen Schlüsselerlebnissen sogar mit genauer Zeitangabe. Folgende Episode dokumentiert das »Keller-Bestrafungs-Ritual«. Anna gibt ihr den Titel: »Das Gipsbein«.

Ich habe jetzt das Gefühl, sie ist ein Monstrum. Das Lachen über mein Elend, das ist Raserei, darin sehe ich den Satan: Das höhnische Gelächter und Lust anstelle von Mitleid, wenn jemand Angst hat und hilflos ist und leidet. Ich meine, daß sie eine Besessene war, kein Mensch mehr, nichts von dem Menschen mehr in sich hatte, den ich als »meine Mutter« kannte.

Das war ein vielleicht sehr kurzer Moment, wo ich in ihr selbst etwas sah, wovor ich noch mehr Angst bekam als vor Strafe, Schmerzen usw. — es war der Eindruck, daß sie gefährlich ist, und es keine Sicherheit gibt, wo sie aufhören würde ... z. B. bei körperlicher Strafe.

Ich hatte sie ja schon früher in Raserei erlebt, aber irgendwann, und ich glaube, es war durch dieses Lachen und ihre Grimasse, mit der sie mir zeigte, wie doof ich aussah mit dem breitgezogenen Mund — wurde mir diese andere, viel tiefere Angst vor dem »gefährlichen Etwas« in ihr ganz kurz bewußt und ich hatte den Eindruck, ich werde gefangengehalten von einer bösen Hexe, und niemand weiß davon. Das ist etwas, daß man niemandem sagen kann, sowas hat noch kein Mensch gesehen. Aber ich bin ihr ausgeliefert und kann nicht um Hilfe rufen, weil niemand dasselbe sehen könnte. Die zeigt dieses schreckliche Gesicht ja nur mir. Das war aber nur ein kurzer Moment, eine »Offenbarung von etwas Furchtbarem« und dieser Schreck ist nachhaltig in mich gefahren, war wieder verschwunden aus dem Bewußtsein, konnte dann aber wieder auftauchen, zum Beispiel Jahre später im Film »Der Exorzist«.
Am Abend dieses schrecklichen Tages war wieder Frieden. Ich saß in meinem Gitterbett und mir war sehr erschöpft aber zugleich friedlich zumute. Ich sah meine Beine an und fand die Entdeckung lustig, daß das rechte Knie ganz dick aussah. Ich zeigte es meiner Mutter und erst als ich sah, wie sie erneut rot anlief und hektische Gesichtszüge und Bewegungen bekam, merkte ich, daß es etwas Besonderes sein müßte. Mit ihr, ihren Schlägen und Tritten aber brachte ich es noch gar nicht in Zusammenhang. Aber dann sprach sie eindringlich und ernsthaft-bittend mit mir, wie sie es noch nie getan hatte, als sei ich selbst erwachsen, und als sei es sehr wichtig, jetzt alles richtig zu machen. Sie sagte: »Wenn Papa hört, daß ich das war, dann schlägt er Mama tot. Du mußt sagen, daß du die Treppe hinuntergefallen bist.« Ich glaube, sie hatte sogar mein Gesicht zwischen ihre Hände genommen und sie sprach sehr eindringlich aber nicht drohend, sondern sie war verzweifelt und voller Angst, wir waren uns irgendwie nah — ich habe sehr aufmerksam versucht zu begreifen, wie ich alles richtig machen sollte, ich merkte, jetzt kam es auf mich an und es hing viel davon ab. »Hast du

alles genau verstanden, was du zu Papa sagen sollst?« Ich nickte und wiederholte es, und sie nahm mich auf den Arm und trug mich die Treppe hoch und legte mich bei Oma auf den Chaiselongue. Und als mein Vater dann kam, sagte er: »Was machst du denn für Sachen, mein krankes Hühnchen?« und ich sagte verlegen, ich sei die Treppe hinuntergefallen, war aber zugleich auch stolz. Oder ich war vorher stolz gewesen, als ich mir ausmalte, wie ich alles richtig machen würde, so daß Mama sehen würde, ich hätte sie gut verstanden.

Am nächsten Tag schoben sie mich mit dem Fahrrad zum Röntgen, und ich bekam ein Gipsbein.

Und Mama wurde nicht liebevoller zu mir nach diesem Vorfall, sondern im Gegenteil: Jetzt ging alles noch viel schlimmer los. Sie gab mir wieder die Schuld, daß »ich sie soweit gebracht hätte« und bewies mir, wie schlecht ich sei.«

Ähnlich wie das »Brosche-Erlebnis« beinhaltet die »Gipsbein-Episode« eine Gefühls- und kognitiv-symbolische Dichte, deren nähere Analyse oder Zergliederung die Ganzheitsqualität(en) der damit verbundenen Erfahrung ausblenden könnten. Gerade aber diese Ganzheits- oder Gestaltqualitäten des Erlebens scheinen mir für die weitere Konstruktion von »Lebenswelt-Schemata« recht wichtig zu sein.

Bevor ich aber auf weitere zentrale Erinnerungen und Erlebnisse aus der Kindheit Annas eingehe, möchte ich die »Gipsbein-Episode« biographisch kommentieren.

Anlaß dieser Episode ist das Lernen eines Bibelverses für die Sonntagsschule, die ihre Mutter auch schon besucht hatte. An dieser Stelle erscheint es mir wichtig, vorab auf die Sektenzugehörigkeit von Annas Familie einzugehen, um das Handeln der Mutter und die erlebnismäßige Verarbeitung des Kindes verständlicher zu machen.

Bereits beide Großmütter gehörten einer frei-kirchlichen, streng bibelgläubigen Christengemeinschaft an.[1] Diese rigide patriarchalisch organisierte Glaubensgemeinschaft schrieb eine Lebensweise vor, die auf einer engen konkretistischen Bibelauslegung basierte (z. B. kein Schmuck, kein Alkohol, kein Fernsehen, kein Kino . . .).

---

[1] Diese Glaubensgemeinschaft geht auf die durch den Engländer *J. N. Darby* (1800 — 1882) initiierte Brüderbewegung zurück. Er forderte die vollständige Trennung der Gläubigen von der Welt. Am Abendmahl in der Brüdergemeinde kann nur teilnehmen, wer rein im Glauben, rein im Wandel und rein in der Lehre ist. Nach dem 2. Weltkrieg spaltete sich die Brüderbewegung. Annas Familie gehörte vermutlich der radikal-konservativen Gruppierung an.

Die Kinder werden schon im Vorschulalter durch die Eltern, die »Sonntagsschule«, und die häufigen »Versammlungen« mit dem Welt- und Menschenbild der Sekte sowie mit Bibelgeschichten über *»gut / böse-sein«* intensiv konfrontiert. Erst später wurde Anna immer deutlicher bewußt, daß sich die Eltern äußerst schwer taten, sich an die Versammlungsregeln zu halten. So z. B. als der Vater immer mehr zum Trinker wurde oder wenn heimlich ferngesehen wurde, etc. Es ist zweifellos so, daß Themen wie

> »gut oder lieb sein u. schlecht oder böse sein«,
> »sich schuldig, minderwertig oder als Sünder fühlen« aber auch
> »die zehntausend Vorschriften beachten«,
> »sich als Auserwählter (etwa Kind Gottes) wahrnehmen«,
> »die Forderung von bedingungslosem Gehorsam und Unterwerfung«,
> »Schwierigkeiten zwischen Phantasien oder Bibelsymbolik (etwa Hölle, Teufelserfahrungen ...) und Wirklichkeit klar zu trennen«,

daß eben all diese Themen, um nur einige zu nennen, schon seit der frühesten Kindheit im Zusammenhang mit tradierten Normen und Ritualen des Sekten- und Familienlebens zu sehen sind. Erst spät in der Lebenslaufanalyse wurde mir die Tragweite dieser seit Generationen bestehenden Sektenzugehörigkeit bewußt. Da ich selbst eine nicht-religiöse, »liberale« Erziehung erfuhr, fällt es mir nach wie vor schwer, die vielfachen impliziten Wirkungen dieser christlichen Sekte auf Annas Lebensgestaltung genau nachzuvollziehen. Auch die Art und Weise ihrer sektenunabhängigen Weiterentwicklung zeigt doch, wie breit und tief diese vielfältigen Wirkungen eigentlich sind.

Wie auch immer, die Gipsbein-Episode leitet eine Wende in der Vertrauensbeziehung zur Mutter ein.

Das Mitmachen Annas bei der »Treppen-Version« bringt ihr keinerlei Vorteile. Im Gegenteil: eine spürbare Verschlechterung der Beziehung tritt ein. Das Vertrauen zur Mutter erfährt dabei einen tiefgreifenden Einbruch. Die plötzlichen unberechenbaren Stimmungsschwankungenn der Mutter nehmen danach eher zu.

Ihre bis zur Raserei steigerungsfähigen Wutausbrüche wirken zudem auf Anna erstmalig lebensbedrohlich. Sie erfährt dabei, daß sich die Trost- und Liebesspenderin blitzschnell in eine todesangsterregende Hexengestalt verwandeln kann:

> »Das war aber nur ein kurzer Moment, eine »Offenbarung von etwas Furchtbarem«, und dieser Schreck ist nachhaltig in mich gefahren.«

Obgleich ihr der Vater einen gewissen Schutz bieten kann, reicht er bei weitem nicht aus, um die existentielle Erfahrung des Bedroht-Werdens durch die Mutter wett zu machen.

Die Gipsbein-Episode signalisiert u. a., daß die Mutter doch die Fäden in der Hand hat, und der Vater keine wirksame Schutzfunktion für Anna bedeuten kann. Das Gipsbein gilt nicht nur als Erinnerung an einen Horrortag. Zum ersten Mal hat Anna das Gefühl, sie könne ihre Mutter verraten, aber sie will ihr stattdessen Liebe beweisen, loyal zu ihr stehen. Das Opfer und der Täter verschwören sich, um den Vater anzulügen, um die Mutter vor Strafe zu schützen. Anna verzichtet auf den Schutz des Vaters aus Mitleid mit ihrer Mutter. Dennoch wird sie kurz darauf wieder geschlagen. Die Verschwörung als Chance, eine Vertrauensbeziehung aufzubauen, erweist sich somit als gescheitert. Mehr noch: das Gipsbein wird zum Symbol dafür, wie böse sie eigentlich sei. Intensive Gefühle der Verlassenheit und die Angst davor, »in den Klauen einer Irren zu sein« machen sich in ihr breit.

Jedesmal beim Erzählen von solchen Bestrafungsepisoden merkte ich, wie sehr sich Anna bei diesen Erinnerungen heute noch aufregt. Wutausdrücke, anklägerischer Tonfall, nervöse Unruhe, Neid gegen die jüngere Schwester (die viel »weniger abgekriegt hat«) und viele Anzeichen mehr vermittelten mir den Eindruck, daß die Keller-Erlebnisse zu einem festen Bestandteil ihrer Person (Lebensgeschichte, Einstellung zum Leben etc.) wurden.

1.3 »Schwanken zwischen Liebe und Haß« zur Mutter

> »Wenn Mama lieb zu mir ist, bemitleide ich sie oft, weil ich vorher so schlecht von ihr dachte und bereue meine Wut auf sie, fühle mich schlecht.«

Gleichsam im Gegensatz zu den schlimmen Erfahrungen mit der Mutter werden liebevolle, rührende Szenen geschildert. Anna beschreibt dann ihre Mutter als einen aufmerksamen, zugewandten Menschen, der es versteht, die kleinen Freuden des Lebens *mit ihrer Tochter* gemeinsam zu erleben:

> ...»Ein anderes Mal fütterte sie mich mit Nudeln und Backobst. Wir saßen auf der kleinen Bank im Seitengang und plötzlich landete eine Wespe oder Hummel auf dem Teller und flog mit einer Nudel wieder weg. Mama und ich hatten es beide gesehen und wir lachten sehr aufgeregt. Das war überhaupt das beste an ihr, daß sie über jede Kleinigkeit hellauf begeistert sein konnte und sich ebenso wunderte und freute wie ich. Als uns einmal ein kleiner, nestjunger Vogel zugeflogen war, fing sie stundenlang im Keller die Spinnen mit einem feuchten Lappen, und wir freuten uns beide, als der Vogel sie tatsächlich aus

dem Lappen pickte und dann am Ende stark genug war, um von den Stufen vor Omas Haustür in die Büsche des angrenzenden Spielplatzes zu flattern.«

Diese Episode dürfte genügen, um Annas tiefes Zuneigungsgefühl gegenüber der Mutter nachvollziehen zu können. Mir fiel auf, daß über diese und andere liebevolle Szenen erst berichtet wurde, nachdem die Schattenseite ausgiebig angesprochen worden war. Sie mußte sich sozusagen zunächst einmal von ihren negativen Erlebnissen befreien, bevor allmählich positive Erinnerungen in den Vordergrund treten konnten.

Derartige Erfahrungen innerster Verbundenheit mit der Mutter, alternierend mit unberechenbaren Wutausbrüchen und Bestrafungen machten es Anna schwer — wenn nicht unmöglich — eine solide, dauerhafte Liebesbeziehung aufzubauen.

Stattdessen kommt es bei ihr oft zu Gefühlsschwankungen (Haß-Liebe), die das Vertrauen in sich selbst, die anderen, die Welt mehr oder weniger stark erschüttern können. Die für Anna problematische Grenzziehung zwischen eigenen Phantasien oder Realitätsvorstellungen und der — wie sie sagt — »harten Wirklichkeit« hängt sicherlich mit diesen Gefühls- und Vertrauensschwankungen zusammen. Das Sich-Zurückziehen in eine Innenwelt, wo sie in fast autistischer »Versunkenheit« (ihre eigenen Worte) stundenlang verharren kann, ermöglicht ihr zeitweilig eine gewisse Distanzierung von der Beziehung zur Mutter.

1.4 Die Regel- und Kontrollsysteme der Mutter

»Ich war wie ihre Marionette«

Eng mit dem ursprünglichen Thema »lieb- vs. böse sein« sowie mit den Bestrafungsritualen verbunden sind für Anna die tausend Vorschriften und Kontrollen, die die Mutter sich einfallen ließ. Ab etwa dem vierten Lebensjahr bis in die späte Pubertät sieht sich Anna zusehends mit einem weit verzweigten, kaum nachvollziehbaren Regel- und Kontrollsystem konfrontiert.

Es wirkt auf mich so, als ob die gestreßte Mutter durch ein rigides Regelsystem mit ihren familiären und ehelichen Problemen fertig werden möchte. Die enge Ideologie der Sekte, zu der sie seit ihrer frühesten Kindheit gehört, wirkte sicherlich verstärkend, auf diese Art und Weise eigene Krisen zu bewältigen. Als Kind hatte die Mutter harte Prügel und Bestrafungen bezogen, die sie als willkürlich und ungerecht empfunden hatte (vgl. »Meine Mutter«, Teil III, Kap. 1). Sie hatte sich schon als Jugendliche fest vorgenommen, ihre eigenen Kinder niemals ungerecht zu bestrafen. Das zum Teil bis ins extreme gesteigerte Regelsystem diente u. a. dazu, sich selbst als perfekte Hausfrau und Mutter »zu beweisen«, die ihre Aufgaben und Pflichten hundertprozentig erfüllt. In diesem Zusammenhang ist bezeichnend, daß Anna in ihrer Mutter eine »Gerechtigkeits-fanatikerin« oder »eine Frau mit Gerechtigkeitsfimmel und übergroßen Schuldgefühlen« sieht. Da in den Augen Annas das exzentrische mütterliche Regelsystem nur eine Alibifunktion hat, fühlt sie sich z. T. wie ihre Mutter in der Kindheit und Jugendzeit. Sie sucht vergeblich nach Gründen für die explosiven Wutausbrüche und Rasereien der Mutter.

Auf jeden Fall legte die Mutter bei ihren Bestrafungsaktionen höchsten Wert darauf, folgende Fragen am Anfang und zum Schluß der Bestrafung zu stellen: — Weißt du, wofür du jetzt bestraft wirst? — Kannst du jetzt verstehen / einsehen, daß du zu recht bestraft wurdest?

Im Rahmen ihrer Lebenslaufanalyse beschrieb Anna — oft auch beiläufig — etliche, zum Teil sonderbare Vorschriften, die sie in ihrer Kindheit über sich ergehen lassen mußte. Die folgenden Beispiele dienen dazu, dem Leser einen Eindruck über das Ausmaß der Regeln und Kontrollen zu vermitteln.

> Regelsysteme der Mutter
>
> »Der Anfang des Ordnungssystems liegt bei etwa 5 Jahren, wie ich mich erinnere. Ich lernte auch, mich selbst anzuziehen. Meine Mutter dachte viel nach, wie sie mir am besten etwas beibringen könnte — es war immer System dahinter — sie zerlegte alles in einzelne Handgriffe: zuerst guckt man, wo das Etikett ist — dann legt man das Hemd so aufs Bett, daß das Etikett oben ist und fährt hinein usw. usw. Sie gab sich so viel Mühe, aber mir wurde das Lernen auf diese Art eine Last. Die kleinste Kleinigkeit wurde zum reinen Staatsakt. Und mit dem genauen Erklären war dann auch »Gehorsam« verbunden und Strafe, wenn das Etikett nicht hinten saß. Weil z. B. kein Etikett da war, wußte ich nicht, was ich tun sollte, und dann gab's neue Regeln und hinterher war alles ein Wust von Regeln, die man im Kopf haben mußte.
>
> Die Zeit nach dem Gipsbein (zwischen 6½ und 7 Jahren) kam mir wie die Hölle vor. Ich mußte z. B. in den Garten gehen und die Windeln meiner Schwester auf der Wäscheleine anfassen, um zu fühlen, »wie ich dich *windelweich* schlagen werde«.
>
> »Los, geh hin, faß die Windeln an, ich gucke vom Fenster aus zu, ob du es machst.«
>
> Ich mußte ihr jeden Morgen nach dem Aufstehen meine Fingernägel vorzeigen, und wenn ich nachts gekaut hatte, legte ich meine Hände auf ein Kissen auf den Tisch, und sie haute mit dem Kochlöffel darauf herum. Das half auch nichts, und sie schickte mich einmal im

Sommer mit festgebundenen Fingerhandschuhen nach draußen zum Spielen, und ich schämte mich furchtbar und versteckte mich vor den anderen Kindern.
Je mehr sie mir beibrachte, um so schwieriger wurde es, »gehorsam« zu sein. Sie trieb ihre Perfektion so weit, daß sie mir später, als ich 12 / 13 war, sogar sagte, man hielte den Deckel der Zahnpastatube in der Hand, weil sonst ein Kringel auf der Glasplatte entsteht. Alles war vorgeschrieben — frei und unbedenklich konnte man nie überlegen, man hätte innerlich nur immer die ganzen Ordnungsschritte mitbeten müssen. 1, 2, 3 usw.«

Kontrollen der Mutter

»Mein innerer Freiraum wird enger. Mama kann auch meine Gedanken lesen, und ich fange an, mich zu kontrollieren und auch ihr Gesicht sehr aufmerksam zu studieren. Manchmal lese ich ihren Verdacht gegen mich und kann nicht mehr unterscheiden, ob sie recht hat oder nicht, denn indem ich ihren Verdacht sehe, denke ich selbst an das, woran sie denkt, und sie denkt, ich will sie absichtlich ärgern, provozieren, aus der Fassung bringen. Ich fühle mich dann wie hypnotisiert und weiß gar nichts mehr, wie das Kaninchen vor der Schlange. Das sind Momente von *lähmender Angst.* Ich fühle selbst, ich müßte irgendwas Böses gestehen, aber ich weiß nicht was, denn *getan habe ich ja nichts.* Ich habe Angst, vor dem, was Mama in mir sieht.
»Los sag du mir, was ich mit dir machen soll — ich kann doch nicht noch mehr auf dir rumprügeln — deshalb tust du ja doch, was du willst!« Solche Tiraden gehen dann oft mit Schlägen und Tritten einher. Und mit Grimassen, vor denen mir Angst und Bange wird.
Meine Mutter schien auch meine Phantasien und Gedanken herausbringen zu wollen. Sie zeigte mir mal einen Kopfkissenbezug und fragte scharf, wie die Kringel daraufgekommen seien. Ich hatte keine Ahnung aber furchtbare Angst, weil ich wußte, sie wollte irgendein Geständnis. »Sag die Wahrheit!« drohte sie und dann schnappte sie mich, zerrte mich die Treppe rauf, legte die Leiter an, wir stiegen auf den Dachboden, sie zeigte auf mein Bett und sagte: »Los, zeig nur, wie die Kringel aufs Kopfkissen gekommen sind.« Ich wußte, in jedem Moment fängt sie an auf mich einzuschlagen, und ich mußte es auf den Versuch ankommen lassen, ihr das zu gestehen, was sie selbst vermutet.
Aber ich hatte ja keine Ahnung, was sie denkt, wessen sie mich verdächtigt. Ich legte mich auf das Bett, bäuchlings, mit dem Kissen vor dem Gesicht und behauptete, ich hätte so auf das Kissen gespuckt. Sie sagte: »Dein Glück, daß du die Wahrheit sagst, ich hätte sie sonst schon aus dir herausgeprügelt.« Dann folgten Vorwürfe und Drohungen, so was nicht noch einmal zu machen.«

Erst später wurde Anna klar, warum die Mutter glaubte, sie »durchschauen zu können«.

> »Als ich erwachsen war, erzählte sie mir einmal, daß sie selbst als Kind stundenlang bewegungslos auf der Fußbank sitzen mußte und vor Langeweile dann in unbeobachteten Momenten in die Luft gespuckt habe und versucht habe, die Spucke wieder aufzufangen. Ich dachte dann an diese mir damals unverständliche Episode mit dem Kopfkissen und ich verstand, daß sie meinte, mich genau zu kennen, weil ich so sei wie sie war als Kind.«

Die eben angeführten Episoden reichen aus, um sich einen ersten Eindruck über den mütterlichen Erziehungsstil zu machen, der sich durch Inkonsequenz und zuweilen auch Sadismus auszeichnet. »Trotzige Wut« und »Lebensangst« sind Annas vorherrschende Gefühlsreaktionen. Sie alternieren mit tief-melancholischen Stimmungen, Gefühlen der Hilflosigkeit, des Verlassen-seins (vgl. S. 126 f.).

Laut ihren Schilderungen bleibt es nicht bei äußerlichen Verhaltenskontrollen. Die Mutter besteht darauf, sämtliche Gedanken und Phantasien Annas durchschauen zu können. Zeitweilig fühlt sich Anna dadurch in ihrer Selbstwahrnehmung stark verunsichert. Obgleich sie sich keines Vergehens bewußt ist, könnte doch die Mutter recht haben, daß sie irgend etwas Böses getan hat. Zunehmend gerät Anna in eine Kommunikationszwickmühle:

- Die Regeln sind dermaßen undurchschaubar, daß sie trotz bester Absicht den Anforderungen der Mutter nicht entsprechen kann.
- Sie möchte einen inneren Freiraum haben, sich der übermächtigen Kontrolle zeitweilig entziehen können. Stimmungen und Gefühle muß sie dafür verbergen. Sie lebt in der ständigen Angst, durchschaut und als »böses Kind« entlarvt und bestraft zu werden.
- Sie wird in der Kommunikation mit sich selbst *erheblich verunsichert.* Ansonsten erkennbare Grenzen verwischen sich:
  - »Sage ich die Wahrheit oder bin ich wie meine Mutter meint eine Lügnerin?«
  - »Ist das, was ich fühle *wirklich* oder täusche ich mich?«
  - »Wie kann ich unterscheiden zwischen wirklichen und vorgetäuschten Gefühlen / Verhaltensweisen bei anderen und bei mir selbst?«

Mit diesen Fragen verbindet sich der Themenkomplex »Selbstvertrauen — Vertrauen in andere«: Wie weit gelingt es mir die *wahren* Gedanken und Gefühle von anderen wahrzunehmen? Sind die geäußerten Gefühle bei anderen

— wie auch bei mir — wahr oder nur vorgetäuscht? Eine Art »Vertrauensunsicherheit« im Kontakt zu sich selbst, den anderen, der Welt scheint schon im Alter von 5 bis 6 Jahren zu einem grundlegenden konstitutiven Zug ihrer seelischen Verfassung zu werden.

Anders ausgedrückt: Es fällt ihr schwer, sich über ihre Gefühle und Gefühle anderer Gewißheit zu verschaffen: »Sind die Gefühle, die ich bei mir und bei anderen beobachten oder erfahren kann, wirklich wahr oder handelt es sich um Täuschungsmanöver?« Im Falle Annas ist dies keine intellektuelle, rhetorische Frage, sondern eine existentielle Sinnfrage, die tief mit ihrem Selbst- und Fremdvertrauen einhergeht.

2. Dumpf brütende Stimmungen: »Der Teufel sein« (ab ca. 4 Jahren)

Wie wir schon bei der allerersten Erinnerung Annas feststellen konnten, scheint das Thema »gutes, liebes vs. schlechtes, böses Kind« seit ihrem zweiten Lebensjahr immer mehr an Intensität und Differenzierung zu gewinnen. Spätestens mit fünf Jahren machen sich bei ihr solche »dumpf-brütende Stimmungen« bemerkbar, als ob sie allmählich in einen »bösen Bann« geraten wäre.

> »Öfters habe ich *dumpf-brütende Stimmungen* und empfinde sie wie einen bösen Bann. Dann weiß und fühle ich selbst ganz genau, daß ich schlecht bin. Ich kann diese Stimmungen nicht abschütteln und bin darin gefangen. Ich muß dann immer weiter brüten und was Böses tun, wie Fingernägel beißen, bis das Elend mich ganz unten hat. Das ist der Teufel. Manchmal reagiere ich spontan aggressiv und fahre zum Beispiel einmal einer fremden Frau mit dem Puppenwagen in die Hacken, so daß sie verletzt ist und mit mir nach Hause geht, um sich zu beschweren. Manchmal quäle ich ein schwächeres dummes Mädchen: locke es ins Gebüsch, mache Sachen vor, die es nachmachen soll, erst mit falscher liebenswürdiger Stimme, so wie der Wolf bei Rotkäppchen (ich weiß ja schon, daß ich sie verprügeln will) und dann bestrafe ich sie für »die Fehler« mit Schlägen und Tritten, und sie läuft schreiend nach Hause. Hinterher finde ich mich so richtig bösartig und stark, später dann will ich es nicht wieder tun; ich fühle mich elend, weil ich schlecht bin ohne aber Mitleid mit dem Mädchen zu haben. An sie denke ich wie an ein »Beutetier«, wo ich sofort Lust zum Jagen bekomme, wenn ich sie sehe.«

Das Regel- und Bestrafungssystem, das auf der Dichotomie »gut / böse« basiert, zeigt schon früh seine ersten Früchte. Anna bringt ab und zu ihre Aggressionen so zum Ausdruck, daß sie sich durch und durch »böse« fühlen kann. Ihr geschildertes Verhalten zeigt dabei auffällige Ähnlichkeiten mit dem Bestrafungsverhalten der Mutter. Sie spricht von stundenlangen »dumpf-brütenden Stimmungen«, die auf sie eine derart starke Sog-Wirkung ausüben, daß sie dann immer weiter brüten und »was Böses« tun muß. Schon mit vier Jahren glaubte Anna daran, sie komme in die finstere Hölle, zum Teufel.

3. Bewegungs- und Rededrang (ab vier Jahren)

> »Ich empfinde oft ungestüme Kraft und Bewegungsdrang, ich mag gern wilde Spiele. Die Siedlung ist ideal für Kinder, und ich bin dort sehr frei und unbeaufsichtigt, habe viele Möglichkeiten, mich auszutoben und auch Zeit für stille Spiele mit Elfriede. Ich war jedenfalls fast immer am Laufen, kreuz und quer zwischen den Gruppen und kurz vor ihren Füßen, etwa so wie Schwalben fliegen.«

Gleichsam als Reaktion auf die Kontroll- und Zwangssysteme ihrer Mutter erlebt Anna sich stark und frei, wenn sie mit anderen Kindern aus dem Wohnviertel draußen auf dem Spielplatz spielt und schnell wie ein Pfeil rennen kann. Sie hat das Bedürfnis, sich kräftig auszutoben und sich frei zu fühlen, »Wildfang« zu sein, wie ihr Vater sie manchmal nennt. Zumal seit der Vater wegen seiner Umschulung zum Krankenpfleger zu Hause viel lernt, müssen sie und ihre Schwester ganz still in der Küche flüstern und schleichen.

Die Unruhe und Nervosität, die ich bei ihr während der Therapiesitzungen beobachtete und die mitunter zu ungeschickten Körperbewegungen führte, die Angst und Wut, die ich dahinter spürte, all diese heute beobachtbaren Bewegungsformen sind anscheinend in der frühen Kindheit erworben worden. Manchmal dachte ich an therapeutische (kathartische) Interventionen, bei denen sie sich ein für alle mal so kräftig austoben könnte, daß sie ihre ganzen Ängste, Ärgernisse und Kontrollzwänge, die sie bis heute erfahren hat, heraus- bzw. loslassen könnte. Ich entschied mich jedoch die Durcharbeitung in Gesprächsform weiterzuführen.

Ähnlich wie der Bewegungsdrang war ihr Rededrang oder -zwang. Ihre anfänglich eher harmlose Redseligkeit wurde Anna erst zum Problem gemacht durch die anschließenden Befragungen, Verdächtigungen, Gewissensprüfungen der Mutter. Vor allem im Zusammenhang mit ihrer Lehrerin, Frau L. (1. Schuljahr, S. 107) wurde der Rededrang zum Ausdruck »ihrer inneren Zwangslage«. Anna hatte damals den starken Wunsch, Frau L. zur »Mitwisserin« ihrer Leiden im Elternhaus zu machen. Frau L. sollte Anna von dem »Geheimnis erlösen«, wie ihre Mutter mit ihr umging (Gipsbein, Bedrohungen etc.). Sie hatte Frau L. sagen wollen: »Ich bin in Not, aber ich darf dir das nicht sagen. Ich möchte, daß du es weißt, aber wenn ich es sage, gerate ich noch tiefer in Not.«

Der Rededrang, das Belagern mit Worten, soll als ein Notruf verstanden werden, der auf verbaler Ebene gerade nicht ausgerufen werden darf. Mit ihrem Rededrang sucht Anna — bewußt / unbewußt — Hilfe bei anderen, die sie vor den z. T. als bedrohlich empfundenen Bestrafungsszenen schützen sollen. Sie sucht nach Menschen, die sie zum Mitwisser ihrer bedrohlichen Situation machen kann. Gleichzeitig hat sie große Angst, ihre Mutter würde erfahren, daß sie bei der Lehrerin oder anderen Menschen »die Eltern schlecht macht«.

Bei Anna spürte ich noch Jahrzehnte nach diesem Erlebnis das starke Bedürfnis, sich lebenslaufanalytisch einmal aussprechen zu können. Je weniger aber sie sich von mir verstanden fühlte, um so stärker begann sie, noch mehr und schneller zu sprechen. Hin und wieder hatte ich Hemmungen, sie überhaupt zu unterbrechen. Wenn ihre Versuche, Verständnis von mir zu erlangen, zu scheitern drohten, konnte Anna sich dermaßen steigern, daß sie auf mich manchmal »leicht überdreht« wirkte. Wie dem auch sei, hatte für mich ihr heutiger Redezwang ähnliche Funktionen wie damals im Alter von vier Jahren:

— sich gegenüber Erwachsenen »niedlich und witzig zu machen« (Geltungsbedürfnis),
— sich aus dem Alleinsein und den dumpf-brütenden Stimmungen zu befreien,
— zu plappern, um das Wesentliche zu verbergen; es darf z. B. nicht herauskommen, daß sie geschlagen wird,
— sich von ihrer Mutter »freizureden«,
— und letztlich einfach Lust daran zu haben, wie ein Wasserfall zu reden.

Ausgehend von der Kommunikation mit der ersten Lehrerin, »Frau L.«, werden etliche Parallelen zur Therapiesituation offenkundig:

— Anna möchte mich zum »Mitwisser des Geheimnisses« ihres Lebenslaufs machen. Die anderen, vor allem die Mutter, dürfen es aber nicht erfahren.
— Ich werde zu einer Vertrauensperson wie Frau L.
— Anna gewinnt den Eindruck, ich würde nicht verstehen können, wie schlimm ihre Lebenswirklichkeit war und noch ist.
— Anna hat Angst, daß sie sich — trotz vielen Redens — nicht verständlich machen kann, und daß ich nicht mehr zuhöre bzw. die Therapie abbrechen möchte.

Etwa seit der Pubertät machte sich der Rededrang besonders bemerkbar in Situationen, wo es galt, Verliebtheit oder Liebeswünsche zu verstecken. Später drückte der Rededrang die Angst aus, als »Spinner« abgetan zu werden, weil die anderen den Kontext ihres Glaubens (Jesus-Erlebnisse, Versammlungsglaube etc.) nicht teilten. Ihr Schreibzwang (beginnend ab dem 15. Lebensjahr) ließe sich zum Teil als eine Abwandlungsform des Rededrangs deuten. Zentral mit dem appellativen Charakter ihres Rededrangs verbunden scheint mir ihre unaufhörliche Suche nach *Verständigung, Mitwisserschaft und Hilfe.* Hinter dem »viel / schnell / laut Reden« versteckt sich gleichsam ein direkter, sehnsüchtiger, beinahe existentieller Ruf: »Versteht mich doch! Helft mir endlich! Schützt mich! (Vor der z. T. lebensbedrohlichen Mutter.) Liebt mich!«

4. Eigene Phantasiewelt vs. bedrückende Realität

Während die Mutter daran glaubt, ihre Tochter völlig durchschauen zu können, entwickelt Anna ihre eigene Erlebniswelt, wovon sie das meiste anderen Menschen nicht mitteilen kann. Sie beschreibt ihren damaligen Zustand als »autistische Versunkenheit« und meint auch, bei dieser Form des Erlebens autistische Merkmale festmachen zu können.

> »Aber das meiste kann ich ihr nicht ausdrücken. Und zwar eine Riesenpalette fein abgestufter, verschiedenartiger Gefühle, Empfindungen, Gedanken und Phantasien und Erinnerungen, die an Sinneswahrnehmungen und vor allem an Dinge gebunden sind, und die ich in eine Ordnung bringe, was mit wem zusammengehört. Das ist eine Art eigener Welt, in der ich mich wohlfühle und mich stundenlang beschäftigen kann, ohne den Drang spielen zu wollen wie andere Kinder *(Mamas Vorwurf).*
> Ich bin oft zufrieden, wenn ich ungestört versunken in meinen eigenen Betrachtungen sein kann. Aber ich habe auch tiefmelancholische Stimmungen und fühle mich einsam, traurig und stehe heulend in der Ecke. Diese Versunkenheit nach innen ist für mich zugleich mal Freiraum, mal Gefängnis. Die guten Momente und Tage kommen überraschend, ebenso wie die schlechten Gefühle von Hilflosigkeit und Angewiesensein auf Glück / Pech.«

Anna neigt also dazu, sich in ihre eigene Phantasie-Welt zurückzuziehen, in der sie stundenlang in ihrer eigenen Vorstellung verharrt. In der Phantasie befaßt sie sich auch mit dem, was sie für die Wunschwelt ihrer Mutter hält (vgl. auch Wunsch- / Idealbilder).

Jedenfalls glaubt sie heute, ihre Phantasien damals viel länger als andere Kinder für Wirklichkeit gehalten zu haben.

> ». . .ich glaube, daß mir die Wirklichkeit in Verbindung mit dem, was meine Mutter sagte, tat etc. ziemlich beängstigend vorkam, so

> als dürfe und könne man da keinen Spaß haben. Ein bißchen war es wohl auch so, daß ich diesen Spaßverderberanteil der Wirklichkeit verstärkt meiner Phantasiewelt entgegensetzte. Ich glaube, ich war ein eher langweiliger Spielkamerad, wenn ich mit meinen Phantasien beschäftigt war. Ich saß dann nur da, kratzte vielleicht mit einem Stückchen Stock die Rillen zwischen den Steinplatten nach, hatte aber keine Lust zum Spielen.«

Die »Realität der Erwachsenen« wirkt auf sie ziemlich beängstigend, bedrückend. Da ist kein Platz für Spaß und Spiele. Auf jeden Fall ist die Wirklichkeit für sie hart und streng. Gegen das feste Regel- und Kontrollsystem der Realität ermöglichen die Phantasien einen befreienden Rückzug in eine eigene Welt. Die eigene Phantasiewelt ist insofern »autistisch« als sich Anna stundenlang *allein* mit sich selbst beschäftigt. Der Kontakt zu anderen Kindern wird dadurch stark erschwert.

> ». . . also z. B. die Welt der Zwerge, die an Glockenblumen klingeln etc. Ich hielt mich innerlich lange Zeit daran fest, daß es das gibt. Und der ganze wohlige Kinderhimmel mit Knecht Ruprecht, Weihnachtsmann, Engeln in Nachthemden etc. Ich wollte, daß es das gab und berief mich auch darauf, daß meine Eltern *nicht lügen,* und daß es stimmt, es gibt den Weihnachtsmann, wenn meine Mutter das sagt, denn sie hat auch gesagt, sie würde mich niemals anlügen.«

Hin und wieder konnte ich während der Lebenslaufanalyse beobachten, daß von mir geäußerte Meinungen oder Phantasien Tage bzw. Wochen später von Anna als »Realitäten« angenommen wurden. Gerade auf dem Hintergrund ihrer streng moralischen Erziehung (»wer lügt, der kommt in die Hölle«) wundert es nicht, daß Anna an die Engel in Nachthemden fester und länger glaubte als andere Kinder. Die anerkannte Autorität von Vertrauenspersonen ermöglichte ihr zugleich, sich an der schönen Welt der Zwerge festzuhalten. Aus der Gewißheit heraus, es gäbe eine andere, schönere Welt als die für sie schlimme Wirklichkeit konnte sie eine tröstende Kraft für die Bewältigung ihres Alltags gewinnen. Gleichzeitig lernte Anna eine »innere Welt« aufbauen, die zum Teil in krassem Widerspruch zur Realität stand.

Eng verbunden mit ihrer Schwierigkeit, Phantasie und Realität auseinanderzuhalten, ist ihre frühe Sozialisation in einer Glaubensgemeinschaft, die sich in vielen Ansichten und Handlungen von der sie »umgebenden Mehrheit« unterscheidet. D. h. die eher übliche Modalität der Realitätskonstruktion (z. B. Sinneserfahrungen, direkte Überprüfungen,

Skepsis etc.) wird weitgehend zu Gunsten von Kriterien wie Eingebung, Glauben, moralische Autorität eingeschränkt. Vermutlich lernt Anna in dieser Atmosphäre, sich vorwiegend in bezug auf ihre Weltwahrnehmung nach »Glauben und Gefühl« zu orientieren. Wenn ich das Gefühl oder den Glauben habe, »das ist wirklich« oder in abgeschwächter Form »das ist die wirkliche Erklärung«, dann ist es tatsächlich so!

Ich will mich jetzt nicht weiter in die psychologische Epistemologie der Realitätskonstruktion hineinwagen. Klar ist mir aber, daß »konkretistische Glaubensannahmen« leicht zu einseitigen Wahrnehmungsverzerrungen und somit zu Desillusionierungen oder gar bitteren Enttäuschungen führen können...

Eine weitere (im obigen Zitat) angesprochene Dimension bei der Schwierigkeit Annas, Phantasie von Realität zu unterscheiden, ist etwa »Wirklichkeit = Wahrheit vs. Wirklichkeit = Phantasie oder Lug und Trug«. Die »wahre Wirklichkeit« wissen die »Weltmenschen« nicht! D. h. es wird unterschieden zwischen einer wahren Wirklichkeit (der Glaubensgemeinschaft; der Familie) und einer Wirklichkeit zweiter Ordnung (der Weltmenschen, der anderen), — letztere gerät oftmals in gefährliche Nähe zur lügenhaften, unwirklichen Wirklichkeit.

Eine ihrer Hauptfragen während der Lebenslaufanalyse war: »Für *welche* Wirklichkeit werde ich therapiert?« Obgleich diese Frage nicht direkt mit dem angesprochenen Thema »Phantasie vs. Realität« zusammenhängt, sehe ich bereits einige Beziehungen hierzu:

- Anna neigt als Kind dazu, eine eigene Phantasiewelt zum Teil als Rückzug und Tröstung aufzubauen und sich beinahe »autistisch« lange Zeit darin aufzuhalten.
- Die Engel im Nachthemd, der Knecht Rupprecht etc. werden als real angenommen. Denn die Mutter »lügt nicht«. Sie gehören zur wahren Wirklichkeit, genau so wie Gott und Satan. Auch wenn sie von Kindern wegen ihres Glaubens an den Weihnachtsmann gehänselt wird, hält sie doch lange Zeit daran fest, gleichsam gegen die »Weltmenschen«.
- Die Realität ihrer Eltern, der Versammlung scheint anders zu sein als die Realität anderer Kinder, Bekannten... Es gibt für sie verschiedene Wirklichkeiten, Welten: die eine Welt ist aber »wahr und gut«; die andere ist »falsch und böse«.

Die Schwierigkeit, Phantasie mit Realität »stimmig« zu verbinden wird von Anna immer wieder thematisiert. Das Thema »Phantasie vs. Realität« durchzieht ihren bisherigen Lebenslauf und hat seitdem eine Vielfalt an Gedanken und Gefühlen um sich ranken lassen. Damit einhergehend zieht sich auch das problematische Verhältnis zwischen ihrer eigenen Realitätswahrnehmung und der Realität anderer durch ihre ganze Biographie.

Auch wenn die intensive Lebenslaufanalyse zu einer gewissen Klarlegung der Thematik und zu einigen Fortschritten im Umgang mit daraus entstehenden Schwierigkeiten beitragen konnte, habe ich dennoch den Eindruck, daß die vielfältige Problematik in der Beziehung zur »Realität« bzw. zu den verschiedenen, bestehenden wie möglichen »Welten / Realitäten«, den weiteren Lebenslauf Annas noch lange begleiten wird.

5. Ideal-, Wunsch- und Vorbilder (bis sieben Jahre)

In direkter Verbindung zum Themenkreis »Phantasie vs. Wirklichkeit« sind die Idealbilder, die ihr nahegelegt wurden bzw. die sie selbst entwickelte, zu sehen. Wie bereits erwähnt (vgl. S. 83), wünschte sich die Mutter eine Tochter, die so wie die Anna S. sein sollte, nach der sie auch ihr Kind benannte. Anna wurde schon früh und in zunehmendem Maße bewußt, daß sie nicht dem Wunschbild ihrer Mutter entsprach. Zeitweise empfand sie sich sogar als das Gegenbild dessen, was »Anna S.« für ihre Mutter verkörperte. Das Thema »Anna S.« nimmt seinen Anfang etwa im Alter von vier Jahren mit der folgenden Episode und bleibt bis spät in die Pubertät hinein wirksam.

> »Als ich vier Jahre alt war, besuchten meine Mutter und ich Tante Gretchen, die Tante meines Vaters. An diesen einen Besuch erinnere ich mich als etwas Besonderes, denn mir sollte eine Kindergeige »angepaßt« werden — Tante Gretchen hatte eine Geige übrig durch ihre Beziehungen und das sah so aus, als wäre das eine Gelegenheit, die — finanziell erschwinglich — meiner Mutter den Traum erfüllen könnte, daß ich Geige spielen lernte. Es war stets ihr eigener Traum gewesen, ein Instrument zu spielen. Als Kind hatte sie, wenn sie traurig war, stundenlang im Keller auf einer Blechflöte gespielt. Meine Mutter hatte mir auch schon von »Anna S.« erzählt, nach der sie meinen Namen ausgesucht hatte, daß »Anna S.« Geige spielte und ein ganz apartes Mädchen gewesen sei. Wieviel ich mit 4 Jahren dann begriffen habe, weiß ich nicht, aber *Anna S. — Wunschkind* (das meine Mutter lieben konnte) — und Geige, das gehörte zusammen. Das war mir bereits damals bewußt und deshalb war mir auch so beklommen zumute gewesen.«

In der Liebe Annas zu ihrer Mutter spielt das Wunschkind »Anna S.« eine wesentliche Rolle. Gleichzeitig spürt sie, daß sie diesem Idealbild kaum entsprechen kann. Während »Anna S.« als Idealbild mit der Wunschwelt der Mutter eng verknüpft ist, erscheinen mir die folgenden Vorbilder (im Alter von vier bis sieben Jahren) unmittelbarer mit Annas eigener Erlebniswelt zusammenzuhängen.

> Wie Schneewittchen sein
>
> »Als ich dann den Film »Schneewittchen« (ca. fünf Jahre) sah und bereits die Beschreibung im Märchenbuch kannte:
>
> so weiß wie Schnee,
> so rot wie Blut
> und so schwarz wie Ebenholz!
>
> ging mir das sehr ein und ich wünschte, selbst so zu werden. Immer gut, lieb, ordentlich zu bleiben und die böse Stiefmutter zu ertragen. Ein edler Charakter ist aber mit krank, blaß, stillsein, mit schönsein, langem Haar und sanften Gesichtszügen und Bewegungen verbunden. So wie ich bin (kräftig, derb, vorlaut) kann ich gar nicht gleichzeitig »gut« sein. Die Guten sind still und geheimnisvoll. Wenn ich schöne Sachen anhabe, mich in acht nehme, denke ich eher an mein Schneewittchen-Ideal, ich fühle mich aber unwohl. Ich benehme mich gekünstelt, weil ich ein ganz anderer Mensch sein will.«

Einige Züge von Schneewittchen erinnern an das Vorbild »Anna S.«: »schwarzes langes Haar, sanfte Bewegungen, edle Schönheit...«. Schneewittchen wird zum Inbegriff des liebevollen Menschen. Anna spürt aber, daß sie dieses Ideal höchstens für Augenblicke erreichen kann. Sie empfindet sich meist weit entfernt davon: nicht blaß und krank, sondern sorglos und stark wie eine Struwwelliese. Wenn sie sich draußen auf der Straße austobt, schnell herumrennt, dann geht es ihr gut. Als »Wildfang« oder »Struwelliese« geht es ihr zwar gut, aber derb, vorlaut, stark sein rangiert fast unter der Kategorie »böse sein«. Es bedarf keinerlei Anstrengung. Im Gegensatz dazu wirkt das hehre Ideal »Schneewittchen« — als Inbegriff des Guten — schier unerreichbar. Anna müßte sich dafür in einen ganz anderen Menschen verwandeln.

> Wie Oma sein
>
> »Ich schließe mich zunehmend (ca. fünfeinhalb Jahre) an Oma an, die mir viel von sich erzählt, als sie ein junges Mädchen war und

wie alle sie bedauert hätten, weil sie immer krank gewesen sei. Sie habe einsam und traurig hinter dem Schaufenster gesessen (ihre Eltern hatten ein Hutgeschäft) und sei sehr schön gewesen mit ihrer Krone aus langem, schwarzem Haar, das bis zu den Waden reichte, wenn es offen war.
Dieses Bild habe ich mir lebhaft vorgestellt, und Oma als junges Mädchen wurde eine Art Ideal für mich.
Gleichzeitig will ich so sein wie Oma (als *alte* Frau), und das gelingt mir oft sehr gut, so daß es meiner Mutter auffällt, wie sehr meine Bewegungen und mein Gehabe dem von »Mutter Minna« ähneln. Ich will so wie Oma sein, weil die machen kann, was sie will und weil sie es versteht, es sich »gemütlich« zu machen, zu genießen, auf genüßliche Art zu jammern und zu seufzen. Ich beobachte sie gern und empfinde Wohlbehagen dabei. Sie hat nicht diese zerfahrenen, harten, eckigen Bewegungen wie Mama. Bei ihr sieht alles geruhsamer, langsamer, kraftloser aus, was sie tut, und dabei kommt etwas Besseres heraus, z. B. wenn sie kocht, sieht ihr Essen schöner aus und schmeckt auch besser.
In ihren Zimmern oben fühle ich mich wohl und höre gern zu, wenn Oma ihre Tiergeschichten erzählt, die meist sehr traurig sind (der treue Schäferhund und der böse Mann). Zu Oma selbst habe ich aber keine engere Beziehung — ich finde nur ihre Lebensart *ideal.*«

Oma als Mädchen aber auch als alte Frau waren für Anna Ideale. (Nebenbei bemerkt erinnert die Beschreibung vom Äußeren und der Gemütslage der Großmutter als Mädchen an Annas Aussagen über Schneewittchen.) Noch heute stellt sie bei sich etliche Verhaltensweisen fest, die sie meint, sich von der Großmutter abgeschaut zu haben. Sie meint damit vor allem die Art, es sich »gemütlich« zu machen, zu genießen. Andererseits hat sie große Angst davor, sich allzusehr an soziale Isolation oder Einsamkeit zu gewöhnen und mit Anfang 30 zu einer alten Jungfer mit lauter schrulligen, Wohlbehagen erzeugenden Handlungsritualen zu werden.

Die damaligen Phantasien über die Großmutter gaben Anna Halt und subjektiven Freiraum. Es war eine nicht allzu realitätsfremde Art, sich vom Einfluß der Mutter etwas zu entfernen und für sich einen schützenden Schonraum zu gewinnen. Neben immer wiederkehrenden Phantasien zu diesen beiden Vor- oder Idealbildern berichtet Anna auch über gelegentliche Nacht- oder Tagträume, in denen sie als eine körperlich geschickte Turnerin oder Tänzerin auftritt und von ihren Eltern bewundert wird. Es scheint, daß sie in Träumen und Phantasien ihre Minderwertigkeitsgefühle (ungeschickt-, häßlich-, böse-sein...) zu kompensieren versucht und ihren Eltern zeigen möchte: »ich bin doch euer *Wunschkind!*«

6. »Wir sind anders« (etwa viereinhalb Jahre)

> »Ich habe Beklemmungen und ein bedrückendes Gefühl, daß bei uns alles anders ist. Ich habe ein ordentlicheres Elternhaus als andere Kinder. Mama ist auch anders als andere Mütter. Gott ist bei uns was anderes. Ich bin anders böse als andere Kinder.
>
> ... Wir sind anders durch den Glauben. Ich stelle mir vor, andere Kinder habens leichter, dürfen mehr Widerworte geben, brauchen nicht auf Anstand und Sauberkeitswert zu achten, sie brauchen sich keine Gedanken über Gott zu machen. Ich will, daß wir es auch so haben wie die anderen. Aber Mama sagt: »ich hätte es besser als die anderen.« Ich rede viel von Gott — Hölle etc. und daß die anderen Kinder in die Hölle kommen, weil sie nicht wie wir zur »Versammlung« gehören.«

Das *»Anders-sein-Gefühl«* taucht auf im Kontakt mit Spielgefährten aus dem Wohnviertel. Besonders im Vergleich zu ihrer Freundin Elfriede (ab vier Jahren) merkt sie, wie anders sie erzogen wird. Sie beneidet ihre Freundin um den freien Umgang mit ihrer Mutter. Das »Anders-Sein« wird primär nicht als das Selbstwertgefühl aufbauend erfahren. Im Gegenteil. Es wirkt bedrückend, beklemmend. Das Erleben der Andersartigkeit löst chronische Gefühle der Unsicherheit bis hin zur Minderwertigkeit im Umgang mit anderen Kindern aus. Die Zugehörigkeit zur »Versammlung«, das Streben der Mutter durch Ordnung und Sauberkeit sich zu einer höheren sozialen Schicht gehörig zu fühlen, ihre manchmal seltsamen Vorschriften (z.B. das Anziehen von Handschuhen im Sommer gegen das Nägelkauen) tragen sicherlich dazu bei, solche Gefühle zu verstärken.

Im Gegensatz zu anderen Kindern fühlt sich Anna nicht eindeutig ihrer Familie zugehörig. Eins ihrer Lieblingsmärchen »Das häßliche Entlein« macht für mich folgende gefühlsmäßige Erfahrung deutlich: »Ich fühle mich nicht eindeutig wohl in meiner Familie. Ich bin anders als meine Mutter, anders als meine Schwester.« D.h.: das Thema: »wir sind anders« beginnt schon im Alter von fünf, sechs Jahren, sich in Richtung: »Ich bin anders als die Mutter, Schwester und die anderen Kinder und fühle mich dabei allein, unwohl, wie das häßliche Entlein« zu verlagern.

Das Erfahren der Andersartigkeit, gepaart mit überdauernden Gefühlen der Minderwertigkeit, des Alleinseins, scheint mir eine seit dieser Zeit bestehende Komponente in der Personenentwicklung Annas zu sein.

7. »Birgit mein Sonnenschein; Anna mein Kummerkind«

> »Eine drastische Einschränkung meiner Freiheit bedeutete es dann für mich, als ich ab etwa 5 1/2 Jahren meine Schwester »mitnehmen« mußte. Ich wollte sie so bemuttern, wie die älteren Kinder mich, und das heißt auch z.B. kommandieren. Aber die schrie dann »nein, nein, nein« und ließ sich oft einfach fallen, so daß ich sie nicht mehr weiter bekam. Ich weiß noch, daß ich mich einmal an den Randstein setzte und heulte, denn ich konnte einfach nicht mit ihr fertigwerden, wurde aber z.B. auch ausgeschimpft, wenn ich nicht gut aufgepaßt hatte, und sie dreckig war und sie sich was in den Mund gesteckt hatte. Manchmal brüllte sie auch so, daß Erwachsene kamen, und dann strahlte sie, und die Erwachsenen fanden sie süß — hast du aber eine niedliche Schwester! Das kam oft, sie war auch sehr süß. Ich wollte mit ihr angeben, und als das nicht ging, war ich eifersüchtig. Vor allem, seit ich merkte, daß meine Mutter sie vorzog. Meine Mutter sagte aber immer, daß sie keines ihrer Kinder vorzöge und sie das gemein fände. Aber gleichzeitig sprach sie oft davon, auch vor anderen Leuten, wir seien ein Unterschied wie Tag und Nacht und wer da der Tag war, war leicht zu erraten, denn sie nannte meine Schwester »ihren Sonnenschein«. Da gab's nicht zu *raten,* das war alles ganz klar: wenigstens eine, die Mama Freude macht.«

Schon früh wurde Anna bewußt, daß die Mutter ihre 3 1/2 Jahre jüngere Schwester bevorzugte. Laut Annas Bericht wurde Birgit bei weitem weniger bestraft als sie. Vor allem hatte sie das Gefühl, seit der Geburt ihrer Schwester immer mehr als schwer erziehbares, böses Kind abgeschrieben zu werden. Dies verleitete sie hin und wieder zu aggressiven Schandtaten gegenüber ihrer Schwester und anderen kleinen Kindern, was wiederum von der Mutter mit Schimpftiraden und schweren Strafen geahndet wurde.

Birgit wurde vor allem durch die Mutter — manchmal auf sehr direkte und bilderreiche Weise — zum Vorbild erhoben. Eifersucht, Wut, aber auch Selbstbezichtigung und Minderwertigkeitsgefühle wurden in dieser Zeit im Zusammenhang mit ihrer Schwester intensiv erlebt. Anna fühlte sich von beiden Eltern im Vergleich zu Birgit zurückgesetzt und allzu oft zu Unrecht bestraft.

Zehn Jahre später wird Birgit ihre Vorzugsstellung verlieren und in Anna eine Art Schicksalsverbündete finden — als Birgit 14, Anna 17 Jahre alt war. Als das ältere Kind macht Anna die Erfahrung, daß ihre jüngere Schwester die Gunst der von ihr enttäuschten Eltern bekam. Anna fühlte sich nicht nur zurückgesetzt, sondern wütend und traurig darüber, daß Birgit zeitweise zu ihrem Vorbild (das »niedliche liebe Kind«) erhoben wurde. Als Antwort darauf neigte sie dazu, ihre hassenswerten Verhaltensweisen verstärkt zum Ausdruck zu bringen.

Auch wenn Anna während der Lebenslaufanalyse über Rivalisierungserlebnisse mit der jüngeren Schwester nur wenig explizit berichtete, kann man m. E. dennoch davon ausgehen, daß diese Zwei-Schwestern-Konstellation zu mehr oder weniger starken, unbewußten Rivalisierungen um die Gunst der Eltern führte.

Heute kommt es mir so vor, als ob Anna ihre ursprüngliche Vorrangstellung bei ihren Eltern wieder eingenommen hätte. Dies ist zum Teil dadurch bedingt, daß Anna als Alleinstehende ein direkterer Ansprechpartner für die Eltern geblieben ist, während Birgit verheiratet ist und mit drei Kindern in ihrer eigenen Familie lebt, wodurch die Eltern ihre Loslösung vom Elternhaus klarer anerkennen.

Obwohl das »Schwester-sein-Thema« während der Lebenslaufanalyse gleichsam nur am Rande auftauchte und wenig darauf fokussiert wurde, scheint mir doch die im großen und ganzen gute Vertrauensbeziehung zwischen beiden Schwestern seit Annas 17. Lebensjahr einen wichtigen Platz in der Personwerdung Annas einzunehmen.

8. Die Vater-Tochter-Beziehung (bis sieben Jahre)

> »Papa sehe ich gerne zu, wenn er arbeitet im Keller an der Hobelbank oder das Fahrrad repariert und bewundere, was er alles kann, wie geschickt er ist und daß er dabei pfeift (nicht wie Mama, die »unter Strom« steht bei ihrer Arbeit, der häufig Mißgeschicke passieren, die sie dann in Aufregung und Angst versetzen, so als würde sie selbst auch Strafe bekommen). Papas Art ist so, als wäre er selbst ein Kind — er ist albern, und Mama ärgert sich dann, wenn er mit mir herumtobt. Er kann einen auch absichtlich ärgern und dann darüber lachen oder auch wütend werden, wenn man selbst ernsthaft böse reagiert auf seine Neckerei. Aber wenn er zu Hause ist, kann Mama mir nichts tun. Deshalb fühle ich mich sicher, wenn er kommt. Ich habe auch das Gefühl, mich nicht auf seine Hilfe verlassen zu können, wenn ich in Not bin. Mama versetzt sich

in mich hinein um zu verstehen, was ich habe. Papa nicht, er sieht alles aus seiner eigenen Sicht.
Einmal sind wir allein, er und ich (ca. vier Jahre) mit dem Fahrrad unterwegs, und ich frage, was wir machen wollen. Er sagt, wir suchen Champignons. Ich denke, das müssen Pagen in roter Uniform mit goldenen Knöpfen sein. Auf der Kuhweide kommt eine Kuh immer dichter auf mich zu, und ich denke, sie will mich fressen, und ich schreie um Hilfe. Ich habe riesige Angst, und Papa ist weiter weg und müßte angerast kommen, denn die Kuh ist schon ganz dicht und schiebt den Kopf vor, und Papa bleibt einfach stehen. Und als ich schon unter dem Hals von der Kuh bin, sehe ich, wie er lacht und sich amüsiert, und daß die Kuh ja gar nichts tut. Aber ich habe eine Stinkwut auf ihn, daß er mich auch noch auslacht. Meine Mutter hätte mir da geholfen!«

Diese beiden Schilderungen Annas geben uns wichtige Hinweise über die »Vater-Tochter-Beziehung«. Der Vater wirkt auf Anna fröhlicher, unbeschwerter als die Mutter. Er versteht es, mit ihr — wie mit einem Kind — zu toben. Anna fühlt sich zumindest in dieser ersten Zeitperiode bei ihm vor den Prügeleien und harten Bestrafungen ihrer Mutter geschützt. Der Vater wünscht sich ein »fröhliches Kind«, kein »verstocktes Gesicht«. Anna möchte zwar sein wie der Vater es wünscht; sie merkt aber, daß sie ihr Ernstsein und ihre Steifheit nicht einfach ablegen kann, und daß der Vater irgendwie von ihr enttäuscht wird.

Die Episode mit der Kuh macht deutlich, daß sie in der Not nicht mit ihm rechnen kann. Anna hat riesige Angst, und er amüsiert sich dabei, »lacht sie aus«. Sie beobachtet bei ihrem Vater neben seiner liebevollen und gutmütigen Art brutale Wutausbrüche und rücksichtslose Beschimpfungen ihrer Mutter gegenüber. Dies verunsichert zeitweise ihre emotionale Beziehung zu ihm.

Wie spätere Schilderungen zeigen werden, beinhalten diese kurzen Passagen schon wesentliche Züge der Beziehung zu ihrem Vater. Obgleich sie ihn hin und wieder bewundert und nicht enttäuschen möchte, fühlt sie sich in der Not von ihm nicht unterstützt und mißverstanden. Allzu sehr sieht der Vater die Welt (Anna, die Familie etc.) aus seiner eigenen Warte. Durch seine alternierend liebevolle und rücksichtslose Art wirkt er auf sie teils anziehend, teils abstoßend.

Durch diese und viele andere Erinnerungen habe ich den Eindruck, daß Anna trotz der zum Teil berechtigten Ablehnung etlicher Verhaltensweisen stabile Gefühle der Zuneigung zu ihrem Vater entwickeln konnte und ihn nicht enttäuschen wollte. Anna wünschte sich dennoch in ihrer Kindheit (Vorschulzeit) oft, daß sie der Vater viel stärker vor den Kontrollen und Bestrafungsritualen ihrer Mutter schützt, statt »es einfach so zu dulden und am Ende noch kräftig selbst mitzumachen.« Erst ab ca. 13 Jahren kommt es zu schwankenden, ambivalenten Gefühlen ihrem Vater gegenüber: Aggression und Ekel einerseits; Mitgefühl und Zuneigung (vorrangig als Mitleid) andererseits.

9. Der Liebling der Lehrerin

Mit 6 1/2 Jahren wurde Anna eingeschult. Sie war vorher nicht im Kindergarten gewesen, vermutlich weil die Eltern kein Geld dafür hatten. Anna wurde aber mit ca. vier Jahren in eine sogenannte »Kinderbande« ihres Wohnviertels aufgenommen, was ihr sehr viel bedeutete. Das Schulgebäude kannte sie schon seit längerer Zeit, denn dort fand auch die Sonntagsschule der »Versammlung« statt. Zur Einschulungsfeier (wie auch zu anderen Festen) trug sie allein ein Lied vor. Es machte ihr Spaß vor den Erwachsenen zu singen und nachträglich von ihnen gelobt zu werden: »Du hast aber schön gesungen«.

Im ersten Schuljahr verliebte sich Anna sehr schnell in ihre Lehrerin, Frau L., und dachte auch, Frau L. würde sie »anhimmeln«.

> »Frau L. setzte mich vorne vors Pult an einen Tisch, zusammen mit einem niedlichen, aber stillen und lieben Jungen, und ich kriegte genau mit, wie sie, wenn sie mit einem anderen Erwachsenen an der Tür stand auf unseren Platz deutete, als säßen da ihr persönlicher Stolz und ihre Freude auf dem Präsentierteller. Sie konnte geradezu die Hände ringen: »ach, wie süß«; und ich tat so, als entginge mir das, denn ich wollte ja nicht affig aus der Wäsche gucken.
> Der Höhepunkt ihres Angetanseins von mir war, als sie mich zu Hause besuchte, um zu sehen, »wo solch ein Kind« aufwächst. Ich habe mich der Frau L. geradezu an die Hacken geheftet und geredet und geredet, das weiß ich selbst auch noch. Ich bin ihr richtig wie eine Klette hinterhergelaufen. Daß sie das gut fand, kann ich heute kaum nachvollziehen.
>
> ... ich denke jetzt an das hebende Gefühl, als ich morgens mit Frau L. im VW zur Schule fuhr und wir andere Schulkinder überholten. Ich hätte gern gewinkt, daß es auch alle sehen, riß mich aber innerlich am Riemen und tat gerade umgekehrt so, als sähe ich die anderen nicht, damit Frau L. denkt, ich sei frei von Geltungssucht. Sie sollte auf keinen Fall bereuen, mich mitgenommen zu haben.«

Die Anerkennung und Bewunderung durch Frau L. stand für Anna in direktem Gegensatz zu den Schimpftiraden und Bestrafungen ihrer Mutter. Galt sie zu Hause als ein schwer erziehbares, durchtrieben-raffiniertes Kind, so war sie in den Augen ihrer Lehrerin ein »süßes, hochbegabtes Kind«, was recht schnell eine Sonderstellung in der Klasse einnahm. Ihre auffallend kleine Gestalt empfand sie als vorteilhaft, um sich bei den Erwachsenen beliebt zu machen.

So sehr die Schimpftiraden ihrer Mutter sie in dumpf-brütende, depressive Stimmungen versetzen konnten, um so leichter geriet sie in euphorische und erhabene Hochgefühle, sobald sie sich von einem Erwachsenen wie Frau L. völlig angenommen und bewundert fühlte. Sie konnte nicht genug davon kriegen und versuchte mit aller Kraft, wenn nicht bei ihrer Mutter, so doch wenigstens bei Frau L. das »liebenswerte Wunschkind« zu sein...

Anna lernte abwechselnd *Wunschkind* und *Kummerkind* zu sein. Und damit einhergehend: zwischen Hochgefühlen der Selbstliebe und niedergeschlagenen Stimmungen des Selbsthasses, zwischen Vollwertigkeits- und Minderwertigkeitsgefühlen, zwischen Geltungssucht, Scham und Schuld zu schwanken.

Gleichsam in scharfem Kontrast zu den positiven Erfahrungen beim Schulanfang erlebte Anna bald darauf einige für sie niederschmetternde Szenen zu Hause.

10. »Das Verbrechergefühl«
(Beginn zwischen 6 1/2 und 7 Jahren)

Ihre Doppelrolle »Wunschkind und Kummerkind zu sein« wurde Anna durch einige weitere Erlebnisse bewußt, die auch in die Zeit des ersten Schuljahres fallen. Diese Erlebnisse verstärkten bei ihr das Gefühl, ein böses, schlechtes Kind zu sein, das wohl zu recht bestraft werden müßte. Erst um diese Zeit begann sie, sich endgültig »wie ein Verbrecher« zu fühlen.

So ist ihr die »Paprika-Geschichte« nachhaltig in Erinnerung geblieben und scheint — ähnlich wie das Gipsbein — ein Dreh- oder Wendepunkt zu sein, diesmal weniger in bezug auf ihre Mutter als vielmehr in ihrer Selbstwahrnehmung. Von da an spürte sie so etwas wie ein »Verbrecher-Gefühl«, das sie mit guten Vorsätzen unbedingt bekämpfen mußte. Sie hielt sich für »gefährlich«, war zunehmend bereit, Schuld und Scham auf sich zu laden. Sie fühlte sich u. a. als der Auslöser heftiger Streitigkeiten zwischen ihren Eltern.

Die Paprika-Geschichte

»Der nächste große Streß war am dritten Geburtstag meiner Schwester bei uns zu Hause. Ich war damals 6 ¾ Jahre alt. Da war ich also schon ein 1/4 Jahr lang in der Schule. Das war das Erlebnis mit den Paprikaschoten.
Das Paprika-Erlebnis war mittags. Die ganze Familie saß um den Tisch. Mama und ich an der Breitseite des Tisches, Papa uns gegenüber. Birgit rechts neben Mama an der schmalen Seite. Die Paprika war heiß, und ich stocherte so im Teller herum und zog ein Gesicht. Meine Mutter war in gereizter, aufgebrachter Stimmung und in dem Ton sagte sie dann auch drohend, ich sollte sofort anständig essen. Ich weiß noch, ich sagte: »Die Paprika sind so scharf«, und sie steigerte den Tonfall und ihre Gesichtszüge veränderten sich. Und plötzlich beugte mein Vater sich über den Tisch, schrie meine Mutter an, in etwa ob sie denn ewig meckern müsse oder sowas und plötzlich haute er ihr zweimal ins Gesicht. Klatschende Ohrfeigen und dann wie um den Schreck über sich selbst loszuwerden, packte er einen vollen Teller nach dem anderen und schmetterte ihn mit voller Wucht hinter sich gegen die Stubentür. Gleich nachdem er meine Mutter geschlagen hatte, hatte diese mich angeguckt und außer sich gesagt: »Wegen dir hat Papa mich geschlagen«. So wie: »Jetzt ist es raus, jetzt ist alles aus zwischen uns beiden!« Und ich fand es einen Weltuntergang, was jetzt noch alles wegen mir weiter geschah. Die Teller und das Essen, das die Tür herunterlief, und ich dachte nur »Papa tut das alles wegen dir — du bist schuld!« Und ganz schlimm war es dann, als mein Vater dann einfach wegging, dann hätte er mich mitnehmen sollen, ich dachte, jetzt haut sie mich windelweich, ich hatte Angst, denn sie war außer sich und schrie, sie würde den ganzen Mist hinschmeißen und ihn verlassen. »Wegen dir hat Papa mich geschlagen!« Ich glaube, von da an hielt ich mich für »gefährlich«, weil ich dafür sorgte, daß verheerende Dinge geschahen.«

Die »Paprika-Geschichte« ist ein offenkundiges Familiendrama. Nicht Anna, sondern die Mutter kriegt jetzt ein paar klatschende Ohrfeigen. Die Mutter kündigt das Ende ihrer Beziehung zu Anna und zum Vater an. Es muß auf die Mutter gewirkt haben, als ob Vater und Tochter sich gegen sie verbündet hätten. Die Beziehung zur Mutter und den Frieden zwischen den Eltern glaubt Anna nur noch wieder herstellen zu können, wenn sie von nun an ihre »Bösartigkeit« mit aller Anstrengung bekämpft. Somit gerät der von Anfang an bei ihr in Gang gekommene Themenkreis »gut vs. böse sein« in Bewegung. Es gilt jetzt, die in ihr herrschende Boshaftigkeit (?!) mit verbissener Anstrengung zu bekämpfen. Angst vor sich selbst, Scham, Schuld und Minderwertigkeitsgefühle haben von nun an ihre volle Berechtigung. Sie spürt und erkennt ihre »boshaften Anteile« und möchte sich unbedingt ändern, damit das Gute endlich siegt.

Die »Paprika-Geschichte« — aus Annas Sicht:! —

Die drei folgenden Episoden »Mein Nikolaus«, »Der Meckischnitt« und »Das Schlüsselkind« nimmt Anna als eng verbunden mit der »Paprika-Geschichte« und ihrem *entstehenden Verbrechergefühl wahr.*

Ich zitiere diese Geschichten im Wortlaut, weil sie genau so wie das »Gipsbein-« und das »Paprika-Erlebnis« wesentlich ihren weiteren Lebenslauf prägten. In diesen Episoden sind viele der bisher angesprochenen Themen enthalten. Obgleich sie sich in der kurzen Zeitspanne zwischen 6 1/2 und 7 Jahren zugetragen haben, wirkte ihr symbolisch-affektiver Gehalt in Annas Leben lange Zeit weiter. Ich gehe sogar davon aus, daß jegliche tiefgehende Therapie (Lebenslaufanalyse, Selbsterfahrung) Annas als einen wesentlichen Bestandteil *die Durcharbeitung des emotional-kognitiven Bedeutungsgehaltes dieser Lebensgeschichten beinhalten müßte.*

> *»Mein Nikolaus«*
>
> »Als ich allein war, kämpfte ich mit der Neugierde, denn eigentlich wollte ich mir die Freude nicht verderben, aber dann sah ich doch recht bald nach. Da war ich nun doch getroffen, denn als erstes sah ich eine große Rute neben dem Teller liegen und dann auf dem Teller kalte Kartoffeln, Eierkohlen, ein Brikett.
>
> Also doch, ich gehöre zu den schlechten Kindern und nichts war wieder gut. Es war so eine Bestätigung: Jetzt weiß ich es also ganz sicher und dagegen war nichts mehr zu machen. Ich fühlte mich sehr enttäuscht und beschämt. Es war wie ein Schandfleck, den ich nicht würde verstecken können. Es war ein elendes Gefühl, und ich war sehr bedrückt. »Na — hat der Nikolaus dir auch was gebracht?« fragten meine Eltern dann auch am nächsten Tag. Kann gut sein, daß ich angefangen habe zu heulen, vielleicht aber war ich auch verbissen — stumm. Das weiß ich nicht mehr. Ich mochte den anderen Menschen nicht unter die Augen treten.«

Der Anblick der Rute und des Tellers mit den Eierkohlen bringt Anna Gewißheit: Sie muß jetzt endlich einsehen, *sie ist ein böses Kind.* Die Eltern und der gute Nikolaus bestätigen es ihr. Ihre elenden bedrückenden Gefühle von »Verbrecher-Sein«, aber auch von Scham und Schuld sind auf diesem Hintergrund unschwer nachvollziehbar. Das Kind fühlt sich schlecht, minderwertig und möchte den anderen nicht in die Augen sehen.

Der Anblick der Rute und des Tellers ist ihr tief in die Knochen gefahren. Sie gehört nicht nur eindeutig zu den schlechten Kindern, sie kommt auch mit Sicherheit in die Hölle. Denn wie ihre Mutter sagt: »Guten Kindern bringt der Nikolaus was, schlechte steckt er in den Sack!« Eine solche Erfahrung ermöglicht einem Kind in diesem Alter sicher nicht, Selbstvertrauen und Offenheit zu entwickeln.

»Der Meckischnitt«

»Ich war mit wildem Schopf nach Hause gekommen, und meine Mutter hatte gereizte Laune gegen mich und schimpfte auch auf eine aufgebrachte, übertriebene Art, vor der ich Angst hatte. Es war was von Ablehnung gegen mich darin. Und dann schnappte sie mich kurzerhand: »Los, komm, mir reichts, ich habe keine Lust, dir alles tausendmal zu sagen oder mehr als zehnmal am Tag deine Zosseln zu kämmen, jetzt lasse ich dir einen Mecki schneiden«. Ich dachte, ich höre nicht recht, es war in der »Versammlung« verboten, daß Frauen und Mädchen die Haare abschneiden. Mir war das wie eine Art »Geschoren-werden-sollen« zur Strafe, so daß alle sehen würden, was für ein böses Kind ich sei. Es war ein Strafgericht und niemand hatte so einen Mecki, kein einziges Mädchen, das ich kannte. Ich würde in der Klasse und im Wohnviertel zum öffentlichen Gespött werden.
Also, mir war so, daß jetzt etwas Schreckliches zur Strafe vollzogen wird, weil ich schlecht bin. Ich habe bestimmt an die Paprika-Story gedacht. Ich lief voller Angst mit. Der Friseur war ebenfalls in der Siedlung. Ich hatte noch die Hoffnung, sie würde umkehren, es war so, als sei ich Isaak und sie Abraham und im letzten Moment werde ich begnadigt.
Das Haus des Friseurs stach nur durch eine silberne Scheibe an der Hauswand von den anderen Häusern ab, und ich war noch nie dort gewesen. Wir gingen tatsächlich ins Haus. Dort wo bei uns die Küche war, stand beim Friseur ein großer Stuhl, und dann sagte meine Mutter: »Schneiden Sie ihr einen Mecki, bitte.« Da wußte ich — keine Gnade — und dann fing ich an zu toben, als ginge es um mein Leben. Ich schlug den Friseur, wehrte mich mit Händen und Füßen, zeterte und heulte.
... ich seh mich erst wieder zu Hause im Flurspiegel. Mit über den Ohren vom Kopf abstehenden Haaren und meine Mutter, die mehr zu sich selbst sagt, »man, du siehst ja furchtbar aus« und dann abends eine vergleichbare Reaktion meines Vaters, von da an war ich erst einmal »häßlich«.«

Die Schlechten müssen bestraft werden.

Schlecht bedeutet bei Anna, sich nicht in allen Punkten nach den Erwartungen der Mutter zu richten und dann manchmal Opfer ihrer willkürlich anmutenden Einfälle zu werden. Anna kämpft um ihr Leben gegen die Vollziehung einer für sie nicht faßbaren Erniedrigung, aber ihre Mutter kennt keine Gnade. Anna wird bestraft und alle werden sehen, was für ein böses Kind sie in Wirklichkeit ist. Vor dem Flurspiegel zu Hause fühlt sie sich noch unendlich weit entfernt von ihrem Schneewittchen-Ideal mit langem, schwarzem, lockigem Haar. Vater und Mutter verstärken ihre negative Selbstwahrnehmung.

»Von da an war ich erst mal *häßlich.*« Dieses Thema steigert sich Jahre später, als Anna mit 15 kräftig zunimmt und sich nicht nur seelisch, sondern auch körperlich minderwertig fühlt: klein, pummelig, schlicht und einfach: häßlich.

»Das Schlüsselkind«

»Und dann kam die Neujahrsfeier in der »Versammlung«, das Sonntagsschulfest, wo die Kinder ihre Sprüche vortragen mußten, und dann gab es Geschenke, eine bunte Tüte, und wenn man ein Schulkind war, außerdem ein Buch. Ich war sehr stolz über das erste Buch. Es hieß: »Das Schlüsselkind« und gleich am Abend gab ich es meiner Mutter. Ich stelle mich hinter den Stuhl auf dem sie saß, ich nehme an, weil ich versuchte, mitzulesen.
Und dann fing meine Mutter an zu lesen: »Anna stocherte lustlos in ihrem Teller herum.« Da war es aus. Mich durchfuhr ein heftiger Schreck: das war wohl die Erinnerung an die Paprika-Geschichte. Das wußte nun die ganze Versammlung und Gott auch und deshalb hatten sie mir auch dieses Buch ausgesucht. Die Anna aus dem Buch war ein ganz fieses Mädchen, das nur herumnörgelte und ungerecht war zu dem armen »Schlüsselkind«, das mit der Anna spielen mußte, weil die keine Phantasie hatte. Dies verglich ich sofort mit mir. Ich war innerlich wie vereist. Diese Geschichte mit dem Schlüsselkind, die hat mich umgehauen. Das war wie so ein »Fingerzeig Gottes«, wovon in den Geschichten des Sonntagsschulblättchens laufend die Rede war.«

Nicht nur der Nikolaus und die Eltern, nunmehr Gott und die »Versammlung« wissen, wie es um Anna »schwarze Seele« bestellt ist. Anna identifiziert sich sofort mit dem gleichnamigen, negativ dargestellten Mädchen im Buch. Die religiöse Versammlung mit ihrem Sonntagsschulblättchen und allerlei anderen Mitteln verstärkt direkt oder durch die elterliche Erziehung den für Anna so zentral gewordenen Themenkreis: »gut wie Jesus vs. böse wie Satan sein«. Unterstützt durch Sonntagsschulhefte, Predigten, Erziehungskonzepte fängt bei Anna die Internalisierung oder Verinnerlichung der um sie herum wirkenden »Versammlungs- und Familienideologie« an. Es handelt sich nicht mehr nur um böses, äußerliches, vorübergehendes Verhalten, sondern um eine Art »Seins-Kategorie«: »Das Böse in mir . . .«

Bevor ich zur zweiten Lebensphase übergehe, möchte ich noch in einer Überblickstabelle (S. 114) die in der ersten Phase behandelten Themen und Schlüsselerlebnisse zusammenfassen, die im Rahmen ihrer Lebenslaufanalyse vorrangig von Anna selbst erzählt, wiedererlebt oder analysiert wurden. Zum Teil wurden die in den Sitzungen angesprochenen Lebensepisoden von ihr zu Hause in Form einer Selbstanalyse vertieft bearbeitet. Sie schrieb nicht nur die einzelnen Lebenslaufepisoden detailliert nieder, sondern auch Assoziationen, die ihr beim Schreiben dazu kamen.

Überblickstabelle über bearbeitete Themen und Szenen

	Themen	Szenen
	— Annas erste Erinnerung *»gut vs. böse sein«*	
		Das Brosche-Erlebnis
von	— Keller-*Bestrafungs*rituale	
		Das Gipsbein
2	—*Haß-Liebe zur Mutter*	
		liebevolle Szenen
		Rasereien der Mutter
bis	—*Vertrauensunsicherheit* gegenüber sich selbst und den anderen	
		Was ist meine Phantasie?
6 1/2		Was ist wirklich?
	— *Angst vor der Hölle, vorm Teufel*	
		Alpträume
Jahren	— *melancholisch-depressive Stimmungen*	
		in sich versunken, grübeln
	— Annas *Ideal*bilder und Mutters *Wunschbilder*	
		Anna S.
		Schneewittchen
		Wie Oma sein
	— Das *Anders-Sein-Gefühl*	
		Das häßliche junge Entlein
	— Die Beziehungsentwicklung zur Schwester	
		Anna: *schwarzes Schaf* der Familie
	— *Mitleid und Ekel* gegenüber ihrem Vater	
	— *Wunschkind* bei der Lehrerin Frau L. *Böses Kind* bei der Mutter.	
	— *Das Verbrechergefühl*	
		Die Paprikageschichte
		Der Nikolaus
		Der Meckischnitt
		Das Schlüsselkind

3. Kapitel

Klippenweg (sieben bis zehn Jahre)

Als Annas erstes Schuljahr zu Ende ging, bestand ihr Vater seine Krankenpflegerprüfung, und die Familie zog in die Nähe der neuen Arbeitsstätte um. Die neue Umgebung war vornehmer als das frühere Wohnviertel. Es sollte aber nicht nach außen verraten werden, daß sie weniger gut gestellt waren als die Nachbarn. Bei Anschrei- und Prügelszenen sollte es leise zugehen: »Das ist doch hellhörig hier, und wir sollten ein Beispiel geben, weil wir gläubig sind.«

Anna fühlte sich in ihrer neuen Umwelt nicht mehr so wohl wie in der Siedlung. Es fehlten ihr die organisierten Spiele der »Kinderbande«, der kleine Hausgarten, die Freundinnen, die Schülerkontakte.

> »Ich vermißte die Gärten, die Kinder, den Spielplatz und die kleine in sich abgeschlossene Welt der Siedlung, wohin sich regelmäßig die Orgeldreher verirrten, wo der Milchmann mit der Glocke kam, der Krabbenverkäufer und auch der Altwarenhändler mit dem kratzigen Ruf: »Lumpen und Eisen«. All das gab es nicht im Klippenweg, da waren nur ordentliche Rasenflächen, Büsche und Sandkästen zwischen den Blocks und ich fand es öde, mit dem Ball gegen die Hauswand zu prellen. Organisierte Spiele gab es nicht, und die Kinder waren auch ein ganz anderer Menschenschlag. Ich hatte eine Art von sterilem Gefühl und wurde nicht richtig warm dort ... Aber ich war doch neugierig auf alles, und es kam mir durch den Umzug vor, als sei ich vernünftiger und erwachsener als zuvor.«

Die »Klippenweg-Phase« ist für Anna mit überwiegend glücklichen Erinnerungen verbunden. Die neue Schule wirkte ganz anders als in der Siedlung: modern, mit viel Glas und glänzenden blauen Linoleumböden.

Anna merkte bald, daß die Kinder der Klasse sich in zwei Hälften einteilen ließen: »Das waren einmal die sauberen, ordentlichen und guten Schüler und auf der anderen Seite als krasser Gegensatz solche Kinder wie in der Siedlung.« Durch Orientierung nach oben bzw. Anschluß an die ordentlichen Schüler wollte sie nun ihre guten Vorsätze verwirklichen, sich verändern, sich allmählich in das Wunschkind »der Mutter« verwandeln.

Wunschkindgefühl vs. Kummerkind und Verbrechergefühl

Hin und wieder gelingt es ihr, in Anwesenheit ihrer Mutter das »Wunschkind-Gefühl« zu erfahren. So z. B. als die Mutter wegen Blutkrebsverdacht ein paar Wochen ins Krankenhaus ging:

> »Ich weiß nur, daß ich in der Phase lieb war und voll von den edelsten Vorsätzen. Ich wollte die Frau, die bei uns so lange meine Mutter vertrat, aus dem Haus haben und alles selbst machen, um meiner Mutter Freude zu machen. Ich besuchte sie auch im Krankenhaus und hatte dabei das »Wunschkind-Gefühl«. Sie freute sich, mich zu sehen und erzählte mir wohl auch, daß sie vielleicht etwas ganz Gefährliches habe und fragte mich, ob ich sie lieb habe.«

Eng mit dem »Wunschkind-Gefühl« verbunden ist das Erleben, das Lieblingskind des Lehrers zu sein. Wie bereits im ersten Schuljahr gelingt es Anna erneut für einige Zeit, eine intensive Beziehung zu ihrer neuen Lehrerin, Frau N., aufzubauen.

> »Ich glaube, ich bemühte mich, »lieb Kind« zu sein, weiß aber noch, daß ich innerlich unter Druck stand, Angst hatte, selbst nicht akzeptiert und geliebt zu werden. Sicher erwartete ich gleich am dritten Tag, daß der Argwohn gegen die »Neue« verflogen sei, und ich als eines der beliebten, oberen Kinder anerkannt wurde, und das war nicht so.
> Zu der Zeit werde ich wohl schon in Frau N. verliebt gewesen sein. Ich wurde gerade deshalb unausgeglichen und störte den Unterricht, um ihre Aufmerksamkeit auf mich zu lenken. Ich fing dann an, irgendwann meine Hausaufgaben zu verzieren. Dafür gab es Sternchen. Ich malte dann bunte Räder und Bilder um die Hausaufgaben und freute mich über die Sterne von Frau N. Ich hockte dann aber auch schon stundenlang über den Hausaufgaben, während andere Kinder längst fertig waren und draußen spielten.«

In ihrer Beziehung zur Lehrerin, Frau N., die zwei Jahre lang ihre Klassenlehrerin war, erlebte sich Anna in einem Spannungsfeld zwischen Lieblings- und Kummerkind. Eine Zeit lang versuchte sie durch Störung des Unterrichts die Aufmerksamkeit von Frau N. auf sich zu lenken. Einige Male mußte die Mutter zu Frau N. wegen Annas auffälligem Verhalten. Anna fühlte sich dabei von beiden Frauen, Mutter und Lehrerin, als »böses Kind« hingestellt. Ihre bedrückenden »Verbrechergefühle« fanden darin eine klare Bestätigung.

Während es Anna bei der ersten Lehrerin, Frau L., auf Anhieb gelungen war, sich als Lieblings- oder Wunschkind zu erleben und somit kompensatorische Erfahrungen zu den Elendsgefühlen zu Hause zu sammeln, glaubte sie bei Frau N. zunächst — wie bei ihrer Mutter — Sünder oder Verbrecher zu sein. Erst im zweiten Anlauf, gleichsam als »begnadigter Sünder« gelingt es ihr, sich auch bei Frau N. in der Nähe des Wunschkind-Ideals zu erleben.

Eine solche Erfahrung wie diejenige mit der Lehrerin, Frau N., muß Anna wohl unterschwellig den Eindruck vermittelt haben, daß sie — wenn sie sich in den anderen verliebt und sich schwer anstrengt — reale Chancen hat, ein gutes, liebes Kind — wer weiß, vielleicht sogar das Wunschkind — zu werden.

Allerdings im Gegensatz dazu kommt in ihrer Beziehung zur Schwester immer stärker Neid auf, der sich, wie sie sagt, in »Haßattacken« ausdrückt. Denn Birgit gilt unvermindert als Mutters Sonnenschein.

Vor- und Idealbilder (im Klippenweg)

Viele der in der Siedlung entstandenen Phantasien und Idealfiguren bestehen weiter: Schneewittchen, Oma, Anna S. Allein das Idealbild »Winnetou« scheint eine neue Dimension sowie neue Gefühle in der Auseinandersetzung mit dem für sie harten Familienleben zu eröffnen.

> »Wie Oma sein«
>
> »Ich suchte mir ein bestimmtes Haus aus, das auf dem Weg nach K. lag und ich träumte, dort wohne ich allein in einem großen Zimmer, dessen Einrichtung ich mir auch genau ausmalte. Sie war sehr einfach und praktisch. Und trotzdem war alles auf Oma als Vorbild zugeschnitten. Ich dachte, ich bekäme dann meine Prügel von zu Hause und schlöße hinter mir die Tür, würde seufzen: »Hu, das ist überstanden, jetzt mache ich mir aber erst mal eine schöne Tasse Tee.« Ich träumte mir dieses Leben bis in alle Einzelheiten zurecht

und wollte gern schon erwachsen sein so wie Oma und stellte mir das herrlich vor. Ich würde dann gegenüber einkaufen, was es bei uns zu Hause nie gab: Sprudel zum Beispiel. Alles würde Spaß machen, sogar der Abwasch und das Bett machen, weil mich niemand mehr beaufsichtigen und jeden Handschlag nachkontrollieren würde.

Wie Schneewittchen / wie Anna S. sein

Das Thema Wunschkind, im Erscheinungsideal von Schneewittchen und Anna S. bereits verkörpert, nimmt konkrete Züge durch ihre enge Freundin, *Anna F.,* an, die für sie und ihre Phantasien eine Vorbild-Funktion hatte.

> »Dann wurde Anna F. für mich die allerwichtigste Freundin in der ganzen Phase vom Klippenweg. Zuerst war sie mir gar nicht so aufgefallen, weil sie manchmal nach »nichts Besonderem« aussah: etwas pummeliges Gesicht, blondes, halblanges Haar, das gewellt und sehr dick war. Sommersprossen. Ich weiß auch nicht, wodurch ich sie als »Ideal« (Wunschkind) entdeckte. Ich glaube aber, daß ich durch Frau N. darauf kam, Anna F. als ein besonders apartes Mädchen zu sehen. Das war sie auch. Sie ist bis heute so was wie ein Ideal, das habe ich z. B. gemerkt, als ich vor kurzem ein Mädchen kennenlernte und das sofort idealisierte, weil es mich an Anna F. erinnerte.«

Anna F. und ihre Familie betrachtete unsere Anna als ihre eigene, heile Welt, in der ihre Mutter und Schwester nichts zu suchen hätten. Besonders schlimm war es aber dann für sie, daß die Mutter ihre Schwester Birgit zu Anna F. schickte, während sie z. B. Kopfrechnen üben mußte. Allein der Gedanke daran konnte sie innerlich vor Wut fast zerreißen.

Wie Winnetou sein

Neu hinzu kam das Ideal »Winnetou«. Es half ihr, mit einem stolzen Winnetou-Gefühl, die oft ungerechten Bestrafungen der Eltern zu erdulten und ihre eigene Position zu behaupten.

> »Daß ich das überhaupt mitmachte, wird daran gelegen haben, daß ich bereits das Ideal Winnetou entdeckt hatte. Denn Anna F. hat mir das Buch von Karl May geschenkt und zwar den Band, wo Winnetou dann stirbt mit Ave Maria und allem drum und dran. Das Thema Stolz war dann ganz neu und stark aufgetaucht ... Ich feierte eher meinen eigenen Sieg und erfolgreich gewahrten Winne-

tou-Stolz. Ein gutes Gefühl war das auch, nur etwas einsam. Aber es war etwas neues, so was wie eine »Möglichkeit«.«

Wie aus den Zitaten hervorgeht, wirken die eben genannten Vor- und Idealbilder steuernd und regulierend auf viele Handlungen, Phantasien und Gefühle Annas. Sie nehmen somit einen wichtigen Platz in ihrer Phantasiewelt ein und sind als eine für sie zentrale Möglichkeit der Realitätsbewältigung zu sehen. Mit Hilfe ihrer Phantasie versucht sich Anna einen eigenen Raum als Halt und Gegenpol zu ihren Elendsgefühlen und allzu harten Lebenserfahrungen zu schaffen, was ihr mitunter gelingt.

Die strafenden Eltern

Im Klippenweg trat bei den Bestrafungsmaßnahmen eine Neuerung ein: Ihre Mutter bestand nun darauf, daß der Vater auch zu strafen hätte, und er fügte sich. Hinzu kam, daß der Vater zunehmend trank und die Streitigkeiten zwischen den Eltern zunahmen. Allerdings hatte Anna das Gefühl, daß der Vater sie nur widerwillig bestrafte. Später, als Anna erwachsen war, erzählte ihr der Vater, wie schrecklich es für ihn gewesen sei, auf ihr herumzuprügeln.

Der Ordnungs- und Bestrafungstick der Mutter läßt im Klippenweg nicht nach. Im Gegenteil: Es scheint sich noch mehr zuzuspitzen.

Beispiele:

— »Das Schlimme am Mithelfen waren die bis ins Detail vorgeschriebenen Handgriffe. Wie man die Ecken des Staubtuches übereinanderschlagen müsse, *alles* war vorgeschrieben und auf das Resultat kam es längst nicht allein an, sondern auf das Einhalten der Vorschriften und wehe, sie ertappte mich, wie ich es nach meiner Fasson schneller und einfacher machte, dann fielen die Prügel.«

— »Außerdem hatte ich Musikunterricht an der Musikschule und mußte da einmal in der Woche hin und täglich üben. Im Zusammenhang damit erhielt ich dann die Tracht Prügel, wo bei mir die Schneidezähne durchbrachen. Sie hatte mich beim Ölofen geprügelt, mir die Hände auf dem Rücken festgehalten und nach getaner Tat dann plötzlich fallen lassen, so daß ich die Hände nicht schnell genug vorziehen konnte und aufs Gesicht fiel. Am nächsten Morgen guckte sie mich haßerfüllt an. Meinetwegen habe sie eine schlaflose Nacht gehabt und zog mich dann auf: »Susi, sag mal saure Sahne«, weil ich mit den Zahnstümpfen lispelte. Ich konnte kaum den Mund aufmachen, so zog die Luft dann in den Zähnen. Die wurden dann abgeschliffen und bis 16 oder 18 Jahre bekam ich provisorische Kronen verpaßt.«

Im Zusammenhang mit solchen Bestrafungsszenen und den relativ plötzlichen Veränderungen im Gesicht der Mutter (siehe Phase 1, S. 86) scheint mir das folgende Traum-Thema zu stehen, das Anna von der Kindheit bis ins Erwachsenenalter begleitet:

> »Was schlimm war und ein Alptraum, der auch wiederholt auftauchte, war das mit der Verwandlung. Das ist mir auch als Erwachsener dann noch ein Traumthema gewesen. Daß ich freudig und spontan auf einen anziehenden Menschen zugehe, plötzlich mißtrauisch stutze, als hätte mich was »vorgewarnt«, stehen bleibe und genauer hinsehe und dann verwandelt sich der Mensch in ein Monstrum mit haßerfülltem Grimassengesicht und blutrünstiger Gier in den Augen und kommt dann so auf mich zu, und ich kann nicht mehr weglaufen, mich nicht mehr rühren. Das waren richtige Alpträume. Da war auch stets solch ein gemeines, schadenfrohes Rumgelächter mit dabei gewesen: Als sei ich reingefallen, und das Monstrum freue sich über meinen Schrecken, wenn es sich so verwandelt und dann: »So jetzt habe ich dich«. Die Lähmung des Nicht-mehr-weglaufen-könnens.«

Anna geht vertrauensvoll, freudig und spontan auf einen sie anziehenden Menschen zu. Plötzlich wird sie mißtrauisch, das Gesicht dieser sympathischen Person verwandelt sich in ein haßerfülltes, verrücktes Grimassengesicht. Sie erfährt eine lähmende Angst, steht der Person wie hypnotisiert gegenüber.

Annas Alpträume zeigen deutlich, wie schwierig es für sie war, plötzliche Veränderungen im Gesicht der Mutter zu verarbeiten. Dazu paßt auch das folgende Zitat, das die von der Mutter im Klippenweg eingeführte nicht-verbale »geheime Kommunikation« anspricht:

> »... sie hatte ihre »geheime Kommunikation« durch eine nur von mir verstandene Zeichensprache so richtig ausgebaut, so daß ich auch in Gegenwart anderer Menschen nicht sicher war vor ihrem Tadel. Gerade wenn ich nicht damit rechnete, konnte ich plötzlich eine mir zugezogene Grimasse entdecken, und dann hob sie schnell die Hand und machte eines der Zeichen, und kein Mensch kriegte deren Bedeutung mit, nur ich.«

Im Rahmen ihrer Lebenslaufanalyse erlebte Anna mir gegenüber ähnliche Gefühlsreaktionen. Sie hatte dabei den Eindruck — so wie bei ihrer Mutter — mir restlos ausgeliefert zu sein. Derartige Früherfahrungen erschwerten ihr die Entwicklung von stabilen, eindeutigen Vertrauensgefühlen und -beziehungen. Damit ging auch ihr minutiöses Beobachten der Mimik ihrer Gesprächspartner einher: Sie versuchte kleine Anzeichen für eine mögliche, plötzliche Verwandlung oder für den möglichen Verrat des »wahren, bösen Gesichts« des Gesprächspartners zu entdecken. Bereits ein leiser Verdacht in diese Richtung reichte bei ihr aus, um mißtrauisch zu werden.

Gesteigerte Angst- und Verlassenheitsgefühle

Anna erinnerte sich, daß in der »Klippenweg-Phase« verstärkt Angst- und Verlassenheitsgefühle aufkamen. Besonders im Zusammenhang mit den Strafaktionen ihrer Mutter überkamen sie hin und wieder — vor allem wenn jemand zu Besuch da war und eine Bestrafungsprozedur dadurch unterbrochen worden war — intensive Angst- und Verlassenheitsgefühle.

Heute erlebt Anna in für sie analogen Situationen ähnliche emotionale Reaktionen, die sie trotz vernünftiger Argumente nur schwerlich relativieren kann.

> »Schrecklich war, wenn ich den Besuch gefragt hatte, ob ich mit zu ihm nach Hause dürfe, und meine Mutter es verbot. Das war auch vorgekommen, und ich weiß das furchtbare Gefühl, wenn der Besuch sich dann anzog und ging, und ich blieb zurück, denn der Zoff mit meiner Mutter war nur unterbrochen worden durch den Besuch und würde weitergehen. Oder auch, als Mama sagte, mich nähme sie nicht mit, als mein Vater außer Rand und Band war, und sie ihn mit meiner Schwester verlassen wollte. Ich bin mir ziemlich sicher, daß es da eine Verbindung gibt zu heutigen »Attacken« von dieser speziellen inneren Elendssituation bei manchen Abschieden, die ich ja nicht verhindern kann, und das auch logisch alles verstehe, einsehe und trotzdem »in Panik« gerate.«

Häßlich sein

Zusätzlich zum Verbrechergefühl und den ohnehin vorhandenen Angst- und Minderwertigkeitsgefühlen verstärkt sich ihr Erleben häßlich zu sein. Für Anna geht das Häßlichkeitsgefühl mit vielfältigen Demütigungen durch familiale Armut einher. Durch den Umzug in ein ökonomisch besser gestelltes Wohnviertel fällt sie immer mehr auf, was Kleider und Taschengeld angeht. Sie kommt sich durch ihre Mutter »häßlich und lächerlich gemacht« vor. Beschämungen und Demütigungen muß sie nun von besser gestellten Schulkindern, an denen sie sich orientiert, tagtäglich in Kauf nehmen.

> »Das Thema »Häßlichkeit«, das mit dem Haareabschneiden mit etwa 7 Jahren begonnen hatte, war im Klippenweg weiterhin ein Thema, und zwar, weil meine Mutter so wie meine Haare etwas länger waren, sogenannte »Affenschaukeln« zurechtfrisierte. Zöpfe wären mir knapp über die Schultern gegangen und eine normale Frisur gewesen. Aber sie knickte die Zöpfe nochmal in der Mitte durch und das waren dann zwei harte Knochen am Kopf, so richtig festgezerrt und lächerlich — häßlich kam ich mir damit vor. Das Häßlichkeitsgefühl ging auch mit Demütigungen durch Armut einher, und so mußte z. B. die Lehrerin billige Wolle zum Handarbeiten für mich beschaffen, weil meine Mutter kein Geld dafür hatte.«

Die 2. Lebensphase »Im Klippenweg« bringt Anna nicht die erhoffte Wende oder eine wesentliche Verbesserung ihres Daseins. Es gelingt ihr zwar in der neuen Schule vorübergehend, die Aufmerksamkeit und Zuwendung der Lehrerin, Frau N., auf sich zu lenken. Sie fühlt sich aber immer noch weit davon entfernt »Wunschkind« zu werden. Hinzu kommen ihre z. T. vergeblichen Versuche, in der Schule mit den sozial besser gestellten Kindern mithalten zu können. Zu Hause nehmen Ordnungs- und Bestrafungsrituale und damit einhergehende Elendsgefühle weiterhin zu.

4. Kapitel

»Haus Zollak in S.«
(zehn bis fünfzehn Jahre)

Im Alter von zehn Jahren zog Anna erneut um. Ihr Vater bekam eine Stelle als Krankenpfleger und eine Dienstwohnung in einem psychiatrischen Kinderheim: »Haus Zollak« in S. Die Familie blieb dort ca. zehn Jahre. Auf Anhieb gefiel es Anna, in einem schloßartigen Anwesen mit einem riesigen Park zu wohnen. Sie lebte zum ersten Mal weitab von der Stadt, mitten in der Natur. Dem Vater hingegen schien der Umzug in die etwas einsame, abgelegene Gegend nicht so gut zu bekommen:

> »Der Alkoholismus meines Vaters wurde schlimmer in S. Es war für meinen Vater zu einsam dort. Er braucht Menschen um sich herum und was ihn ständig wurmte, war, daß er jetzt ausgerechnet eine Frau als Vorgesetzte hatte.
> Mein Vater soff dann stärker und häufiger, und ich erinnere mich an wüste Szenen: Ehezwist, Streit wenn Besuch da war.«

In den ersten eineinhalb Jahren nach dem Umzug fiel es Anna schwer, Anschluß an die neue Klasse zu finden. Wenn sie sich heute auf dem Klassenfoto die Gesichter genau ansieht, so bestätigt sich das: Es war hier niemand, zu dem sie sich emotional hingezogen fühlte. Für die neue Lehrerin, Frau B., konnte sie sich nicht begeistern. Erst ab der 6. Klasse gelang es ihr wieder, sich in die Lehrer zu verlieben und sich bei ihnen »lieb Kind« zu machen.

> »Die Verliebtheit in Herrn P. machte eher Spaß und war nicht so angsteinflößend, verkrampft und beklemmend wie meine Bindung an Frau N., die dafür aber ein ganzes Stück tiefer gegangen war. Von Herrn P. bekam ich nicht die unterschwellige Abneigung zu

> spüren, mit der ich eigentlich gerechnet hatte, und so war ich nicht belastet durch meine Gefühle. Ich glaube sogar, er mochte mich ganz gern, nicht etwa besonders gern wie Frau L. damals, aber ich weiß noch, daß ihm meine Aufsätze in Deutsch gefielen und ich sie ziemlich regelmäßig vorlesen durfte / mußte vor der Klasse, als gutes Beispiel. Mein Gefühl für ihn gab mir Aufwind und sowas wie Mumm in die Knochen. Ich war zwar auch öfter ziemlich verlegen und daraufhin wird dann, wie ich mich kenne, sowas von Albernheit gefolgt sein, solch ein Aus-der-Reihe-tanzen, um die Verlegenheit abzuschütteln, mich darüber hinwegzusetzen.«

Dieses schulbezogene Verhalten »Sich in den Lehrer verlieben: Aufmerksamkeit erregen« hielt Anna während langer Strecken ihrer Schulzeit durch — praktisch bis zur Schulentlassung nach der 10. Klasse der Realschule mit 15 1/2 Jahren.

Die *Vor-* und *Idealbilder* (Anna S., Wunschkind, Winnetou . . .) blieben in den ersten Jahren im »Haus Zollak« wirksam, auch wenn einige thematische Veränderungen oder Verschiebungen nicht zu übersehen sind.

> »Dann waren wir auch mit Herrn P. und noch einer Lehrerin im Schullandheim. Dort hatte ich mit Cosima nachts noch geredet und gelacht, und als die Lehrerin reinkam, war natürlich alles still. Sie fragte aber, wer da noch gelärmt hätte, und da sagte Cosima: »Anna.« Ich mußte aufstehen und draußen im Flur stehen. Da kam Winnetou wieder in mir auf, und ich stand mit verhärtetem Gesicht und starrte unbeweglich an die Wand vor mir.«

Im »Haus Zollak« mit dem verwilderten Riesenpark lernte sie mehr und mehr die eigene Lebensfreude mit dem Verhalten eines »Wildfangs« (in die Bäume klettern, wie ein wildes Pferd rennen . . .) zu assoziieren. Das Ideal »Wunschkind« verlor allmählich an Faszination. Es wurde für sie zunehmend ein Ideal, das viel mehr mit Sehnsüchten ihrer Mutter als mit ihren eigenen Wünschen zu tun hatte. Ihre neue, langjährige Freundin Angela ist auch nicht mehr — wie noch bei früheren Freundinnen, z. B. Anna F. — mit dem »Wunschideal« oder »Anna S.« in Einklang zu bringen. Angela entspricht eher dem Gegenbild zum Wunschkind: »Wildfang / Struwwelliese«. Die Freundin Angela war für Anna, ungefähr bis zu ihrem 14. Lebensjahr, eine sehr wichtige Stütze. Dann merkte sie, daß Angela sich frei verändern durfte, während sie im Alleingang ihre »Kindheit« fortsetzen mußte.

Beschämungen und Demütigungen

»Mit mir kann man alles machen«

Teilweise bedingt durch längere Trinkphasen des Vaters empfand Anna die Atmosphäre in der Familie als ziemlich düster, manchmal im krassen Gegensatz zu der idyllischen, naturfrohen Umgebung des »Hauses Zollak«.

Je älter sie wurde, umso demütigender und beschämender empfand sie die Kontroll- und Bestrafungsverfahren ihrer Eltern. Die folgenden kurzen Episoden illustrieren, wie allmählich in ihr ein Gefühl hochstieg, daß sie keinerlei Rechte auf Menschenwürde hätte bzw. die Eltern mit ihr praktisch alles machen könnten:

> »Ich erzählte Monika alles. Auch daß mein Vater öfter säuft, und daß meine Mutter sich dann nachts vor ihm versteckt auf dem Dachboden. Wie ich aufgewacht sei vom Knallen der Schlafzimmertür mitten in der Nacht, wie kurz darauf das Licht in meinem Zimmer angegangen sei, und mein Vater splitternackt und keuchend in der Tür gestanden habe und wutentbrannt: »Wo ist sie? Wo ist sie?« gesagt habe. Dann war er an mein Bett gekommen und in einer sentimentalen Stimmung. Er legte sich über das Bett, stank furchtbar nach Alkohol und fing an, mich abzuküssen und weinerlich zu sprechen: »Ich lebe ja nur für dich, ich habe dich doch lieb.«

Seit dieser Zeit (Anna war Anfang 13) bzw. den wiederholten Annäherungsversuchen ihres im Alkoholrausch schwärmenden Vaters, tauchten immer wieder bei ihr Ekel- und Haßgefühle auf, so daß sie, anders als in ihrer Vorschulzeit, keine eindeutig positive Gefühlsbeziehung mehr zu ihrem Vater empfinden konnte.

> »Das mit meinem Vater war, glaube ich, vor der Bekehrung gewesen. Ebenso folgendes: Meine Mutter wollte mir mit Gewalt das Fingernägelbeißen abgewöhnen. Eines Abends erschien sie mit Riemen an meinem Bett und band mir die Riemen um die Handgelenke. Fand darin aber keine Möglichkeit, die Riemen am Bett festzubinden. Etwas später kam ihr dann ein besserer Einfall. Sie hatte zwei Röhren aus dicker, fester Pappe entdeckt. Probeweise schob sie die Röhren über die Arme meiner Schwester und sagte: »So, nun probier mal, die Hände zum Mund zu kriegen.« Das ging nicht mehr. Die Pappe war fest genug. Nun bekam ich allabendlich diese Papphröhren über die Arme und mußte so schlafen. Ich fühlte mich

so tief beschämt und gedemütigt, als hätte ich keinerlei Recht auf sowas wie Menschenwürde, und als könne man mit mir alles machen.«

Melancholische Stimmung, Verlassenheits- und Wertlosigkeitsgefühl

Sicherlich im Zusammenhang mit der Atmosphäre zu Hause nahmen damals stunden- bis tagelange depressive Stimmungen, Verlassenheitsängste oder intensive Wertlosigkeitsgefühle bei Anna zu. Die dumpf-brütenden Stimmungen, das Verbrecher-Gefühl wandelten sich allmählich in der Pubertät entsprechende Formen, verloren dabei aber nicht an Intensität.

Bei der Schilderung ihrer Gefühlslage im Alter von 13, 14 Jahren fiel mir auf, daß Anna etliche Parallelen zu ihren heutigen Gefühlen sah, was auf sie wiederum deprimierend wirkte. Sie glaubte im Vergleich zur damaligen Gefühlslage keine wesentliche Entwicklung durchgemacht zu haben, und hatte den leisen Verdacht, daß dieser Zustand noch ein bis zwei Jahrzehnte weiter andauern könnte, was ihre depressive Stimmung erheblich verstärkte.

— Melancholische Stimmung

»Ich konnte mich damals nach irgendwelchen bedrückenden Szenen, — dank der Bücher — schon eine ganze Weile in eine Art von Melancholie einspinnen, in der ich es ganz gut aushielt. Ich erinnere mich z.B., daß ich das Buch »Bartje« von Anne de Vries las und es mir so vorkam, als sei das Leben für manche Menschen eben düster, und man könne sich daran gewöhnen. Dann ärgerte mich beinahe alles, was nicht zur Düsternis paßte an meinem Leben.«

Anna schildert diese melancholische Stimmung nicht nur als eine Reaktion auf konkrete Familienereignisse, sondern auch als eine Möglichkeit, sich aktiv in eine düstere Welt hineinzubringen.

Spätestens seit dieser Zeit scheint ein zyklischer Wechsel zwischen Höhen und Tiefen sich zu einem Wesenszug ihrer Personwerdung zu entwickeln.

— Verlassenheits- und Wertlosigkeitsgefühle

Die Besprechung von Verlassenheits- und Wertlosigkeitsgefühlen im Alter von 12, 13 Jahren nimmt Anna als Anstoß, über sich und ihre Gefühlsstürme nachzudenken, zumal sie noch heute darunter zu leiden hat. Anna sieht — von sich aus — einen direkten Zusammenhang zwischen einerseits dem Erleben des »Nicht-Dazugehörens« bzw. des »Verlassen-Seins« und andererseits der vermeintlichen Einstellung der Mutter ihr gegenüber, die Anna mit folgendem Satz deutlich ausdrückt: »Ich hatte öfter den nicht in Worte gefaßten Eindruck, die Ahnung, daß meine Mutter wünschte, ich sei nicht geboren worden, sondern sie hätte gleich meine Schwester gekriegt, und dann wäre alles anders gekommen.«

Damit geht auch ihre Selbstwahrnehmung einher, »viel Wind um nichts zu machen, selbstbezogen, wertlos oder wie ein Monstrum« zu sein. Das Häßlichkeitsgefühl, das durch ihre Gewichtszunahme in der Pubertät eine zusätzliche Bestätigung erfährt, trägt sicher dazu bei, diesen Verdacht zu erhärten und führt zu der Einstellung, daß sie diese »bittere Wahrheit« akzeptieren müsse.

Aus der Zeit vor ihrer Schulentlassung und ihrem Praktikumsjahr in der Schweiz berichtet Anna über zwei für sie damals vorherrschende Lebensereignisse und -themen:

»Meine Bekehrung« und »Meine erste Liebe«.

Die nähere Analyse beider Ereignisse ermöglicht uns einen Einblick in ihre Entwicklung zwischen 14 und 16 Jahren. Gleichwohl sind sie für das Verstehen der Weiterentwicklung der Biographie Annas von Bedeutung.

Meine Bekehrung

Kurz bevor sie 14 wurde, bekehrte sich Anna endgültig zu Jesus. In ihrer Lebenslinie wird dieses Ereignis durch ein kurzzeitiges, steiles Hoch, das erste in ihrer Entwicklung, graphisch dargestellt, (s. Teil II, Kap. 1).

> »Ich hatte auch schon Bekehrungsversuche hinter mir und rein gar nichts war mit mir passiert. Ich hatte nicht die geringste Veränderung in mir wahrgenommen. Am 11. Oktober war ich nach der Evangelisation eher zu Hause als die Eltern und ich ging gleich, ohne Licht zu machen, in mein Zimmer, kniete hin und bekehrte mich zu Jesus. Es war etwas kurz Entschlossenes: Ehe sich wieder eine andere Stimmung und Zweifel breit machen konnten, wollte ich das Büßergefühl ausnutzen. Ich wußte aber nicht, ob nun auch wirklich so etwas Entscheidendes geschehen sei und am nächsten Tag sagte ich zu Bruder W., ich hätte mich bekehrt. Ich sagte das in belanglosem Tonfall, und dann gings los: Bruder W. strahlte über das ganze Gesicht, umarmte mich, küßte mich, ich wußte gar nicht, wie mir geschah. Es ist Freude im Himmel über jeden Sünder, der Buße tut, jubelte er, zog ein Notizbuch raus, notierte das

Datum und sagte, an dem Tag sei ich für immer, unwiderruflich ins Buch des Lebens eingetragen worden.
Danach fing eine Kinder- und Jugendstunde an. Ich saß wie benommen auf meinem Stuhl, und dann stieg eine Freude in mir hoch, ich strahlte und leuchtete und solch einen inneren Jubel hatte ich bisher nicht erlebt. Es stimmt! Jesus lebt! Halleluja! So ging das nun immer, und dieser euphorische Zustand hielt lange an und ließ sich auch immer wieder auf's Neue anfachen in der folgenden Zeit. Die ganze Versammlung war in einem Erweckungstaumel. Bruder W. brachte den Heiligen Geist so richtig ins Brausen, und alle wurden angesteckt, jeder liebte jeden, alle Gesichter leuchteten. So sah ich das. Ich hatte auch an sämtliche Warenhäuser, in denen wir jemals was geklaut hatten, Wiedergutmachungsbriefe verschickt. Ich schrieb, ich sei jetzt ein Kind Gottes und bereue von Herzen, daß ich geklaut hätte und legte einen 10-Mark-Schein bei. Außerdem ein missionierendes Blatt.«

Zum ersten Mal in ihrem Leben erfuhr Anna bewußt ekstatische Gefühle der Freude, Liebe und Hingabe. Sie fühlte sich von Jesus und Bruder W. angenommen und ihnen zugehörig. Bedrückende Stimmungen und Gefühle von Verlassenheit und Wertlosigkeit wichen vor dem euphorischen, inneren Jubel. Neue, glücksverheißende Perspektiven schienen sich zu eröffnen. Auf jeden Fall: ein neuer Anfang war gemacht worden. Ähnliche, Tage- bis eine Woche andauernde ekstatische Zustände konnte Anna seitdem noch einigemale in z.T. noch gesteigerter Weise erleben (vgl. z.B. Teil III, Kap. 3).

Ihre Bekehrung brachte Anna in bezug auf die Eltern keinerlei Erleichterung. Die Mutter nahm es z.B. als Anlaß, um ihr zu beweisen, daß die Bekehrung »unecht« gewesen sei, daß es ihr nicht ernst mit der Nachfolge Jesu sei. Beweise dafür waren in Hülle und Fülle vorhanden: lauter Verstöße gegen die Gebote der Mutter.

Nach ihrer Bekehrung (z.T. auch wegen derselben) erlebte Anna noch quälender als vorher die zwischen Liebe und Haß schwankenden Gefühle zu ihrer Mutter. Das plötzliche Grimassieren oder das wilde »Furiengesicht« ihrer Mutter konnte sie immer noch — wie 10 Jahre zuvor — zutiefst erschrecken und neben Bedauern und Liebe auch Haßgefühle in ihrem Inneren schüren. Diesbezüglich erscheint mir die folgende Episode im Alter von ca. 14 $^1/_2$ Jahren exemplarisch:

»Es war damals öfter so, daß ich selbst meine alte Liebe zu ihr hochkommen fühlte. Ich erinnere mich, daß ich einmal auf sie zuging, als sie am Ausguß stand und Gemüse putzte, und sie umarmen wollte. Und wie sie dann zurückfuhr und mich so heftig von sich stieß, mit ihrem wilden Furiengesicht, daß ich rückwärts bis gegen die Wand taumelte und hinfiel. Du Judas, du, brüllte sie, erst triezt du mich bis aufs Blut und dann kommst du wieder bei mir an! Auch Judas verriet den Herrn durch einen Kuß! Ich habe dann versucht, »na, dann eben nicht« zu denken und wütend oder beleidigt zu sein, aber mein echtes Gefühl war auswegloses Elend. Es stimmt, daß ich sie haßte, wie ein Monstrum. Aber es stimmt auch, daß ich sie liebte, weil sie nichts dafür konnte und sie ja ganz anders war. Aber das mit dem Judas war schrecklich, denn ich glaubte, ich war wirklich mit einem liebevollen, echten Gefühl von Bedauern und Liebe auf sie zugegangen. Ich habe mich furchtbar erschrocken.«

Meine erste Liebe: Wolfgang

»Ein Vierteljahr nach meiner Bekehrung kam dann Wolfgang in unsere Klasse. Ich kam in den Klassenraum, und da saß in der allerhintersten Reihe auf dem letzten Stuhl in der Ecke ein Typ mit langem, dunklem Haar, runder Nickelbrille, Jeans und Bundeswehrhemd. Er hatte einen verächtlich-spöttischen Gesichtsausdruck und sah so von unten hoch, ohne den Kopf von seinen Armen zu heben. Diese Haltung, in der sich Stolz und spöttische Verachtung für den »Zirkus Schule« ausdrückte, traf mich gleich mit Bewunderung und Neid. Ich verliebte mich in Windeseile und mit Sturmesbrausen, aber das war ja »der Anfang vom Ende« und durfte einfach nicht sein. Wolfgang war die Versuchung des Satans, womit Jesus meinen Glauben prüfen wollte. Wie konnte ich zugleich Jesus lieben und bewundern, daß Wolfgang sich auflehnte gegen Schule, Eltern, gegen alles. Er machte laufend schweinische Witze der obszönsten Art, und so wie meine Verwirrung und meine Verliebtheit ihm gegenüber zutage traten, fing er an, mich mit seinen sexuellen Witzen und Anspielungen zu veralbern. Ich schämte mich meiner Kleidung, meines gesamten Aussehens und auch der Moral, die ich trotzdem vertrat. Ich stand stundenlang vor dem Spiegel und drückte an meinem Speck herum, um zu sehen, wie ich aussehen würde, wenn ich schlank wäre und wußte doch, daß es auf das Herz ankommt.

In der Sache mit Wolfgang war ich bis zuletzt, bis zur Schulentlassung mit 16 Jahren, überfordert von dem Versuch, mich nicht mehr zu verlieben. Meine Gefühle waren einfach nicht zu beherrschen, und ich wandte mich auch phasenweise vom Glauben ab innerlich und machte nur noch zum Schein mit. In der Zeit war es, daß ich sogar einmal zum Satan selbst betete, von mir aus könne er mich haben, wenn ich dafür so verwandelt würde, daß Wolfgang Interesse für mich bekäme. Ich konnte es nicht mehr aushalten.«

Ähnlich wie später in der Person Freds (s. S. 143) hatte Anna in Wolfgang jemanden vor Augen, der das, was sie innerlich empfand nach außen sichtbar darstellte: Nihilismus, Auflehnung, Verachtung gegenüber seinen Eltern und den Lehrern. Er war für Anna praktisch der erste »Aussteiger« und »Nein-Sager«, der sich vorgegebenen Werten verweigerte. In Wolfgang bekam Anna den Teil ihrer Innenwelt vor Augen geführt, der auf »kämpferische Autonomie und Freiheit« drängte. Das Verliebtsein in Wolfgang war eine Art Identifikation mit jemandem, der sich gegen Normen zur Wehr setzte und der möglicherweise ebenfalls unglücklich war. Psychisch war das eine Möglichkeit, inneren Widerstand, Selbstbehauptungswillen aufrechtzuerhalten, weil sie sich — z. T. durch die Bekehrung — verstärkt ihrer Mutter und ihren destruktiven Zugriffen ausgeliefert fand.

Die Alternative des Glaubens hätte vielleicht darin bestanden, das Leiden ohne Haß geduldig — wie Jesus — zu ertragen. Doch diese Alternative stand ihr auch nur offen, weil ihre Mutter ja selbst gläubig war, und die Bekehrung Annas stark anzweifelte.

In dieser Situation, innerlich zu ersticken, war für sie die Identifikation mit Wolfgangs Auflehnung eine Möglichkeit, Luft zu holen. Als verbindende Gemeinsamkeit zwischen ihnen stellte Anna sich sein »Leiden« vor, das ihn zur Auflehnung trieb, so daß sie in ihm von der inneren Realität her einen »Verbündeten« sah, jemand, der ebenfalls Außenseiter war, was ihn auch zum »Helden« machte.

Anna stand mit ihrer gleichzeitigen Liebe zum »Herren und Wolfgang« in einem tiefen Widerspruch und schweren Dilemma: Nach dem Vorbild Jesu zu leben und doch wegen Wolfgang einen Pakt mit dem Teufel zu riskieren.

Das seit dem ersten Krankenhausaufenthalt bestehende Lebensthema »Gut- vs. Böse-sein« erfährt hier eine pubertäre Umformung und Zuspitzung. Die gleichzeitige intensive Liebe zu Jesus und Wolfgang bringt sie in eine schier unerträgliche Gefühlslage, in der melancholische und euphorische Stimmungen ineinander übergehen, in der Verlassenheits-, Schuld- und Verliebtheitsgefühle einander ablösen. Der ständige Wechsel zwischen befreienden und quälenden Stimmungen, zwischen erhabenen, ekstatischen Hochs und bedrückenden, quälenden Tiefs ließ in Anna folgenden Eindruck über das Leben und die Welt entstehen: »Das Leben kam mir im geheimen wie eine einzige riesengroße Verarschung vor.«

Das Hin- und Hergerissenwerden zwischen Jesus und Wolfgang macht deutlich, daß sich Anna mit zwei (für sie) einander ausschließenden Welten oder Realitäten konfrontiert sah. Jede Entscheidung für die eine Welt war gleichzeitig als Entscheidung gegen die andere Welt zu verstehen. Eine Möglichkeit, die Welten von Jesus und Wolfgang in eine Einheit zu bringen, hätte sie sich zwar gewünscht, erschien ihr aber damals wie die Quadratur des Kreises. Weil es ihr nicht möglich war, zu relativieren oder Kompromisse zu schließen, wirkten die inneren Entscheidungskonflikte in ihrer Liebe zu Jesus und Wolfgang oftmals quälend. Trotz ihrer Bekehrung ging das Sich-Bekennen zum Versammlungsglauben und zur Person Jesu — über die charismatische Figur des Bruders W. — doch nicht so weit, daß sie ihre Liebesgefühle für Wolfgang hätte sofort vernichten wollen oder können. So fragte sie auch Bruder W. in der Sache mit Wolfgang um Rat. Prompt kam die Antwort: »Das ist eine Versuchung des Satans« und »Wer nicht für mich ist, ist gegen mich«. Diese sehr konkretistische Bibelinterpretation — zumal noch durch Bruder W., den sie als Vorbild ansah — verstärkte noch mehr ihre Seelenqual. Obgleich sie sich zu Jesus bekannte, wollte sie doch die Welt jenseits der Versammlung erkunden. Hinzu kam noch, daß die Sektenmitglieder, allen voran ihre Eltern, ihr in mannigfacher Hinsicht wie Heuchler vorkamen, die nicht wie die ersten Christen lebten. Diese Wahrnehmung war für sie Grund genug, sich nach anderen Lebensmöglichkeiten umzusehen und nach einer Antwort auf die Frage »was von allem war nun ernst zu nehmen?« zu suchen.

5. Kapitel

In der Schweiz (fünfzehn bis sechzehn Jahre)

Kurz nach ihrer Schulentlassung ging Anna für ein Jahr in die Schweiz. Sie leistete dort Aushilfsarbeiten in einem Kinderheim, das von einem reichen Versammlungsangehörigen »geleitet« wurde. Durch den Abstand von zu Hause merkte sie jetzt, daß auch weit weg vom Elternhaus ihre Ängste, Hemmungen und Depressionen fortbestanden. Ihr Kummer nahm noch eher zu, als sie feststellen mußte, wie tief sie im Vergleich zu den anderen Jugendlichen in ihren eigenen Problemen verwickelt war. Das Thema »Häßlich-Sein« rückte noch mehr in den Vordergrund, weil sie im Kinderheim richtig »auseinanderging«.

Die Arbeit im Kinderheim war sehr anstrengend. Um 7 Uhr morgens ging der Tag los für das Personal mit einer Gebetsversammlung. Abends um halb acht war der Tag herum. Freie Wochenenden gab es so gut wie nie. Jugendschutz gab es auch nicht. Erst bei dem Abschied, als ihr eine Arbeitsbescheinigung verweigert wurde, dämmerte es ihr, daß wohl mit der Arbeit und der Bezahlung nicht alles legal war. Sie fand es aber damals von Gott gewollt und geleitet, so wie der steinreiche Leiter des Heimes ihr einmal sagte: »Wir arbeiten hier nicht für uns, sondern für den Herrn.« Mit diesem Jahr im Kinderheim sind für Anna auch positive Erinnerungen verknüpft. So mochte sie es gern, von den Kindern umarmt zu werden und hatte dabei oft paradiesische Phantasien über schöne Menschen und liebevolle Kindererziehung.

Anna verliebte sich nacheinander in einen französischen Gruppenbetreuer, David, und in eine englische Gruppenleiterin, Jackie. Ähnlich wie bei ihrer ersten Liebe traute sie sich nicht, ihre Gefühle mitzuteilen, und so blieb es bei stark getarnten Bewunderungen oder heimlichen Hingabe-Phantasien. Besonders in bezug auf Jackie war sie in ihrer Bewunderung und Liebe so verkrampft, daß sie — wie sie sagt — in ein intensives »Verliebtheits-Panik-Gefühl« hineingeriet:

> »Dann verliebte ich mich auch noch in eine Engländerin namens Jackie. Mit der Jackie hatte ich eine Zeitlang sogar engeren Kontakt. Aber bald kam dann die Unruhe hinzu und dann der zu beherrschende Drang, sie zu streicheln, so wie es mir schon als Kind von sechs Jahren bei meiner ersten Lehrerin gegangen war und dann bei all den anderen Lehrerinnen. Ich glaube, ich bin ihrem Klavierspielgesicht nachgelaufen und war sogar dann unruhig, wenn wir zusammen waren, weil ich dann dieses Gesicht nicht immer oder nur selten wiederentdecken konnte. Schließlich habe ich dann die Nase voll gehabt. Ich habe so eine Art Selbsthaß und Verachtung und Panik gehabt, was mit mir überhaupt los ist. Weshalb ich solche verrückten Gefühle habe und für mich das ganze Verlieben einfach unerträglich war, beängstigend, unnormal. Ich wollte nicht gerade Selbstmord begehen, sondern die unerträgliche Stimmung verändern. Nach »oben« ging nicht, deshalb also kurz entschlossen nach »unten«. Ich hatte keine Tabletten, sonst hätte ich wohl wahllos Tabletten geschluckt. So wie Russisch Roulett — abwarten — was passiert, wenn ich dann ernsthaft krank bin oder sterbe, ist es eben auch gut. Solch eine Stimmung war das. Ich trank einen Becher Essig, weil ich dachte, jeder Tropfen Essig sei ein Tropfen Blut, und dann im Zimmer kippte ich noch einen Becher Weichspüler hinterher und hatte dann Magenschmerzen und lag im Bett. Der Arbeitstag war vorbei. Aber ich merkte, mir wurde nicht ernsthaft schwach, und meine Stimmung wurde auch nicht besser. Die Panik steigerte sich noch. Jetzt fällt's mir ein, dem ganzen Theater war überhaupt vorausgegangen, daß Jackie mich widerwillig weggeschickt hatte...«

Der Drang, Jackie zu streicheln und zu lieben wie die erste Lehrerin, Frau L., das Nachlaufen wegen des Klavierspielgesichts (vgl. hierzu ihre erste Erinnerung an das Gesicht und die Brosche der Krankenschwester) und die von Jackie erteilte Abfuhr lösten bei Anna Selbsthaß und Panik aus. Ihre Liebesphantasien wirkten auf sie dermaßen verrückt, daß sie Schluß mit ihrem Leben machen wollte. Später mit 17 und 22 Jahren wird sie versuchen, mit Gift und Tabletten Selbstmord zu begehen. Es waren wie hier schier unerträgliche, stark bedrückende Gefühle von Selbsthaß, Verlassenheit, Wertlosigkeit und ähnlichem mehr, die mit diesen Selbstmordversuchen einhergingen. Einseitig war auch eine in ihr tiefsitzende Annahme, die sich mit folgenden Worten umschreiben läßt: »Ich bin nicht das Wunschkind, ich gehöre zu den Schlechten, zu den Verdammten, Chancenlosen. Mein Leben steht unter einem schlechten Zeichen, es ist nicht wirklich wert, gelebt zu werden.«

Gegenentwurf (Woodstockfestival)

Die Zeit in der Schweiz wollte Anna nutzen, um sich vom Elternhaus emotional zu distanzieren und eigene Lebensziele und -anschauungen zu entwickeln. Allein der Gedanke, sie müsse nach der Schweiz ins Elternhaus zurückkehren und dort noch bis 21 (bis sie volljährig war) leben, war für sie zum Verzweifeln. Deshalb dachte sie oft darüber nach, auf welchen Grundlagen sie ihr weiteres Leben gestalten könnte. Dabei war es ihr hundertprozentig klar, daß sie gleichsam nach einer *Gegenwelt* zur Welt der Eltern und der Versammlung suchte. In diesem Zusammenhang wirkte der Film über das »Woodstock-Festival« auf sie wie eine Offenbarung. Eine »reale Gegenwelt« wurde ihr auf der Leinwand farbenfroh präsentiert. Die lebhafte, betroffene Art, mit der Anna in der Lebenslaufanalyse über dieses Filmerlebnis berichtete, machte deutlich, wie intensiv, nachhaltig und vielfältig der Woodstock-Film ihr Leben beeinflußte.

> »Dann kam der Film »Woodstock« nach Genf. Meine Freundin sagte, das wäre sehenswert, und das sollte ich auch unbedingt sehen. Und dann war ich durch den Film wieder zutiefst aufgewühlt: Ich war begeistert, als sei es eine Vision gewesen. Das, was ich mir nicht hätte träumen lassen, es mal so vorgeführt zu kriegen, daß Menschen ihre Gefühle ungehemmt ausdrückten und offen zeigten in ihren Gesichtern, im Tanz, in dem, was sie sagten, wie sie miteinander umgingen. Ich habe gedacht, da in Woodstock und unter diesen Leuten, wo man vor nichts Angst zu haben braucht, würde ich »ich selbst« sein. Wo jeder jeden umarmt, anlächelt, an- oder auszieht, was er will, wenn ihm danach zumute ist, wo man Kind sein darf nach Herzenslust und trotzdem kein Kind ist, sondern die Grenzen, Regeln, Zwänge, »Mauern der Erwachsenenwelt« niemals akzeptieren wird. Keine Anstands- und Verhaltensregeln mehr und schon sind die Menschen schön und frei. Der Phantasie freien Lauf lassen in der Wahl der Kleider und gemeinsam Mensch-Sein feiern anstatt zu rivalisieren. Für mich war die Konsequenz, daß man da gar nicht auf die Idee käme, jemanden auch nur durch einen Blick zu verletzen. Also ich war berauscht, für mich war es ein Erlebnis, da brauchte ich im Moment nicht viel zu denken, ich war »anders« in mir und weit weg vom Kinderheim. Ich dachte, mich nicht lange und umständlich verändern zu müssen.«

Der Film wühlte Anna tief auf und gab ihr viel neuen Elan. Von nun an lehnte sie sich offener gegen die christlichen Regeln auf. Bald darauf las sie Nachrichten über die Jesus People-Bewegung in den USA. Sie fing an nachzudenken, ob nicht — wie etwa Johnny Holiday darüber sang — Jesus Christus selbst ein Hippie war. Anderntags wurde sie aber von Zweifeln und Schuldgefühlen heimgeholt und glaubte dann eher, die ganze Hippie-Bewegung ginge doch vom Satan aus. In dieser Zeit hörte sie auch zum ersten Mal »bewußt« von Janis Joplin (vgl. Teil III, Kap. 2) und sah ihren ersten Hippie:

> »Einmal waren wir in einem ganz abgelegenen Ort und dort sah ich einen Typen mit langem Haar Kohle von einem Güterwagen schippen und sich dann zur Mittagspause ins Gras legen: ein Hippie! Ich staunte ihn an, machte mir Gedanken über sein abenteuerliches Leben, das ihn sicher hierher verschlagen hatte, um Erfahrung mit der Einsamkeit zu suchen und sich mit Gelegenheitsarbeit durchzuschlagen. Ich malte mir sein freies, selbstbestimmtes Leben aus.«

»Woodstock« war die Verwirklichung ihrer geheimen Phantasien und Utopievorstellungen. In dieser Welt würde sie sich anders als in der Versammlung und bei den Eltern frei bewegen und »ich selbst« sein können.

In einer »Woodstock-Welt« würde sie sich zugehörig fühlen und nicht etwa: gehemmt, ängstlich, minderwertig, häßlich, schlecht und böse. Anna empfand die Woodstock-Welt als eine Art von Wirklichkeit, wo das, was im normalen Alltag ihrer christlich-moralisch-disziplinierten Welt verpönt wird, gezeigt werden durfte. Sie fand diese Welt einfach schön und befreiend.

Sie fand es befreiend, daß man in Woodstock angstfrei sagen und zeigen konnte, was wirklich in einem vorgeht.

Mit »Woodstock« im Herzen und ihrem Plastikplattenspieler im Koffer kehrte Anna zu den Eltern zurück. Sie hatte dabei gemischte Gefühle. Denn allein schon aus dem Filmtitel und dem was Anna nach Hause darüber geschrieben hatte, schöpfte die Mutter den Verdacht, Anna habe einen Pornofilm gesehen und gab ihr das als Auflehnung gegen sie zu verstehen...

6. Kapitel

Zurück ins Elternhaus. Die Lehre (siebzehn bis neunzehn Jahre)

Kurz bevor sie 17 wurde, kehrte Anna aus der Schweiz ins Elternhaus zurück. Zu ihrem Empfang hatten die Eltern die Bodenkammer tapeziert und eingerichtet. Dort konnte sie nun ungestört ihren Plattenspieler laufen lassen und sich stundenlang Schallplatten aus ihrer kleinen Sammlung anhören. Alsbald fing sie als »Anlernling« in einem kleinen Übersetzungsbüro an, wo sie ca. 3 Monate blieb. Ihre erste Chefin, Frau I., schildert Anna so:

> »... und so gelangte ich zu meiner ersten Chefin, Frau I. Die Frau stand ihren Mann, das merkte man sofort, wenn man sie hörte und sah. Sie war korpulent und äußerst temperamentvoll, um die 50, trug grau-weißes Haar mit Seitenscheitel, glatt bis zum Hals. Das eine Augenlid hing ein wenig, weshalb sie den Kopf ziemlich weit in den Nacken zurücklegte, wenn sie einen musterte. Frau I.'s äußere Erscheinung wirkte nicht gerade gepflegt. So waren Rock und Bluse stets ziemlich angeknittert und Spuren von Essensresten keine Seltenheit auf ihrer Bluse. Vom Temperament her wirkte sie wie ein aufgeregter Wellensittich. Sie konnte so abrupt auf einen zukommen und einen an beiden Oberarmen fassen, als hätte sie einen Ausbruch von Begeisterung und dann wieder die tiefe Stimme: »Ja, Fräuleinchen, meinen Sie, wir sollten es mal miteinander versuchen? Was? ha, ha ha.« Da blieb mir gleich die Sprache weg, ich habe gleich: »Au backe, das wird hart« gedacht. Und wie sollte es da schon anders kommen, eben. Das dauerte keine drei Monate, da hatte die Frau mich geschafft. Aber gründlich.«

Zu Hause fiel es Anna bald auf, daß ihre Schwester in ihrer Abwesenheit zum Prügelkind geworden war. Sie hatte auch in der Schule Schwierigkeiten gehabt und war vom Gymnasium in die Realschule und dann von dort in die Hauptschule versetzt worden. Birgit wirkte auf sie depressiv, antriebslos. Eines Tages nahm sie Partei für ihre Schwester gegen die Eltern und brüllte die Eltern an: »Seht ihr nicht, was ihr aus der da gemacht habt? Daß die nur noch bedrückt herumschleicht, wie eine alte Frau?« Anna sieht in dieser für sie mutigen Tat den Anfang für die spätere Freundschaft mit ihrer Schwester. Von da an waren sie enger gegen die Eltern verbündet. Ihre Mutter aber wollte nicht, daß Birgit von Anna und ihren aufsässigen Gedanken, die sie schon in der Schweiz nach Hause geschrieben hatte, beeinflußt würde.

Die Atmosphäre zwischen Anna und ihren Eltern war ziemlich feindselig und bedrückend. Beschimpfungen und Prügelstrafen mit der Peitsche gab es, wie vor der Schweiz, weiterhin:

> »Prügel mit der Peitsche gab es auch nach der Schweiz wie gehabt auf dem Dachboden. Ich schleiche den langen Flur entlang auf die Tür zu, die zur Vollstreckungsstätte führt, betrete den Dachboden. Meine Mutter steht schon in der Ecke, mit der Peitsche hinter dem Rücken, wartend. Brennender Schmerz der Lederpeitsche. Ich bleibe mit verquollenem Gesicht auf dem Bretterfußboden liegen, höre erschöpft die sich entfernenden Schritte und das Geräusch der zuschlagenden Tür: Es ist vorbei.«

Es war auch für ihre Eltern ganz selbstverständlich, daß sie mittwochs und samstags mit zur Versammlung ging. Ansonsten hätte es Prügel gegeben. Sie rebellierte zwar innerlich. Dennoch war sie seit ihrer Rückkehr aus der Schweiz in einer Zwickmühle. Sie hatte sich noch nicht ernsthaft von Jesus abgewandt, der in ihr Gefühle und Gedanken an Liebe, Vergebung und Mitleid erweckte. Ihre Wut und Auflehnung empfand sie damals als im Widerspruch zur »christlichen Liebe und Vergebung« stehend und hatte deswegen auch bedrückende Schuldgefühle.

Im Elternhaus, in der Firma und in der Versammlung hatte Anna das belastende Gefühl, sich von ihrer »Woodstock-Welt«, von ihren Wunschzielen und Idealen immer mehr zu entfernen. Im Vergleich zur Schweiz und zu damaligen Freundinnen, die zum Teil schon mit einem festen Freund ausgingen, empfand sie die Entbehrung von vertraulichen Gesprächen, Zärtlichkeit, Intimität, Zusammengehörigkeit als besonders schlimm. Ihre Wünsche hielt sie wach, indem sie sich in Gedanken mit den Vorbildern aus der Schweiz beschäftigte.

»Das 'Woodstock-Festival' als Vorbild für eine Gemeinschaft von Menschen, die keine materiellen Werte suchten. Die Jesus-People als ein Vorbild für echte Christengemeinschaft: Sein Hab und Gut gemeinschaftlich teilen, so leben, wie die 'ersten Christen'.
Die Musiker, Sänger, Gruppen wie Neil Young, Leonard Cohen, Joan Baez, die Beatles, Stones, Bob Dylan und und und ... waren Vorbilder, weil ich durch sie die Verbindung hergestellt sah zum Teil der Menschheit, an den ich zwar den Anschluß verpaßt hatte, mich aber dennoch zugehörig fühlen wollte, so schwierig das auch war, vor allem wegen Jesus.«

Das Träumen und Nachdenken über ihre Vorbilder, Wunschziele und Idealwelt gab ihr einen gewissen Halt, um mit den alltäglichen Belastungen und ihren depressiven Stimmungen und Einsamkeitsgefühlen halbwegs fertig zu werden. Eines Abends, — sie war damals knapp 17 — war es im Büro und zu Hause besonders schlimm gewesen. Sie schlich depressiv durch das Dorf: Da sah sie Wolfgang, ihre erste Liebe aus der Schulzeit.

»Da sah ich Wolfgang und an seiner Seite ein schlankes, langhaariges Mädchen, beide lachten und hatten sich umgefaßt, ein Schäferhund lief neben ihnen her, das war wieder solch ein idyllisches Bild aus fernen Welten. Und ich mußte zurück nach Hause, Schuhe putzen, dann ins Bett und morgen ging es wieder weiter. Ein freudloser Tag wie der andere. Das Leben wurde immer schlimmer, da war es ja in der Schweiz besser gewesen als jetzt. Viel besser sogar ... obwohl ... als ich auf dem Dachboden die Schuhcreme aus dem Schrank holte, fiel mir unter den Reinigungsmitteln eine Flasche mit grellrosa Etikett auf: Vorsicht Gift! stand darauf und darunter prangte anschaulich ein Totenkopf. Ich nahm die Flasche und trug sie als Schlummertrunk in mein Zimmer, putzte die Schuhe, sagte gute Nacht und kehrte zurück in die Bodenkammer. Dort entstöpselte ich die Flasche, setzte kurz entschlossen an und trank den Rest, der noch drin war, aus. Es war so was ähnliches wie Terpentin-Ersatz, ekelhaft. Ich weiß noch, daß ich eine dämonische Freude empfand, als hätte ich mein ekelerregendes Leben hinuntergespült.
Mir war danach, hysterisch zu lachen. Ich hatte direkt Angst, daß es wieder so ein Flop werden würde wie in der Schweiz mit dem Essig und dem Weichspüler, nahm meinen Handspiegel und schaute erwartungsvoll, ob sich bald eine Wirkung zeigen würde, in mein Gesicht. Das sah dann tatsächlich so aus, denn mein Gesicht war stark gerötet, ich erinnere mich so, als habe es etwas aufgequollen

ausgesehen, als sei mir sehr heiß geworden und dann kriegte ich Atembeschwerden und legte mich hin. Mir war auch so, als könne ich meine Gelenke in den Armen kaum noch bewegen, ich hatte dann auch Angst, aber ich wollte auch nicht wieder zurück. Ich kotzte die halbe Nacht, und als meine Mutter morgens kam, deutete ich auf die Flasche mit dem Korken daneben und kam mir doof vor, denn ich lebte ja doch. Meine Mutter verschwand gleich wortlos mit der Flasche. Etwas später erschien sie wieder und verkündigte: 'Papa läßt dir ausrichten, daß du nicht mehr seine Tochter bist.' Dann ging sie wieder. Als sie erneut aufkreuzte, hatte sie inzwischen mit dem Hausarzt telefoniert und einen Zwieback in der Hand: 'Da, iß das. Der Arzt hat gesagt, solche Leute, die sich feige davonstehlen wollen, muß man hart anfassen. Du ißt jetzt den Zwieback und dann stehst du auf.' Weg war sie wieder. Ich war so schwach, daß ich kaum die Augen aufhalten konnte, das war so, als ging es weder vor noch zurück.«

Nach diesem Selbstmordversuch nahm Anna bald Abschied von Frau I. und fing bei einer neuen, größeren Firma eine Lehre als Fremdsprachenkorrespondentin an. Dort bekannte sie sich gleich als »entschiedene Christin«. Sie ging z. B. von Abteilung zu Abteilung und verteilte Traktate aus der Versammlung. Sie trug Anstecker, worauf zu lesen war: »Jesus liebt dich«, »Der Herr ist nah«. Anna fühlte sich damals nur noch auf der Welt, um Menschenseelen vor dem ewigen Verderben zu retten.

Im Vergleich zu ihrer vorangegangenen Dauerbedrücktheit lebte sie eine Zeitlang wieder richtig auf und knüpfte neue Kontakte, so z. B. zur 24jährigen Doris, »einem der reizlosen Versammlungsmauerblümchen«. Doris wohnte bei ihren Eltern und erwartete für sich selbst gar nichts vom Leben, — als habe sie ihr Leben schon hinter sich.

Anna bewunderte, wie gemütlich Doris ihr Zimmer eingerichtet hatte und versuchte auch, es sich in ihrer Bodenkammer häuslich zu machen. Durch Doris wurde bei ihr das Ideal »Wie Oma sein« bzw. das »Oma-Gefühl« wiederbelebt. In der Bodenkammer las sie die Bibel bei Kerzenschimmer und hielt Andachten ab, in denen sie Seelenfrieden empfand. Die Alltags- und Versammlungsrealität brachte alsbald aber die alten Konflikte wieder auf:

»Je nachdem, woher der Wind blies, trieb mein Seelenschiff mal näher zum Herrn und dann schwankte es wieder bedenklich der Welt und dem Satan entgegen.«

Sehnsucht nach Echtheit, Frieden, Freiheit, Liebe... vs. harte Realität

Die Radikalität ihres Jesus-Glaubens in der Zeit um 18 Jahre sieht Anna als Ausdruck ihrer Sehnsucht nach dem intensiven Erleben einer Glaubensgemeinschaft und nach einer ungehemmten, spontanen Äußerung von Gefühlen. Die Radikalität ihres missionarischen Verhaltens half ihr in der Firma und im Alltag, ihre vielfältigen Hemmungen und Unsicherheiten zeitweise zu überwinden. In vielerlei Hinsicht empfand sie sich wie in einem Korsett. Die nach außen vertretene Entschiedenheit für Jesus ermöglichte ihr, sich einer Gemeinschaft zugehörig zu fühlen, sich aus depressiv-melancholischen Stimmungen herauszuhelfen und den Wunschträumen nach intensiver Liebe, Frieden und Freiheit entsprechend zu verhalten.

Sehnsucht nach Echtheit

»Wenn ich in der Kindheit lernte, wie man sich verstellt, etwas vortäuscht, Effekte erzielen kann — so wollte ich später lernen, wieder echt zu werden. Deshalb auch die Sehnsucht nach Woodstock etc., und weil es dort nicht verpönt zu sein schien, Schwächegefühle, Weichheit, Hilflosigkeit auszudrücken. Ich erwähne das nochmal, weil es wichtig ist, um die Art der Unsicherheit vor meinen Chefs z. B. richtig zu verstehen und den Kontrast zwischen meinen Wunschträumen und den Rollenanforderungen in Versammlung, Firma, Alltag schlechthin. Meine Sehnsucht nach Echtheit bestimmte dann wenig später auch die Radikalität meines Jesusglaubens und meine intensiven Erlebnisse der Glaubensgemeinschaft.«

Träume von Frieden, Freiheit und Liebe

»'All you need is love' das war das Maß aller Dinge. Und ich sehnte mich nach Menschen, die das wußten, egal, ob sie durch dieses Wissen zugrunde gingen, wie die Rauschgiftsüchtigen, oder ob sie glücklich und befreit waren, wie David oder Bruder W., jeder auf seine Art. Ich konnte nur nicht verstehen, wie man seelenruhig im Alltagstrott dahinleben konnte, ohne durch sein eigenes Herz in Bedrängnis zu geraten.
Der Grund, warum ich mich so »fertig« fühlten konnte, hieß meistens 'Liebe'. Ich dachte ständig darüber nach, sah Traumbilder, Traummenschen, hörte Musik, dachte und fühlte — aber in Wirklichkeit liebte ich niemanden um mich herum, ich verachtete die meisten sogar, weil ich sie nicht lieben konnte.«

Die Sehnsucht nach Echtheit, die Träume von Frieden, Freiheit und Liebe standen für Anna nach wie vor in scharfem Kontrast zu ihrer wahrgenommenen Alltagsrealität. Dort fühlte sie sich oft unecht, gehemmt, verlogen, unfrei, mit sich und der Welt auf Kriegsfuß. So kam es zu einem intensiven, tiefe Bedrückungen hervorrufenden Widerspruch zwischen der äußeren Realität und ihren inneren Sehnsüchten und Traumvorstellungen.

In dieser Zeit (ca. 18 Jahre) fühlte sie verstärkt, daß sie selbst zu diesen erlebten Widersprüchen zwischen »Wirklichkeit und innerer Welt« aktiv beitrug, daß sie selbst zum Teil die Grenzen verwischte, das »Durcheinander« nicht von einem Dritten (etwa wie früher durch das widersprüchliche Verhalten der Mutter) sondern auch durch ihr aktives Zutun entstand.

Im »Jesus-Keller« fand sich Anna zum ersten Mal in ihrem Leben richtig integriert und zugehörig zu einer Gruppe. Sie zählte dort zu den eifrigsten Mitgliedern, erfüllte Funktionen, bekam Anerkennung. Hier waren Jugendliche gleicher Gesinnung, zu denen sie eine emotionale Zugehörigkeit verspürte, und sie fühlte sich »in ihrem Element«.

Aus heutiger Sicht ist sie fast der Meinung, daß damals die Weichen für ihr weiteres leben hätten anders »gestellt« werden können, wenn sie nicht gezwungen gewesen wäre, ein »Doppelleben« zu führen, sondern die Chancen gehabt hätte, mit in eine der WG's zu ziehen, die die Jesus-Leute damals bald bildeten. Doch dafür hätte sie entweder ohne Beruf sein oder im sozialen Bereich tätig sein müssen wie die anderen.

Ihr eigener Berufswunsch (Erzieherin) war ja auch »sozial« gewesen. Die kaufmännische Lehre bedeutete für Anna Entfremdung. Was dort im Büro erwartet wurde, widersprach gerade ihrem »Echtheitsideal«. Den Frauentypus einer tüchtigen Sekretärin (schick, modisch, geschminkt sein, gekünsteltes Benehmen) lehnte sie als Frauenklischee ab. Der Männertypus, den sie in Gestalt ihrer Chefs vor sich sah, verunsichert sie deshalb, weil diese Art von Männern und deren Verhältnis zu Frauen ihr ebenso fremd waren und keineswegs ihrem Ideal entsprachen.

Während Anna im 'Jesus-Keller' »sie selbst sein« lernte und dort auch unbefangen gegenüber denen auftrat, die sie bekehren wollte, war tagsüber im Büro ihr Leben von entgegengesetzten Prinzipien bestimmt, nämlich von weltlichen Idealen wie »all you need is money«.

Anna bemühte sich aktiv um die Lösung des Widerspruchs bzw. ihres Doppellebens (»Jesus-Keller-Welt vs. Büro-Welt«), indem sie den Abbruch der Lehre aktiv vorbereitete und durch planvolles »Versagen« in der Berufsschule dem Ausbrechen aus dem Doppelleben entgegenarbeitete.

Ein Gutteil der Jesus-Leute war erst mit 18 / 19 Jahren zum »Glauben« gekommen und kannte sich »in der Welt« aus, von der Anna hingegen ferngehalten worden war. Sie bekam zum ersten Mal *persönlichen Kontakt* mit diversen »Ausgeflippten« und ihren jeweiligen Lebensphilosophien. Auch zu Drogenabhängigen, denen sie sich ja schon in der Schweiz »seelenverwandt« fühlte. Es wurde dort diskutiert, so daß die Situation eine andere war, als in der Versammlung. In den Gesprächen wurde sie zum Denken und Zweifeln angeregt, was beim Predigen nicht der Fall war.

> »... und so war die Eröffnung des Jesus-Kellers *die* Antwort auf meine Suche nach ernstgenommenem, *gelebtem* Christentum.«

Während aber viele Jesus-Leute Paare bildeten und in eigene Wohnungen zogen, mußte Anna mit dem Zug nach Hause fahren in eine bedrückende Atmosphäre, in ihre einsame Bodenkammer. Durch den Neid auf die Freiheit und Liebesbeziehungen der »Jesus-People« fühlte sie sich den »Verlorenen« näher, die sich hin und wieder in den Jesus-Keller verirrten. Sie empfand die Jesus-Leute auf der Sonnenseite, sich weiterhin auf der Schattenseite des Lebens und hatte Schuldgefühle, weil sie immer weniger Glaubenskraft verspürte.

Der Ausweg lag für sie in der Identifikation mit dem Leben als »Trend«, mit den »Hippies« und in dem Plan, um die Welt zu reisen. Etwa zu dieser Zeit lernte sie einen jungen US-Amerikaner, Fred, kennen, in den sie sich verliebte, und den sie — erfolglos — zu Jesus bekehren wollte. Fred war für sie ein Traummensch, der erste »Hippie«, den sie näher kennenlernen konnte.

> »... seine gammligen Sachen trug er mit Selbstverständlichkeit, nicht auf provozierende Weise. Er war irgendwie echt und natürlich. Er kam sich keineswegs beschämt, gedemütigt und zu schade vor, dreckige Jobs zu machen...
> Daß sein Vater trank, und er also ebenso wie ich Probleme in der Familie kannte, war ein weiterer wichtiger Faktor, mich zu ihm hingezogen zu fühlen. Daß er mir auf meine Bitte erlaubte, sein Tagebuch zu lesen, stellte ihn mir auch als jemand dar, der nicht an festen Vorstellungen klebte. Der Inhalt des Tagebuchs — seine Erlebnisreisen — das waren meine Träume, die bei ihm Wirklichkeit geworden waren. Fred war der erste 'Tramp', den ich real kennengelernt hatte, so daß meine Träume mir durch ihn realistisch wurden.«

Durch die Bekanntschaft mit Fred bzw. ihre Identifizierung mit seinen Lebenswerten wurde Anna das »Jesus-Zentrum« zu eng, wenn es auch vorher eine erhebliche Veränderung im Vergleich zur Versammlung bedeutet hatte.

Fred ähnlicher werden hieß für sie, ihrem eigenen Selbst-Ideal ähnlicher werden. Freds Gedanken verrieten ihr eine Art Freiheit, eine »Meta-Ebene« zu der begrenzten Weltsicht des Christentums. Denn Fred definierte »Gott« anders, nicht bibel-dogmatisch. Er erhob keinen Anspruch auf absolute Wahrheit. Nach einigen Wochen reiste Fred weiter. Obgleich Fred Annas Verliebtheit nicht erwiderte, ließ sie doch nicht davon ab, ihm immer wieder Briefe zu schreiben, auf die er mit z. T. erheblicher Verzögerung antwortete. Der Briefkontakt dauerte ca. 6 Jahre. Dabei teilte Fred ihr mehr und mehr von seinen Gedanken und Gefühlen mit, nahm sie in ihrer Sinnsuche ernst, schenkte ihr Anerkennung.

Im Rahmen der Lebenslaufanalyse wurde Anna deutlicher, welche verschiedene »Sinnfunktionen« die Begegnung mit Fred und der anschließende langjährige Briefkontakt in ihrer Lebensgeschichte einnahmen. Wichtig scheint mir hier, daß Anna die Erfahrung machte, von ihren »Traum- oder Idealmenschen« anerkannt zu werden. Ferner merkte sie, daß sie sich soweit innerlich verändert hatte, daß sie sich nun in ihrem »realen Inneren« — nicht nur im Tagtraum — ihrem damaligen Ideal wesentlich näher fühlte.

Im Verlauf der Lebenslaufanalyse wurde zunehmend deutlich, wie wichtig und therapeutisch der Kontakt zu Fred für Anna gewesen war.

In dieser für sie sehr bewegten Zeit kündigte sie ihre Lehrstelle als Fremdsprachenkorrespondentin. Eine von ihr wahrgenommene Rolleninkongruenz und seitens des Arbeitgebers unzureichende Ausbildungsbedingungen hatten dazu geführt. Bald darauf zog sie von zu Hause weg. Letzteres kam etwas unerwartet für sie. Der Vater hatte nämlich Krach mit seiner Chefin bekommen und wurde versetzt. Da die Eltern eine kleinere Wohnung nehmen wollten, war für Anna kein Platz mehr vorgesehen.

Von da an bis zur Aufnahme ihrer Lebenslaufanalyse (gut 10 Jahre später) führte Anna fast täglich Tagebuch. Erst nach Beendigung der Therapie wurden mir Umfang und Wert dieser Lebenslaufdokumentation völlig bewußt. (Es sind ca. 3 Dutzend vollgeschriebene Bücher nebst etlichen Heften mit Abschriften von zahlreichen Briefen an Freunde.)

Nachdem ich etliche Tagebücher und Hefte durchgelesen habe, fällt es mir heute schwer, eine nicht all zu reduzierte Darstellungsform für diesen Lebensabschnitt zu finden.

Da ich mit diesem Buch nicht die Absicht habe, eine komplette Biographie Annas zu schreiben, sondern nur eine exemplarische Einführung in die biographisch-perspektivistische Psychologie, sowie in die Lebenslaufanalyse will ich nun die bislang eher chronologische Schilderung der biographischen Entwicklung Annas mit ihrem 19. Geburtstag und dem gleichzeitigen Auszug von zu Hause beenden und von jetzt an einer themenzentrierten Darstellung und Besprechung der Biographie sowie der Lebenslaufanalyse den Vorzug geben.

Um aber dem Leser eine Orientierungshilfe bei der Einordnung und Verarbeitung der im folgenden angesprochenen Lebensthemen und -ereignisse zu geben, schildere ich nun wichtige Stationen ihrer weiteren Biographie im 3. Lebensjahrzehnt.

Annas drittes Lebensjahrzehnt (19 bis 30 Jahre) läßt sich in zwei etwa gleich lange Abschnitte gliedern.

Der erste Abschnitt (19 — 24 J.) war für Anna eine sehr bewegte Zeit mit vielen neuen Erfahrungen. Sie versuchte, sich zunächst von vorgeschriebenen Werten loszumachen und verließ die normorientierte laufbahn (Heirat, Kinderkriegen, Berufsausbildung). Sie wandte sich auch vom Jesus-Zentrum und vom Jesus-Glauben ab. Gleichzeitig suchte sie nach neuen, inneren Lebensidealen. Bei dieser Suche war ihr der langjährige Briefkontakt mit Fred, ihrem amerikanischen Freund, eine wichtige Stütze. Anna wollte möglichst viel in ihrem Leben frei bestimmen und ihre eigenen Vorstellungen ein Stück weit verwirklichen. Äußere Zwänge und Regeln warf sie immer mehr ab, auch auf die Gefahr hin — zumindest zeitweise — in undurchsichtige, ja chaotische Lebensverhältnisse zu geraten. Schlag auf Schlag wurde sie mit Ereignissen konfrontiert wie Hunger, Armut, Diebstahl, Vergewaltigung, Räumungsklage etc. Durch die Identifikation mit Außenseitern (s. auch Identifikation mit Janis Joplin, S. 161) durch die Kontakte mit Hippies, aber auch durch die Lektüre von Hermann Hesse und Henry Miller entstanden Gefühle und Lebensweisen, die ihr eine Art spielerischen Umgang mit dem Leben — darunter »romantische Liebesepisoden« — vermittelten.

Zur Veranschaulichung dieser ersten Phase möchte ich einige wichtige Ereignisse und Erlebnisse in chronologischer Reihenfolge anführen.

Etwa ein halbes Jahr nach ihrem Auszug von Zuhause lernte Anna einen 23jährigen Inder kennen und geriet mit ihm in eine finanzielle Notlage. Eine Zeitlang wohnte sie in einem Slumviertel einer Großstadt. Sie lernte dabei u. a. das Leben von Fixern und Außenseitern unmittelbar kennen. Sie machte bei einigen LSD-Trips mit und ließ sich ein paarmal Heroin spritzen. Allerdings achtete sie darauf, nicht süchtig zu werden. Das erste Jahr nach dem Auszug von Zuhause war geprägt durch chaotische Wohn- bzw. Lebensumstände, schwere Zerwürfnisse mit den Eltern, anfängliche Konflikte mit ihrem Freund und körperliche Leiden, darunter eine im 4. Schwangerschaftsmonat erfolgte Fehlgeburt. Sie wurde etwas später noch einmal schwanger. Die Ausweglosigkeit ihrer Situation und nicht zuletzt die finanzielle Notlage veranlaßten sie diesmal abzutreiben. Bald darauf wurde Anna von ihrem indischen Freund getrennt, der aus Deutschland ausgewiesen wurde.

Anna unternahm dann einige Reisen ins Ausland. Sie fuhr z. B. zur Weinlese nach Frankreich und Spanien. Dort entdeckte sie neue Lebensweisen und verwirklichte ein Stück weit ihre Wünsche nach Selbständigkeit und Freiheit. Auf Reisen wurde sie besonders empfänglich für Neues, Ungewohntes. Sie genoß es, von Augenblick zu Augenblick zu leben. Sie lernte dabei auch neue Freunde — meistens Ausländer — kennen.

Gut zwei Jahre nach ihrem Auszug von Zuhause fand Anna einen Job bei einer Kolonne von Zeitschriftenwerbern (»Drücker«). Etwa zu dieser Zeit machte sie erneut einen Suizidversuch mit Tabletten und verbrachte einige Tage auf der Intensivstation. In der Werbekolonne wurde sie z. T. mit Gewalt festgehalten, öfter geschlagen und erst nach mehreren Monaten gelang es ihr mit Hilfe der Polizei wieder freizukommen.

Bei der nächsten Weinlese in Südfrankreich verliebte sich Anna in einen Franzosen »Rafa«. Sie fühlte sich auf Anhieb mit ihm auf gleicher Wellenlänge. Beide teilten eine ähnliche »Lebensphilosophie«. Jeder gab dem anderen Kraft.

Ihre Träume vom »Hippie-Leben« konnte Anna während des Reisens und der Weinlesezeit zu einem Gutteil verwirklichen. Die Liebesbeziehung zu Rafa beschrieb Anna als eine der schönsten in ihrem bisherigen Leben. Zum ersten Mal erlebte sie einige Wochen lang tiefe Verbundenheit und Liebe, eine Art Harmonie-Gefühl. Rafa war für sie wie ein Traum-Mensch. Die Beziehung zu ihm gestaltete sich auch viel direkter und problemloser als zur Zeit des Jesus-Kellers mit dem jungen Amerikaner »Fred«. Beide, Rafa und Anna, wußten aber, daß sie keine gemeinsame Zukunft hätten.

Wieder Zuhause verliebte sich Anna alsbald in einen jungen, türkischen Straßenmusikanten, der wie ein »amerikanischer Hippie« aussah. Sie reiste in die Türkei, bemühte sich, dem neuen Freund bei der Beschaffung einer Arbeitserlaubnis in Deutschland behilflich zu sein. Sie selbst fand auch eine Stelle als Fabrikarbeiterin in einem größeren Konzern, wo sie ca. 1 1/2 Jahre lang blieb. Beim nächsten Urlaub unternahm Anna allein eine Reise nach Marokko, wo sie sich in einen Italiener verliebte. Dort in Marokko erlebte sie einen »absoluten Höhepunkt«. Nach ihrer Rückkehr lernte sie einen norwegischen Hippie und Straßenmusikanten, Helge, kennen. Das Zusammensein mit ihm war zwar von kurzer Dauer: einige Tage. Anna erfuhr aber ähnliche Gefühle zu Helge wie zwei Jahre zuvor Rafa gegenüber. Anders als bei Rafa wünschte sie sich mit diesem neuen

Freund eine dauerhafte Beziehung. Erst 2 ½ bis 3 Jahre später konnte sie sich endgültig von dieser Vorstellung distanzieren.

Der zweite Abschnitt (ca. 25—30 Jahre) ist vor allem durch eine Hinwendung zu einer planvollen, ausbildungsorientierten Lebensgestaltung gekennzeichnet.

Durch die Beziehung zu Klaus, einem deutschen Band-Musiker, ihrem Gitarren-Lehrer, kam es bei Anna zu einem Umbruch in ziemlich kurzer Zeit (ca. 1/2 Jahr). Klaus, der an der Uni längere Zeit studiert hatte, war in vielerlei Hinsicht ein Leistungs- und Erfolgsmensch. Einfache Einteilungen à la Hermann Hesse zwischen »Idealisten« und »Materialisten« oder zwischen »Außenseitern« und »Angepaßten« galten im Fall »Klaus« nicht mehr. Klaus stellte für Anna eine Herausforderung dar. Er wurde ihr zum Maßstab und sie geriet immer mehr in eine tiefe »Selbstwertkrise«. Sie sah ihre vorherige Orientierung aus einer neuen Perspektive und wurde zunehmend unzufrieden mit ihren selbst herbeigeführten Lebensumständen. Sie schämte sich ihrer romantischen Träumereien, wollte ihr Hippie- bzw. Außenseitersein loswerden.

Anna wollte nicht mehr gesellschaftlich abseits stehen, sondern wie Klaus zu einer »progressiven Linksgruppe« der Gesellschaft gehören. Dementsprechend engagierte und bildete sie sich zusehends politisch. Ferner erkannte sie in der Auseinandersetzung mit Klaus »Bildungswerte«. Sie setzte sich als festes Ziel, ihr Abitur nachzuholen und besuchte vier Jahre das Abendgymnasium, um später studieren zu können.

Die etwa zweijährige Beziehung zu Klaus erlebte Anna überwiegend »negativ«. Sie trennte sich schließlich von ihm, weil sie sich viel zu stark ausgenutzt fühlte.

Anna reiste dann nach Norwegen, um endgültig aufzuklären, was mit ihrem früheren Freund Helge los sei. Sie erfuhr dort, daß Helge sich ganz anders entwickelt hatte, und das, was einst ihre große Liebesbeziehung war und für sie knapp 3 Jahre lang anhielt, endgültig zu Ende war.

Nach ihrer Rückkehr aus Norwegen erfuhr sie — für sie unerwartet — ein ähnliches seelisches Hoch wie in Marokko Jahre zuvor (vgl. Teil III, Kap. 3).

Neben dem Abendgymnasium arbeitete Anna gelegentlich als Schreibkraft. Ab und an knüpfte sie neue Liebesbeziehungen und machte dabei einige deprimierende Erfahrungen mit — wie sie sagt — »Dreiecksgeschichten«. Immer wieder fühlte sie sich einsam, traurig, minderwertig, wertlos ...

Nach bestandenem Abitur bemühte sich Anna um einen Studienplatz in Sozialpädagogik oder Soziologie an einer Universität. In dieser Zeit, nicht zuletzt wegen z. T. quälenden Einsamkeits- und Wertlosigkeitsgefühlen, aber auch aus Interesse an einer vertieften Selbsterfahrung fing Anna bei mir eine systematische Lebenslaufanalyse an, die ein knappes Jahr dauerte.

III. Teil

Themenzentrierte Lebenslaufanalyse

»Jeder Mensch erfindet sich früher oder später eine Geschichte, die er für sein Leben hält.«

Max *Frisch* (Aus: »Mein Name sei Gantenbein«, Frankfurt / M. 1964, S. 45)

1. Kapitel

Das Familiengenogramm

Während der Lebenslaufanalyse zeichnete Anna ein »Familiengenogramm« (vgl. Teil I, Kap. 4). Mir fielen auf Anhieb folgende charakteristische Merkmale in ihrem Genogramm auf:

— Anna verfügt über erstaunlich viel Wissen über die ca. drei Dutzend Personen, die im Genogramm auftauchen.
— Sie selbst zeichnet sich fast in der Mitte eines DIN A-3-Bogens, aber deutlich dem Familienteil des Vaters zugehörig.
— Sie scheint heute die Einzige der Familie zu sein, die ohne Partner lebt.
— Sie scheint die Einzige zu sein, die ein Hochschulstudium anstrebt.
— Auf beiden — väterlicher wie mütterlicher — Familienseiten gehören die meisten Verwandten christlichen Sekten an, wie: »Versammlung, Zeugen Jehovas, Pfingstgemeinde« etc.
— Großväter, Vater, einige Onkel und Vetter waren / sind Alkoholiker. Beruflich sind sie meist Arbeiter oder Handwerker. Berufe wie Laienprediger, Krankenpfleger, Hafenarbeiter sind in ihrem Familienverband nicht untypisch.
— Obgleich sie etliche Kusins und Kusinen in ihrem Alter hat, besteht außer zu einer einzigen Kusine praktisch kein Kontakt mehr.

Die Genogrammanalyse und -besprechung konzentrierte sich vor allem auf die engere Verwandtschaft: Großeltern, Eltern und Schwester. In diesem Zusammenhang befragte Anna ihre Eltern über ihre Kindheit, deren Eltern und Geschwister. Sie schrieb eine kurze Biographie über die voreheliche Zeit ihres Vaters und ihrer Mutter. Darüber hinaus schilderte sie, z. T. auf der Basis der Familien-Fotoalben, die ersten Ehejahre ihrer Eltern.

Therapeutisches Ziel war dabei, Anna mehr Einblick in ihr Familiensystem und mehr Verständnis für ihre Position und ihren Anteil in und an diesem System zu gewinnen. Der Klientin wurden im Zuge der Genogrammbesprechung mindestens zwei Aspekte klarer verständlich:

— Die transgenerative Geschichte der Kindesmißhandlung: Oma schlägt Mutter, Mutter schlägt Anna. (Anna möchte aber kein Kind haben).
— Ihre einsame Stellung im Familienverband. Sie löst sich von dem Familiensystem, lehnt die »Versammlung« ab, distanziert sich zusehends von ihrer Schwester. So sehr diese Entwicklung ihr einleuchtet — sie hat hierfür »viele und gute Gründe« — fragte sie sich auch, ob sie es schaffen kann, eine neue Gemeinschaft oder Familie zu finden oder — wenn nicht — allein zu leben, »ohne sich einsam und elend zu fühlen«.

Das Malen und Sprechen darüber vertieften die Erkenntnis familiensystemischer Bedingungen ihrer Entwicklung. Beide Punkte waren Anna bereits vor der Lebenslaufanalyse bewußt.

Für mich als Therapeuten war das Genogramm von großer Bedeutung, da ich dadurch anfing, Annas Lebensgeschichte und Lebenslage tiefer, gleichsam solidarischer zu verstehen, was sich auf die Fortführung der Therapie positiv auswirkte.

Im folgenden möchte ich auf ein paar Genogrammausschnitte, die die Eltern betreffen, näher eingehen. Damit möchte ich auch zeigen, daß die familiengenographische oder transgenerative Darstellungs- und Reflexionsarbeit den interaktiven Verständigungs- oder Verstehensprozeß zwischen Klient und Therapeut erheblich fördern kann.

Schon mit 17 / 18 Jahren hat sich Anna auf ihre Art mit ihrem Familiengenogramm beschäftigt:

> »Das geschah alles so ungefähr in der Zeit, als ich von der Schweiz zurück war. In der Bibel steht, Gott verfluche bestimmte Sünder bis zur dritten Generation. Ich habe mir darüber komische Gedanken gemacht, mein Opa ein Säufer, mein Vater und dessen Bruder ebenfalls. Birgit und ich wären die dritte Generation. Der Mann von dem angenommenen Kind meines Opas war ebenfalls Alkoholiker. Soweit der Fluch auf der Familie väterlicherseits. Von der Familie meiner Mutter her: Meine Oma war sadistisch, meine Mutter ebenso, die dritte Generation waren wir ... Es gab manchmal solch ein selbstmitleidiges Gefühl von geboren unter einem schlechten Zeichen, und ich sorgte mit dafür, daß ich mich mit den von vorn-

herein Chancenlosen identifizierte, d. h. meine Chancen so ausweglos verdammt interpretierte.«

Kurz vor Beginn der Lebenslaufanalyse äußerte sie mir gegenüber ähnliche Sorgen. Ihre zentralen Überzeugungen oder Glaubensannahmen waren in der Tat:

- »Ich bin unter einem schlechten Zeichen geboren.«
- »Ich gehöre von vornherein zu den Chancenlosen.«
- »Ich stehe allein da. Niemand kann mir helfen. Ich muß es, wenn überhaupt, allein durchstehen.«

Auch wenn die intensive Lebenslauf- und Genogrammanalyse die Radikalität dieser Kernannahmen und gefühlsmäßigen Einstellungen in Bezug auf ihre Person und die »dritte Generation« abschwächen konnte, hat doch kein endgültiger Durchbruch stattgefunden, der diese oder ähnliche Überzeugungen ein für alle Mal als obsolet erscheinen ließe.

Wenngleich ich ihre pessimistische, z. T. einseitig negative Darstellung ihrer Familie nicht teilen konnte, schien der folgende Satz für weite Teilsysteme der Verwandtschaft doch zu stimmen: »Die Männer trinken; die Frauen sind mit den Nerven fertig.«

Meine Mutter

»Meine Oma war sadistisch, meine Mutter ebenso«

»Als meine Oma 15 Jahre alt gewesen war, hatte sie Diphtherie gehabt und sie muß sich wohl in dieser Zeit furchtbar zurückgesetzt und benachteiligt gegenüber anderen vorgekommen sein und zugleich die Aufmerksamkeit durch Mitleid, Pflege und Sorge äußerst genossen haben. Krankheit, Leidensmiene und Jammern blieben jedenfalls ihr ganzes Leben hindurch ihre persönliche Fasson, um selig zu werden. Meine Oma kriegte zunächst einen Sohn, und knapp zwei Jahre später eine Tochter. Meine Mutter ist ein Nachkömmling und kam erst 10 Jahre später zur Welt, als ihr Vater schon mit offenem Kehlkopf-TBC sterbenskrank war. Wegen der Ansteckungsgefahr kam meine Mutter gleich nach ihrer Geburt in ein Säuglings- und Kinderheim in M. und blieb dort, bis ihr Vater tot war. Er starb als 46jähriger (drei Jahre später), und meine Oma blieb mit drei Kindern zurück und war mit 34 Jahren Witwe. Sie hat auch nicht wieder geheiratet.«

Die Mutter Annas wurde als Nachkömmling geboren und kam gleich nach der Geburt in ein Säuglings- und Kinderheim. Der Start der Mutter Annas ins Leben fand unter extrem erschwerten familialen Bedingungen statt. Möglicherweise war sie von der Großmutter Annas als Nachkömmling und auch beim todkranken Vater unerwünscht. Ihre ersten drei Lebensjahre verbrachte Annas Mutter in einem Kinderheim, was dem Aufbau einer stabilen Mutter-Kind-Beziehung entgegenstand. Sicherlich wirkte sich das Fehlen dieser Erfahrung auf die emotionale Beziehung zu ihren eigenen Kindern aus.

> »Die Kindheit meiner Mutter war für sie die Hölle. Meine Oma war hart und verbittert und behandelte meine Mutter und Tante M. mit sadistischer Grausamkeit. Sie verschonte nur Peter, der als Sohn eine Sonderstellung einnahm. Gegessen wurde z. B. zu viert um den Tisch: zwei Stühle für Oma und Peter, zwei Hocker für Maria und meine Mutter. Das Stück Fleisch war nur für Peter, als 'der Mann im Haus'. Und als sei er Vater und nicht der Bruder meiner Mutter, bekam er den Auftrag, Trachten Prügel zu verabreichen. Zum Brot holen schickte meine Oma sie bis in die 5 km entfernte Innenstadt, zu einem ganz besonderen Bäcker, dessen Brot ihr besser schmeckte. Und wenn es zu lang dauerte, gab es Prügel. Für alles gab's Prügel und zwar so, daß meine Mutter blutige Striemen davon zurückbehielt. Da meine Oma sich ja für krank hielt, mußte meine Mutter ständig putzen und erhielt auch dafür Prügel, dabei versuchte sie immer wieder, alles recht zu machen, sogar noch mehr zu machen, um mal ein Lob zu hören. Als sie aus der Schule nach Hause kam, da stand meine Oma zum Empfang hinter der Tür mit dem Stock hinter dem Rücken — wie so oft. Der Grund war diesmal, daß sie ihr Nachthemd auf einem Stuhl liegenlassen und das nicht gesehen hatte, weil das Tischtuch über den Stuhl hing. Meine Mutter sagt selbst, sie habe sich immer nach dem Warum gefragt bei den Prügeln, die sie bezog und hätte die Ungerechtigkeit als das Schlimmste empfunden. Deshalb hat sie sich damals schon geschworen, daß sie ihren Kindern genau sagen würde, weshalb sie sie bestrafe, wenn das mal nötig sein würde. Daraus ist dann später dies Zeremoniell geworden: Vorher die Frage 'Weißt du, wofür du sie jetzt kriegst?' Dann genaues Aufzählen, wobei die Wut zunahm, dann die Prügel selbst, dann hatte ich zu kommen und zu sagen: 'Ich weiß, daß ich sie zu Recht gekriegt habe' und mußte sie um Verzeihung bitten.
>
> Meine Mutter hatte keine Freundinnen, wohl weil sie ja nie raus durfte zum Spielen. Und besonders beliebt war sie auch nicht, weil sie wohl unausgeglichen war und zwischen schwermütig-brütenden

Stimmungen und unausstehlichem Bewegungsdrang schwankte. Meine Mutter hat sich ständig vor den anderen geschämt, das war wohl so eines der beherrschenden Gefühle, seit sie durch die Schule unter Menschen kam. Meine Mutter schämte sich, weil die Kinder aus besseren Familien helle Kleidung trugen, sie aber ständig dunkle Sachen tragen mußte, die meine Oma selbst nähte, um Geld zu sparen. Meine Mutter sah ständig neidisch auf die anderen. Sie schämte sich, weil sie keine andere Frisur als lange Zöpfe und Mittelscheitel tragen durfte, womit sie wie ein 'Mondgesicht' ausgesehen habe, sagt sie.«

Aus diesen wenigen Auszügen dürfte schon klar hervorgehen, wieviele Parallelen zwischen der Kindheit Annas und derjenigen ihrer Mutter vorhanden sind. Der Leser, der die Abschnitte über »Bestrafungsrituale« oder »Regel- und Ordnungssysteme« gelesen hat, wird die fast identischen Erziehungsformen und die Ähnlichkeit der damit verbundenen Erlebnisse bei der Mutter und ihrer Tochter wohl feststellen müssen.

Anna führt ihre Analyse fort und glaubt doch mehr sadistische »Klugheit und Raffinesse« bei ihrer Mutter als bei der Oma zu finden, so z. B.:

»Meine Oma war auch in der Härte anders als meine Mutter. So empfinde ich das jedenfalls. Meine Oma war auch auf gedankenlose Art sadistisch. Sie ließ an meiner Mutter einen unpersönlichen Haß aus, aber meine Mutter sah überall Absichten und meinte mich persönlich, rüpelte und bestrafte mit Überlegung, um was zu erreichen.«

Nebenbei bemerkt fanden die Bestrafungsrituale für Anna (bis sie 7 Jahre wurde) im Haus der Oma, wo ihre Mutter im Keller ausgepeitscht und eingesperrt worden war, statt. Man mag hier an Loyalität der Mutter zur Oma, Traditionstreue oder Wiederholungszwang denken; für den heutigen Beobachter handelt es sich eindeutig um sadistische Kindesmißhandlungen. Vom damaligen Blickwinkel der Mutter Annas aus gesehen, ging es bei der Erziehung ihrer »schwer erziehbaren Tochter« um gerechte Bestrafung. Prügel und Peitschenhiebe, die sie von ihrer Oma bezog, waren meist ungerecht und unmotiviert. Wenn man bereit wäre, die Perspektive der Mutter einzunehmen, dann würde es sich nicht um eine bloße Wiederholung handeln, sondern um eine wesentliche Neuformung: weg von der sadistischen Kindesmißhandlung — hin zur gerechten Bestrafung / Erziehung.

Ab 18 Jahren arbeitete Annas Mutter in verschiedenen Haushalten.

Dabei lernte sie eine — wie sie sagt — »Musterfamilie« kennen, die ihr Lebensideal wurde.

> »Das war eine wohlhabende Familie mit mehreren Kindern, die alle ein Instrument spielten und wo man abends gemeinsam musizierte. Die älteren Kinder gingen pro forma mit den jüngeren Kindern zu Bett und standen, sobald diese schliefen, wieder auf, damit die jüngeren nicht merkten, daß sie länger aufbleiben durften. Meine Mutter war von dem harmonischen Einvernehmen und Umgangsformen sehr ergriffen. Die dunkellockige 'Anna' nach der ich meinen Namen erhielt, gehörte zu dieser Familie. Sie spielte Geige bei der Hausmusik.«

Mit 22 Jahren lernte sie Annas Vater kennen und zog alsbald weg von zuhause. Die ersten vier, fünf Ehejahre waren hart. Ihr Mann war zeitweise arbeitslos und TBC-krank. Die Mutter ging als Zimmermädchen in ein Hotel arbeiten. Seit der Geburt Annas ist die Mutter nur noch sporadisch arbeiten gegangen. Die Biographie ihrer Mutter (vor den Ehejahren) schließt Anna mit der folgenden, selbstbezogenen, sinnträchtigen Anmerkung:

> »Ich glaube, daß meine Mutter an meinem Vater und auch an uns Kindern vieles von dem ausgelassen hat, was sie als Kind gerne ihrer Mutter ins Gesicht gesagt hätte, statt dessen aber als inneres Streitgespräch in sich hineingefressen hat. Und das ist bei mir ganz ähnlich oder genauso. Ich habe ja auch jahrelang gegen meine Mutter haßerfüllte Gefechte im Geheimen geführt, das ist so, als sei damit ein grimmiger Spaß an absurden Streitgesprächen, Nervereien und rechthaberischer Beharrlichkeit vorbereitet worden. Ein quälerischer Spaß, dem hinterher Niedergeschlagenheit, Bedauern und Schuldgefühle folgen.«

Mein Vater

Im Rahmen der Familiengenogramm-Besprechung regte ich Anna an, sich intensiver als bisher mit dem Leben ihres Vaters zu befassen. Ähnlich wie für ihre Mutter schrieb sie einen längeren Bericht über ihren Vater. Dieser Bericht bestand einerseits aus Erzählungen von ihren Verwandten und Eltern, andererseits aus eigenen Erinnerungen, Meinungen und Gefühlen in bezug auf ihn.

Ähnlich wie bei der chronologischen Lebenslaufrekonstruktion wurden bestimmte Situationen oder Szenen wiedererlebt bzw. in ihrer kognitiv-emotionalen Relevanz für die persönliche Weiterentwicklung Annas thematisiert.

Da ich bei der Genogramm-Besprechung — soweit wie möglich — Informations- und / oder Erlebnisberichte über die Großeltern einbeziehe, beinhalten einige der folgenden zitierten Aussagen Informationen über die Großeltern väterlicherseits.

> »Mein Vater ist der mittlere von drei Brüdern, die Schlag auf Schlag geboren wurden: Als erster Herbert, zwei Jahre später mein Vater, und der jüngste, Heinz, ein Jahr danach. Die wenig schmeichelhaften Schilderungen über den Vater meines Vaters habe ich von meiner Mutter erzählt gekriegt. Mein Vater versucht meistens, nichts auf seinen Vater kommen zu lassen, gemäß dem Bibel-Gebot 'Ehre Vater und Mutter'. Sich niemals gegen seinen Vater aufzulehnen ist ein eisernes Gebot für meinen Vater, wovon das Gleichgewicht der Welt abhängt. Zugleich aber sträubt sich sein Gefühl bei der Erinnerung an die Schwächen seines Vaters. Er gesteht es sich nur nicht zu, das offen zu äußern. Schweigen tut mein Vater über den Hauptgrund des Verdammungsurteils, das meine Mutter über den Opa fällt: nämlich, daß er ein Säufer war, der seine Frau tyrannisierte. Wenn sie den Schnaps vor ihm versteckte, so faßte er nur mit dem Arm in den Geschirrschrank und drohte ihr so, alles auf die Erde zu fegen, und schon sei die Oma gesprungen und habe sich gefügt. Mein Opa hatte keinen Beruf gelernt. Er war im 1. Weltkrieg dabei, ein wenig aufzusteigen, sagt mein Vater, als der Krieg dann aber aus war, war auch die 'Karriere' vorbei. Soviel ich weiß, hat Herbert als einziger nie was mit Alkoholismus zu tun gehabt. Er hatte starkes Asthma. Heinz und mein Vater wurden Phasentrinker. Mein Vater zeigt vor, was er erarbeitet hat oder was er hat, z. B. auch mich, aber er selbst macht sich klein, bemüht sich, sympathisch zu sein, ist hilfsbereit und bietet allen seine Dienste an. Er ist mißerfolgsorientiert und gibt sich hilfloser als er ist. Mein Vater tut sich auch als Spaßmacher hervor, geht dabei viel zu weit und macht sich lächerlich, merkt nicht, wie die anderen ihn anspornen, um ihn auf die Schippe zu nehmen oder merkt's und kann's auch nicht mehr ändern. Aber vielen ist er dabei sympathisch, sie lachen sich tot, wenn er so drauf ist.
> Als mein Vater sieben Jahre alt war und gerade das 1. Schuljahr hinter sich hatte, zog die Familie auf ein kleines Dorf, weil das Leben auf dem Lande billiger war. Mein Vater kam in eine Dorfschule, wo sämtliche Altersstufen gemeinsam in einer Klasse unterrichtet wurden, und man kaum etwas lernte. Mein Vater war ehrgeizig

und hätte es gern zu was gebracht und gelernt. Er beschreibt sich als schwermütigen Einzelgänger, der keine Freunde gehabt hätte. Mit 16 Jahren wurde mein Vater mit der Hitler-Jugend in die Pfalz verschickt und da lernte der dann 'Minchen' kennen, seine erste und ganz große Liebe. Mit dem Bruder von Minchen meldete er sich gemeinsam zur Marine. Wie schon sein Vater, so richtete auch mein Vater seinen Ehrgeiz darauf, im Krieg Karriere zu machen und brachte es bis zum Unteroffizier auf einem Minensuchboot. Ich glaube, er war froh, von zuhause weg zu sein, nicht mehr in der Lage von jemand zu sein, der von den anderen im Dorf als Sohn eines Säufers und Habenichts angesehen wurde. Ich glaube, er fand, es ging aufwärts. Er wollte ein ordentliches Leben führen und jetzt hatte er Minchen kennengelernt und Erfolg bei ihr, er hatte einen Beruf und Gesellenbrief als Schreiner und jetzt kriegte er sogar noch die Chance, vielleicht aufzusteigen, was zu leisten im Krieg.
Im Juni '47 wurde mein Vater aus der Gefangenschaft entlassen. Er war nun also 27 Jahre alt, die Zeit von 19 bis 27 ist mit Krieg rumgegangen. Acht Jahre lang. Seine Liebe zu Minchen hatte er diese ganze Zeit wach gehalten, das allein ist auch schon ziemlich bemerkenswert, finde ich. Minchen hat meinem Vater den Verlobungsring an einem Weihnachten zurückgegeben, weil sie was mit einem in der Pfalz stationierten Ami hatte. Das muß wohl '47 gewesen sein. Im Winter 48 / 49 verlobte er sich mit meiner Mutter und ein Vierteljahr später heirateten meine Eltern. Ich weiß nicht, ob mein Vater richtig verliebt in meine Mutter war. Mir fällt ein, er sagte: 'Man liebt nur einmal so richtig.'«

In meinen Augen gelang es Anna in bezug auf ihren Vater, einen kritisch-empathischen Zugang zu seiner Biographie zu finden. Sie hatte zwar vor der Lebenslaufanalyse schon eine größere emotionale Distanz zum Vater als zur Mutter. Mir scheint aber, daß ihr intensives Sich-Einlassen auf das Thema »Mein Vater« im Rahmen der Genogrammanalyse dazu beitrug, bislang unausgesprochene Anteile ihrer Sympathie und Ablehnung dem Vater gegenüber produktiv aufeinander zu beziehen. Sie lernte m. E. sowohl ihre Sympathie als auch ihre Ablehnung deutlicher zu erkennen und direkter zu erfahren. Dabei gewann ich den Eindruck, daß Anna zunehmend in der Lage war, sich auf die psychologische Welt ihrer Eltern einzulassen, ohne dabei ihre eigene Position aufzugeben.

Der Anteil des Vaters an den Prügeleien, seine sexuellen Annäherungsversuche, sein Trinken und damit einhergehendes brutales Verhalten, sein Sich-Anbiedern und Sich-lächerlich-machen-lassen u. ä. m. erschwerten wohl Idealisierungsversuche. Bei Anna erlebte ich hier eine gewisse Hilfs-

oder Ratlosigkeit; sie schwankte in der Einschätzung und emotionalen Beziehung zu ihrem Vater:

> »Ich finde ihn irgendwie sympathisch. Er ist aber wirklich fies, ist für mich eine fremde Person.«

Während ihrer Auseinandersetzung mit der Vater-Figur anhand des Genogramms nahm Anna in seiner Person bestehende Gegensätze oder Widersprüche und deren lebensgeschichtliche Bedingtheit deutlicher denn je wahr. Im Nachhinein bewerte ich es als positiv, daß Anna Relativierungen in bezug auf den Vater vornahm und sich hier nicht einseitig festlegte. Anschließend zitiere ich noch einige Auszüge aus der Schilderung: »Die Eltern — Ehe«. Sie verdeutlichen noch einmal, in welcher Familienatmosphäre Anna aufwuchs.

> *Die Eltern: »Sie passen überhaupt nicht zueinander«*
> »Aber sie haben meiner Meinung nach überhaupt nicht zueinander gepaßt. Jeder von ihnen hätte einen in sich gefestigteren, liebevollen und verständigen Partner gebraucht, so aber waren sie psychisch hilflos wie die Kinder.«

> Die Eltern: »Unsicher und hilflos wie die Kinder«
> »Ich habe mal zu meiner Mutter gesagt, ich fände Papa zu brutal und zu hart und da hat sie gesagt: 'Was, der und hart? Viel zu weich ist der. Er wollte in die W. und sich umbringen, als wir jung verheiratet waren, und ich konnte ihn kaum festhalten, er zog mich fast den Deich mit runter.' Ich sehe das so richtig vor mir. Sie hatten beide wohl ständig abwechselnd Angst, es nicht zu schaffen, dieses Gefühl loszuwerden, ständig vom Regen in die Traufe zu kommen, trotz aller Anstrengungen und Wünsche. Die Angst: 'Das kann ja nicht gutgehen, weshalb sollte mir schon was gelingen' ist typisch für beide, so wie es danach aussieht. Und dann verdoppeln sie wieder ihre Anstrengung, dagegen anzugehen. Sie sind unsicher und hilflos und selbst schutzbedürftig, ein wenig sind sie wie die Kinder.
> Meine Mutter sagte mir, sie habe gedacht, sich meinen Vater in der Ehe erziehen zu können. Er tat ihr leid, wegen seines Elternhauses und sie wollte ihm z. B. Ordnungssinn, gutes Deutsch und moralische Prinzipien beibringen, wie z. B. ihre perfektionistischen Vergebungsrituale. Sie bearbeitete ihn, 'weil es ihm einfach nicht über die Lippen ging, mal zu sagen, es täte ihm leid', bis er sie anbrüllte: 'Soll ich etwa auf Knien vor dir rutschen?'

Daß mein Vater dasselbe ohne Worte sagt, z. B. durch die Art sich kleinlaut zu verhalten, mitzuhelfen, ihr Geschenke zu machen, das nennt sie: 'sich feige davor drücken, kein Unrecht zuzugeben'. Das ist ein trauriges Kapitel. Diese gegenseitige Erdrückung, er sie durch despotische Befehle und Pascha-Spiele, sie ihn auf psychologische Weise, was oft noch härter ist in meinen Augen.
Meine Eltern hatten eigentlich immer Geldmangel, weil sie auch immer Schulden hatten. Meiner Mutter ist das ganz recht gewesen, weil mein Vater dann nicht so viel Geld zum Saufen hatte, sagte sie immer. Sie haben jetzt auch noch viel abzuzahlen, und so steht in ihrem letzten Brief der Satz an den Rand gequetscht: 'Wir könnten z. Zt. einen Geldscheißer gebrauchen.' 'Zur Zeit' ist gut, der Satz hat mein Leben begleitet.«

Es würde den Rahmen dieses Buches sprengen, würde ich nun auf die einzelnen Sitzungen näher eingehen, die das Familiengenogramm betreffen. Auch wenn die Lebenslaufdarstellung anderer Personen z. T. weg von Anna und ihren Problemen führte, half mir dieser Umweg dazu, mir »Annas Welt« plastischer und näher zu bringen.

Durch die Familiengenogramm-Besprechung wurde mir bewußt, daß mein wiederholtes »Ich verstehe« wohl eher Ausdruck meines intellektuellen Nachvollziehens war. Anders ausgedrückt: Ich fühlte mich weit von ihrer Familienwelt entfernt, z. T. sogar wie ein Fremder, der sich exotisch-interessante Stories anhört. Diese von mir klarer gespürte Distanz zu Annas Geschichte half mir, nicht allzu schnell glauben zu können, ich würde sie verstehen. Ich wurde vorsichtiger in meinen Urteilen (Kategorisierungen, Einschätzungen, Wertungen etc.) über Sinn / Unsinn des Verhaltens und Erlebens Annas aus dieser, ihrer Welt heraus.

2. Kapitel

Identifikation mit Janis Joplin

Während der Lebenslaufanalyse fiel der Name »Janis Joplin«, eine amerikanische Rocksängerin Ende der 60er Jahre, hin und wieder in verschiedenen Sinnzusammenhängen. Allmählich gewann ich den Eindruck, daß »Janis« eine zentrale Identifikationsfigur für Anna in der Zeit zwischen 15 und 25 Jahren gewesen war. Ich schlug deshalb Anna vor, dem Thema »Janis Joplin« einige Sitzungen lang systematisch nachzugehen. Im Zuge dieser thematischen Auseinandersetzung schrieb Anna auch einige Seiten über die Entstehung und Entwicklung ihrer Beziehung zu Janis Joplin. Später — auch nach Beendigung der Lebenslaufanalyse — exzerpierte ich etliche Stellen aus ihren Tagebüchern, in denen Janis Joplin erwähnt wird. Die folgenden Informationen und Überlegungen gehen im wesentlichen auf diese drei Quellen (Sitzungsprotokolle, Therapieaufgaben, Tagebücher) zurück.

Generell bin ich der Auffassung, daß die systematische Besprechung und Analyse von »Idealbildern« oder »Identifikationsfiguren« oftmals einen guten Zugang zu wichtigen Lebensthemen oder Motivsystemen einer Person ermöglicht. Im Falle Annas wurde diese Annahme erneut bestätigt. Gespräche über die Identifikation mit »Janis« begriff Anna als eine Möglichkeit, über ihre bisherige und künftige Entwicklung zu reflektieren. Für mich galt vor allem, Anna Möglichkeiten zu eröffnen, damit sie in Kontakt mit der »positiven Energie« ihrer Identifikationsfigur komme. In der Lebenslaufanalyse tendiere ich nämlich dazu, Ideal- oder Utopiebilder, die den Lebenslauf thematisch begleiten, wenn möglich, als Quellen »positiver Lebensenergie« zu betrachten und darauf zu achten, daß der Klient möglichst direkt in Kontakt mit der in diesen Bildern enthaltenen Dynamik gerät.

Bevor ich nun auf den »biographisch-persönlichen Sinn« näher eingehe, den Anna mit Janis Joplin verband, möchte ich dem Leser ein paar ergänzende Informationen zur Person der Sängerin und ihrer Geschichte geben.

Janis Joplin wurde am 19.01.1943 in Port Arthur / Texas geboren. Sie starb vermutlich an einer Überdosis Heroin.

Neben Jimmy Hendrix galt sie als Synonym für eine ganze Rock-Epoche. Dabei dauerte ihre internationale Karriere nur knapp drei Jahre bis zu ihrem Tod 1970.

> »Janis steckte voller Widersprüche: Sie war elend und gleichzeitig froh, sie war schwach und zugleich voller Kraft, sie sang Lieder voller Verzweiflung, doch die darin steckende Traurigkeit war kein Jammern ... In ihr tobte ständig der Kampf zwischen den lebensbejahenden und den lebensverneinenden Kräften.«[1]

Die erste Erinnerung an Janis' Stimme assoziierte Anna mit der Zeit, in der sie wegen Wolfgang (ihre erste Liebe, vgl. Teil II, Kap. 4) zum Satan betete. Von verschiedenen Interpreten wurde damals ein- und dasselbe Lied (»Me and Bobby McGee«) vorgestellt. Zum ersten Mal hörte Anna die Version von Janis Joplin und war »wie elektrisiert«:

> »Ich war sehr tief berührt von der Stimme, die rauh und warm zugleich war, wie die Stimme einer männlichen Frau, die zugleich Resignation und Kraft ausdrückte, als spräche da jemand, der das Leben kennt und der verlassen worden ist, dem nichts mehr was anhaben kann, weil er schon alles weiß und er zugleich hart im Nehmen, aber innerlich liebevoll und traurig geblieben ist.
> Ein bißchen war es so, als hörte ein Stummer jemand das sagen, was er denkt, so ähnlich drückte sie Gefühle aus, die ich kannte und das war, als hätte ich da jemand entdeckt, der mir nicht so fern sein würde.
> Ja, jetzt weiß ich's wieder: Ich wollte verloren sein, so wie Wolfgang, genau!!! Ich wollte dazugehören, auf Teufel komm' raus, wie zuvor bei der Bekehrung. Schluß mit allem hin und her, der Weg nach unten war noch der einzig gradlinige! Und das ging, weil ich in der Stimme von Janis mich selbst lieben konnte, als Verlorene. Genau das war's.«

Bald darauf — in der Schweiz — erfuhr Anna, daß Janis Joplin wie Jimmy Hendrix an einer Drogenüberdosis gestorben war. Von da an

[1] Aus *N. Sinclair:* »Wen die Götter lieben ... den rufen sie früh zu sich«. Idole des 20. Jhd. Hamburg, 1984, S. 198.

wuchs die Sängerin immer mehr zu einem Idol bzw. einer faszinierenden Identifikationsfigur heran. Zur Zeit ihrer Bekanntschaft mit Fred (im Jesus-Keller) wurde Janis Joplin zu einer wichtigen Unterstützung in ihrer Beziehung zu Männern:

> »Ich war auch mit Janis identifiziert als Frau, die die Männer nicht wollten. Freds Freundin war eine Bilderbuch-Schönheit mit Minirock, schlanker Figur, blondem Haar bis zur Taille.
> Durch Identifikation mit Janis Joplin wollte ich zugleich auch eine Frau sein, die nach Schönheitsmaßstäben oder nach einem Frauenrollenklischee (sanft, scheu, schutzbedürftig, still, freundlich, bescheiden ...) den Männern gefiel.«

In Annas Tagebüchern taucht der Name »Janis Joplin« immer wieder auf, zum Teil von längeren Reflexionen begleitet, bis sie etwa 25 / 26 Jahre wurde. Später sind nur noch sporadische Eintragungen wie etwa die folgenden zu vermerken:

> »Heute nacht habe ich von Helge geträumt. In dem Traum habe ich mich übrigens nicht als Anna, sondern als Janis geträumt.«

oder

> »Ich habe heute Nacht von Janis geträumt, daß ich mit mehreren Leuten in einem großen Bett lag, links lag ein Mann und rechts von mir lag Janis. Ich habe mich von dem Mann weggewandt, Janis zu und meine Hand auf ihren Arm gelegt.«

Während der Lebenslaufanalytischen Auseinandersetzung mit Janis Joplin gewann ich den Eindruck, daß das Thema bei Anna immer noch eine ganze Reihe von starken Gefühlen der Trauer, Freude oder Liebe auslöste. Auch wenn eine kritische Distanzierung zu Janis nicht zu übersehen war, wirkte es auf mich keinesfalls so, als ob es sich um die Ausgrabung längst überwundener oder verschollener Gefühle aus der Spätpubertät handelte. Vielmehr schien mir in etlichen Hinsichten die — anfangs — etwas künstliche Wiederbelebung dieser früheren Identifikationsfigur emotionale Dynamik in die Bearbeitung und Reflexion ihrer früheren sowie aktuellen Idealbilder hineinzubringen.

Ich möchte hier nicht den Entwicklungsprozeß der Idealfigur »Janis Joplin« seit Annas 15. Lebensjahr sowie die vielfältigen Regulationsaspekte, die diese Figur seitdem eingenommen hat, schildern. Dies wäre allerdings aufgrund einer minutiösen (chronologischen) Inhaltsanalyse ihrer Tagebücher möglich. Statt dessen möchte ich nur einige wichtige Funktionen dieser Identifikationsfigur beschreiben, etwa so wie sie im Rahmen der Lebenslaufanalyse zum Gegenstand neuer, weiterführender Selbstreflexionen wurden.

Janis Joplin als »Jesus-Ersatz«

Im Zusammenhang mit Annas Ablösung von den Eltern und der »Versammlung« nahm schon früh (vgl. Teil II, Kap. 5) die Welt vom »Woodstock-Festival« die Funktion eines biographischen Gegenentwurfs ein. Janis gehörte eindeutig zu dieser Hippie-Welt, war zu der Zeit eine der wenigen Frauen, die die Werte, Erlebens- und Verhaltensweisen dieser neuen Bewegung auf eine radikale und eindeutige Weise vertraten. Joplin konnte somit für Anna leicht zu einem Idol aufsteigen, das in vielerlei Hinsicht für die »religiösen« Liebes- und Hingabegefühle Annas in gewissem Sinne einen »Jesus-Ersatz« darbot.

Wie Jesus wirkte Janis auf Anna als jemand, der sein Leben nach wahren Werten ausgerichtet hat und keinen Kompromiß oder Heucheleien zuließ, so etwa wie die Versammlungsangehörigen. Wie Jesus wirkte Janis auch als jemand, der das Leiden der »Ausgestoßenen« nicht von sich abwies, sondern in ihrer eigenen Leidensgeschichte voll annahm und somit irgendwie aufwertete. Allerdings rückte Janis gelegentlich in die Nähe des »Satans«, wenn Anna in den Sog der in den Liedern der Sängerin ausgedrückten tiefen Trauer und Selbstzerstörungswut geriet!

Durch die lebenslaufanalytische Reflexionsarbeit wurde klar, daß die Identifikationsfigur »Janis Joplin« — ähnlich wie die Werke von Hermann Hesse — für Anna bestimmte Werte, so z. B. denjenigen der »unbedingten Liebe« verkörperte, die zu einer spirituellen Selbstentwicklung genauso beitragen konnten, wie etwa hochchristliche Ideale. Auf diese spirituelle Ebene gehoben wird die Identifikationsfigur »Janis Joplin« allerdings zu einer vertieften Dimension der Selbstentwicklung gemacht, was mit den anfänglichen Funktionen eines Jugendidols weniger zu tun hat.

Janis Joplin als eine »selbständige Frau«

In vielerlei Hinsicht wirkte sich der Stil von Janis Joplin innovativ auf das Erleben und Verhalten Annas als Frau aus.

Mit Janis wollte sie die Sexualität bzw. die Beziehung zu Männern »entromantisieren«. Hierzu einige Protokollauszüge aus Annas Lebenslaufanalyse:

- »Es war eine Wohltat für mich, überhaupt die Möglichkeit kennenzulernen, wie man durch obszöne Witze, Gesten, Reden verhindern kann, in Verlegenheit gebracht zu werden. Sex wurde harmlos, wenn es ganz einfach eine Art von Genußmittel war: Ich brauche was zum Bumsen, so wie: Ich brauche was zu Rauchen, zu Saufen etc. Drogen und Sex und Rock'n Roll.«
- »Dann kam dazu: den Männern zeigen, daß eine Frau zäh sein kann. Und dazu mußte man sich unverletzlich machen auf dem Sex-Gebiet. Verteidigung durch Angriff, sich nicht schockieren lassen, nicht erwartungsgemäß reagieren. Bestimmte Männer waren jetzt als zerstörerisch identifiziert, als die Schuldigen, denen ich es heimzahlen wollte, das meine ich mit: Rachegefühle für Janis Joplin.«

Durch ihre Identifikation mit Janis spürte Anna einen inneren Halt in ihren Anklagen gegen Spießer, sex-konsumierende Männer. Sie lernte, etwas aggressiver im Umgang mit Männern zu werden, sich nicht völlig abhängig von männlichen Urteilen oder Zuneigungen zu machen, um die eigene Liebenswertigkeit bestätigt zu bekommen.

Janis Joplin als »Ventil für Gefühle«

Janis eröffnete Anna neue Möglichkeiten, aus sich herauszukommen bzw. ohne innere Kontrollzwänge zu handeln. Wie Janis wollte sie auch zeigen, wie man sich im Augenblick fühlt. Am für sie eindrucksvollsten erlebte Anna die »Ventil-Funktion« von Janis Joplin, wenn sie durch Hingabe an Musik und Tanz ekstatische Gefühle von Liebe, Verzweiflung oder Glück erleben konnte. In diesen Augenblicken fühlte sich Anna eng mit ihrer Identifikationsfigur emotional verbunden, gleichsam identisch. Sie erlebte sich dabei weitgehend frei von Ängsten, Unsicherheits- oder Minderwertigkeitsgefühlen, in denen sie sich ansonsten eingeengt fühlte. Gleichzeitig konnte sie beobachten, wie ihre Schwierigkeiten mit anderen direkten Kontakt aufzunehmen, zusehends schwanden und wie positiv die anderen (vor allem Männer) von ihr beeindruckt waren.

Die Identifikation mit Janis Joplin konnte ihr hin und wieder — allerdings nur für eine kurze Zeit — aus ihren Selbstzweifeln und -kontrollen heraushelfen. Die während der Lebenslaufanalyse herausgearbeiteten zentralen Funktionen von Janis Joplin wurden zum Anlaß gemacht, ähnliche Themen (spirituelle Entwicklung, Frau-Sein, Sich-Frei-Fühlen) im Gespräch anzugehen. Diese Gespräche glichen zum Teil einem Abschiednehmen von einer langjährigen Identifikationsphase mit Traummenschen der Hippie-Welt. Teilweise war es aber auch ein Versuch über Lebenswerte nachzudenken, die über vergängliche Identifikationsfiguren hinausgehen und diese längere Zeit — vielleicht ein Leben lang — überdauern können.

In diesem Sinne einer vertieften lebenslaufanalytischen Selbsterfahrung und -reflexion möchte ich abschließend zum Thema Janis Joplin folgenden Satz aus einem Tagebuch Annas zitieren:

> »Und irgendwie, wenn auch sehr unsicher, glaube ich an einen Sinn in diesem rätselhaften Verhältnis. Ich glaube, daß ich eine ganze Zeit meines Lebens damit zugebracht habe, Janis kennenzulernen, daß diese Zeit nicht mir und meinem eigenen Leben gehört hat, und daß sie doch gleichzeitig dazu beigetragen hat, den Weg zu mir selbst zu finden.«

3. Kapitel

Ekstatische Erlebnisse

»Vielleicht sind es zwei oder drei Erfahrungen, was man hat, eine Angst und sieben Hoffnungen, eine nicht begrenzte Summe von Gefühlen, die sich wie ein Rosenkranz wiederholen . . ., so daß die Welt zu einem Muster der Erinnerungen wird, dazu die tausend Ansätze zu einem Gedanken, der eigen wäre, das ist es, was man hat, wenn man von seinem Ich erzählt: Erlebnismuster — aber keine Geschichte!«

Max Frisch
(Aus: H. Bienek: Werkstattgespräche mit Schriftstellern. München 1965, S. 27)

Ein weiteres Thema der Lebenslaufanalyse bestand in der Rekonstruktion und Reflexion von »extremen Erlebnissen«, die man seit *A. Maslow* mit dem Etikett »peak experiences« versieht.

Ähnlich wie bei der Auseinandersetzung mit Vorbildern oder Identifikationsfiguren verspreche ich mir von einer Bearbeitung extremer Erlebnisse das Erspüren positiver, vitaler »Energiefelder«, was häufig zu einer intensiven Selbsterfahrung sowie verstärkten Bewußtwerdung aktuellen Erlebens beiträgt.

Symbolisch betrachtet kreisen die »peak experiences« um zentrale Daseinserfahrungen wie Liebe, Leben und Tod. Tief emotionale Regungen gehören wesentlich zu derartigen Erfahrungen. Da diese Erfahrungen von normalen Alltagserlebnissen abweichen, tendieren Therapeuten (wie z. T. auch Klienten) des öfteren dazu, sie als »irreführende Lebensepisoden« zu betrachten, manchmal sogar unter psychiatrischen Kategorien einzuordnen wie etwa »psychotische Einbrüche«, »Depersonalisationserscheinungen«, »gefährliche Regressionen« u. ä. m.

Wenn man aber bereit ist, sich auf Erlebnisqualitäten und biographische Hintergründe solcher extremen Erfahrungen einzulassen, ist lohnenswert, sie einer ausgedehnten Bearbeitung zu unterziehen. Schon bei der Besprechung ihrer Lebenslinie (s. Teil II, Kap. 1) war mir aufgefallen, daß Anna drei bis vier extreme Erlebnisse zeichnete, die alle mit Hochgefühlen der Freude, des Hingerissen-Werdens oder der Hingabe einhergingen.

Das erste Erlebnis dieser Art tauchte im Zusammenhang mit ihrer Bekehrung in ihrem 14. Lebensjahr auf. Teilweise bedingt durch die Predigten von Bruder W. und den zu dieser Zeit stattfindenden »Erweckungstaumel in der Versammlung« erfuhr Anna beglückende Hochgefühle, begleitet von euphorischen Stimmungen und intensiven Hingabe-Erlebnissen (s. Teil II, Kap. 4).

Mit knapp 23 Jahren erlebte sie in Marokko einen zweiten »ekstatischen Höhepunkt«, dem ca. 3 Jahre später in B. ein ähnlich intensives Erlebnis folgte. Seitdem hat sie nur selten und in abgeschwächter Form ähnliche Erfahrungen gemacht.

Im Rahmen ihrer Lebenslaufanalyse und -rekonstruktion legte ich — wie oben schon erwähnt — großen Wert darauf, diese beiden Gipfelerlebnisse systematisch anzugehen. Durch die ca. 10 lebenslaufanalytischen Sitzungen zu diesen Themen, die selbstanalytischen Nachforschungen Annas (z. T. einige Wochen später entstanden) sowie durch ihre Tagebucheintragungen aus der damaligen Zeit waren zahlreiche Informationen vorhanden, die die Entscheidungsbedingungen, die Erscheinungsformen und die nachträglichen Wirkungen solcher Erfahrungen gut dokumentierten.

Für Anna trug die systematische, vertiefte Beschäftigung mit ihren Gipfelerfahrungen wesentlich dazu bei, ihre therapeutische Selbsterfahrung sowie weite Teile ihres Lebenslaufs zunehmend im Licht einer »spirituellen« Entwicklungslinie zu betrachten, die mit ihrer Bekehrung im Alter von 14 Jahren begann, sich über Erfahrungen mit Fred und dem Jesus-Keller, ihre Lektüre von Hermann Hesse und ihre Harmonie-Gefühle mit Rafa in Südfrankreich fortsetzte und in Marokko (in Paradise Valley) einen ersten Höhepunkt erreichte.

Die Rekonstruktionsperspektive ihres Lebenslaufs entlang einer »spirituellen Entwicklungslinie« unterstützte ich, nicht zuletzt weil eine solche Sichtweise mit meiner Einordnung von Psychotherapie in die Nähe von »Schulung höherer Bewußtseinsformen« (und nicht etwa als Überleitung der »individuellen Neurose« in die sog. »gemeine Neurose«) gut übereinstimmt.

1. Paradise Valley (Marokko)

— Das Erleben von Paradise Valley bahnt sich an

Seit ihrem Auszug von zuhause und ihrer Abkehr vom Jesus-Glauben versuchte Anna, auf dem Hintergrund ihrer Erfahrungen mit der Hippie-Welt, mit Fred, Janis Joplin und Hermann Hesse eine neue philosophisch-religiöse Weltanschauung aufzubauen.

Folgende kurze Auszüge aus ihrem Tagebuch (im Alter von 20 Jahren) machen ihre damalige Anschauung deutlich:

> »... Gott ist Leben, Leben bist du, du bist Gott, Gott ist du und ich, Satan lebt, Satan ist das Leben, Gott ist das Leben, Gott ist Satan und Satan ist Gott, wir alle sind Gott, Satan, Wasser, Vogel, Feuer, Insekt... Perlen zusammengefügt durch das Band »Leben« zu einer einzigen Kette.
> Geh' in den Wald und höre die Bäume rauschen und die Vögel singen und du triffst in Baum und Vogel das Leben, das auch in deinem Körper wirkt, du selbst bist in dem Vogel und in dem Baum, denn es gibt nur einen Anfang und im Anfang war das Leben.
> Die Erde ist eine Verstandeswelt, und deshalb muß sie untergehen. Alles, was der Verstand schafft, ist vergänglich. Sieh' dir die unnatürlichen Maschinen-Menschen an. Sie verbrauchen ihre Lebenskraft wie billiges Benzin...«

Weitere Vorbedingungen für das Zustandekommen ihres Erlebens in »Paradise Valley« sind für Anna mit ihrem »Anders-sein« beim Reisen, mit ihren Eindrücken in Marokko sowie mit ihrer neuen Liebesbeziehung zu dem Italiener »Carlo« eng verknüpft.

Schon vor ihrer Reise nach Marokko verband Anna das Reisen in fremde Länder mit gesteigertem Lebensgefühl, Freiheit, Abenteuerlust. Sie erlebte sich dabei fließender, sorgenfreier, weniger neurotisch. Auf Reisen gelang es ihr immer wieder, sich auf Neues, Unvorhergesehenes einzulassen und ohne viel Sorgen oder Pläne von Augenblick zu Augenblick zu leben.

Die ersten Tage in Marokko hatten sie stark beeindruckt. Die Einfachheit der lebensbedingungen, die exotische Atmosphäre, das Gewimmel von Menschen, die Naturlandschaft trugen dazu bei, Anna in einen tranceähnlichen Zustand zu versetzen, in dem sich Traum und Wirklichkeit miteinander eng verwoben. Hinzu kam, daß sie unterwegs nach Marokko einen neuen italienischen Freund, »Carlo« kennengelernt hatte, der in mancher Hinsicht an ihre harmonische Beziehung mit Rafa, ein Jahr zuvor, erinnerte.

> »Wie schon bei Rafa, so auch bei Carlo: Wir waren verbunden, ohne uns aneinander festzuhalten, uns von anderen abzusondern oder zu binden. Wir engten uns nicht ein, schwächten uns nicht. Wir fühlten uns zugehörig, frei und bestärkt.«

Mit Rafa war es ihr möglich gewesen, verschiedenartige Stimmungen zu erleben und zu teilen, sich aus verschiedener Nähe und Distanz zu begegnen. Die Anwesenheit von Carlo wirkte auf sie ähnlich beruhigend und anregend zugleich.

— Das Erleben der »Angstfreiheit« in Paradise Valley

Anna bezeichnete den Erlebensprozeß in Paradise Valley, der ca. zwei Tage andauerte, vorzugsweise mit dem Ausdruck »intensives Erleben von Angstfreiheit«.

Eine der Auswirkungen dieser erlebten Angstfreiheit war auch eine Art Aha-Erlebnis, das Anna wie folgt beschrieb:

> »Ich hatte immer gedacht, ich hätte zehntausend verschiedene Probleme — nun wußte ich, daß ich im Grunde nur ein Problem hatte: Ich hatte ständig Angst.«

In der Lebenslaufanalyse wurde zunächst versucht, die damaligen Erlebnisse zu schildern, sie in die Vorstellung zurückzurufen und streckenweise wiedererlebbar zu machen. Hier einige Auszüge aus der Schilderung:

> »Paradise Valley — ein passender Name für den Ort, an dem ich vollkommenen Seelenfrieden erfuhr. Wir (Anna, Carlo und ein paar Freunde) erfuhren, daß es in der Nähe ein unberührtes Tal geben sollte, wohin man nur über eine Sandpiste gelangte. Die Hippies hätten es das »Paradise Valley« getauft...
> Schließlich endete die Piste. In mehreren großen Blöcken erhob sich ein roter Fels und sammelte das Wasser des Baches in einer tiefen Grube. Hier ließ uns der Führer allein zurück. Wir waren nun frei und konnten uns völlig nackt bewegen. Wir sprangen von den Felsblöcken und schwammen in dem kühlen Wasserloch. Wir tranken aus dem klaren Bach. Wir polsterten unsere Schlafstellen mit Palmwedeln. Nachts zündeten wir Feuer an, um Licht zu haben und uns zu wärmen...
> Es wurde Abend, und ich lag ausgestreckt auf dem warmen Felsen oberhalb des Wasserlochs, als ich den Seelenfrieden erfuhr, der so vollkommen war, daß ich selbst in ihm verging.

Ich merkte, wie etwas mit mir vorging, wie sich der Frieden vertiefte, weiter und weiter, wie eine bisher unbekannte Ruhe Besitz von mir ergriff. Ein Zustand völliger Geborgenheit. Große schwarze Insekten krochen auf dem Felsen umher. Ich ließ sie über mich krabbeln. Es gab nichts anderes als eine grenzenlose Ruhe; ich ging auf im Plätschern des Baches, der mich umfloß, in der Wärme des Steines, auf dem ich lag, in den Dächern der Palmen, die sich vom Himmel abhoben, in den meine Augen sahen.
Der Gedanke an den Tod konne mir die Ruhe nicht nehmen. Er schien vielmehr ein hilfreicher Sog zu sein, der aus der gleichen Richtung wie das Leben kam und meine Ruhe noch vertiefte. Ich gab mich weiter in tiefstem Einverständnis hin. Nichts konnte mir mehr geschehen, und dann schrieb ich meinen Namen in die Luft. Die Luft würde mich überall umgeben und mir die Möglichkeit geben, Frieden einzuatmen, wie ich ihn hier zum ersten Mal völlig erlebte. Ich ging völlig auf in allem, was ich hörte, sah und tat. Ebensogut hätte ich sagen können: Das Leben selbst schrieb meinen Namen in die Luft.
... Carlo hielt mir seine Hand hin. Die Berührung wirkte elektrisierend auf mich. Mit meinem Kopf an seinem Arm bildeten unsere Körper ein »lebendes T« ...«

Nach der lebenslaufanalytischen Auseinandersetzung mit diesen Erlebnissen zögerte Anna nicht mehr davor, Paradise Valley als einen Meilenstein in ihrer Personwerdung oder genauer gesagt in der »Bewußtwerdung ihrer Tiefenperson« anzusehen. Sie nahm ihre Biographie zunehmend als eine Art »Weg nach Innen« wahr, weniger als eine — sagen wir mal — chaotische Abfolge neurotischer Reaktionen.

Die Lebenslaufanalyse trug dazu bei, den reichhaltigen Sinngehalt des Erlebnisses in Paradise Valley wiederzuentdecken. Paradise Valley hatte zwar vorher einen wichtigen Platz in ihrer Biographie gehabt. Anna war sich aber unsicher über die Einschätzung des Erlebnisses gewesen: War es etwa ein zentrales Lebensereignis? War es vielleicht bloß ein interessantes, etwas »verrücktes« Randphänomen?

Durch die Besprechung von Paradise Valley konnte Anna eine Reihe von Aspekten des damaligen Erlebens und seiner Auswirkungen auf ihren weiteren Lebenslauf neu wahrnehmen und in einen für sie sinnstiftenden Zusammenhang hineinbringen. Zu den Erlebnisaspekten zählte Anna folgende Phänomene:

— ein intensives, ganzheitliches Annehmen des Lebens, in Freude und Leid »Leidensbereitschaft als Schlüssel zur Angstfreiheit«
— ein Gefühl der Zugehörigkeit — über die bloße Gegenwart hin-

aus — zur Menschheit, zur Welt, zum Leben als Ganzem.

— Gefühle der Dankbarkeit, der Liebe, des Friedens.
— ein Leben von Augenblick zu Augenblick ohne Zeitplan und mit verändertem (verlangsamtem) Zeitgefühl.
— Erleben der Einheit von Innen- und Außenwelt. Äußere Gegenstände werden z.T. als Symbole des inneren Erlebens gesehen.
— Bedingungslose Bereitschaft zum Sterben.
(»Das Leben dürfte mich jetzt sogar umbringen. Ich habe volles Vertrauen, daß es das Richtige machen würde, ich habe keine Angst und wäre bereit.«)
— Ein angstfreier Zustand. Das erstmalige Erleben von Angstfreiheit gibt ihr Anlaß zu folgender Erkenntnis: »Nun weiß ich, daß ich im Grunde nur ein Problem hatte: ich hatte ständig Angst«.
— Ein Gefühl der »absoluten, zeitlosen Harmonie«, Leben als ständiger Fluß.

Dem Erleben von Angstfreiheit in Marokko folgte eine Zeit der grundsätzlichen Infragestellung und Anfechtung ihrer Lebensart durch ihre Freundschaft mit Klaus (s. Teil III, Kap. 4). Anna erlebte sich selbst dabei als so »tief gestört«, daß sie ihr Paradise-Valley-Erlebnis z.T. als Ausdruck ihrer neurotischen Entwicklung betrachtete. Ihre in Marokko erlebte »Leidensbereitschaft« deutete sie z.B. als Ausdruck ihres neurotischen Masochismus um, den sie bereits damals überwinden wollte.

Im Zuge der lebenslaufanalytischen Neuthematisierung von Paradise Valley unterstützte ich Anna darin, das »positive Energiefeld« dieses Erlebens für ihren Alltag und die Bewältigung gegenwärtiger Problemsituationen wieder zu aktualisieren. So sollte Anna herausfinden, wodurch der Zugang zur damaligen Angstfreiheit, »inneren Harmonie« ermöglicht wurde, wodurch das Erleben sich erneut einstellen und verloren gehen konnte.

Die Einstellung der »Leidensbereitschaft« erwies sich als ein nützliches Hilfsmittel für das gefühlsmäßige Wiedererwecken der inneren Ruhe / Angstfreiheit. Dabei schien es Anna wichtig, keinerlei Dichotomien und Bewertungen entstehen zu lassen wie etwa: richtig / falsch oder genauer »Harmonie = richtig / Disharmonie = falsch«, sondern sich von der Vorstellung leiten zu lassen: Alles, auch die bedrückenden Stimmungen, zuzulassen und sich vom ständigen Fluß des Erlebens von Augenblick zu Augenblick erfassen zu lassen.

Nach einigen Sitzungen war Anna beeindruckt über die Möglichkeit der Wiederbelebung und über die positiven Nachwirkungen des »Marokko-Erlebnisses« für ihre Alltagsbewältigung. Sie berichtete über erfolgreiche Versuche mit Hilfe des Paradise-Valley-Erlebnisses und der damit verbundenen »Hier-und-Jetzt-Einstellungen« quälende Gedanken oder dysphorische Gefühle zu bekämpfen.

Durch die positiven Auswirkungen der Beschäftigung mit Paradise Valley angespornt, unterstützte ich Anna, über weitere »ekstatische Erlebnisse« zu berichten bzw. sie gemeinsam zu untersuchen. Ein in der Intensität mit Paradise Valley etwa vergleichbares Erlebnis hatte Anna drei Jahre nach Marokko. Diese zweite »peak experience« möchte ich mit dem Kürzel »Hyperion — Euphorie« bezeichnen.

2. »Hyperion — Euphorie«

— Folgende Erlebnisse gingen voraus.

Das Erleben der Euphorie oder der Ekstase dauerte — mit einigen Unterbrechungen — ungefähr eine Woche. Anna war gerade 26 Jahre geworden. Im Sommer hatte sie ihren Urlaub in Norwegen verbracht, hauptsächlich um Helge wiederzutreffen. Anna mußte dort feststellen, daß die damalige, erlebte »Zweisamkeit« mit Helge keine gemeinsame weitere Entwicklung erfahren würde. Wieder zu Hause stand Anna mehr denn je auf Kriegsfuß mit ihrem Alltag, worin sie kein richtiges Weiterkommen mehr sehen konnte. Hin und wieder empfand sie in aller Deutlichkeit, daß jeder von uns letztendlich »absolut allein« ist. Mit der Abwendung von Helge und ihrem Alltag fand Anna einen verstärkten Zugang zur Literatur. Durch einen Freund wurde sie auf das Buch »Hölderlin« von Peter Weiss aufmerksam gemacht. Bald darauf las sie die Briefe und Gedichte Hölderlins, vor allem Hyperion. In diesen Werken fand sie ihre häufig erlebte absolute Einsamkeit wieder. Sie erfuhr: Es gibt doch seelisch Verbündete; nicht nur ich bin hoffnungslos neurotisch. Anna schrieb dazu:

> »Ich hatte zuerst Hölderlins Lebenslauf gelesen und war schon voller Sympathie und Anteilnahme eingestimmt, empfänglich, nun sein Werk kennenzulernen. Und dann war ich erstaunt, was er daraus gemacht hatte. Ich sah, daß nicht der äußere Lebenslauf, sondern der Erlebnisgehalt das Wesentliche ist. Ich empfand tiefe Liebe und Dankbarkeit für seinen Leidensweg, weil er damit Leuten wie mir viel Trost und Verbundenheit geben konnte.«

Die Briefe Hyperions an Bellarmin empfand Anna streckenweise wie an sie selbst adressiert. Durch die wehmütigen Anklagen, die gefühlsbetonte Sprache bzw. das Auf und Ab der Leiden und Freuden fühlte sich Anna direkt angesprochen. Aussagen wie diese sprachen sie sofort an:

> »Kannst du es hören, wirst du es begrüßen, wenn ich dir von meiner langen, kranken Trauer sage? Nimm mich, wie ich mich gebe, und denke, daß es besser ist zu sterben, weil man lebte, als zu leben, weil man nie gelebt! Neide die Leidensfreien nicht, die Götzen aus Holz, denen nichts mangelt, weil ihre Seele so arm ist, die nicht fragen nach Regen und Sonnenschein, weil sie nichts haben, was der Pflege bedürfte.
> Ja! Ja! Es ist sehr leicht, glücklich, ruhig zu sein mit seichtem Herzen und eingeschränktem Geiste...!«

Hölderlins Biographie und Hyperions Briefe waren nur ein unmittelbarer Auslöser für das eigentliche Hoch, das dann folgte, als Annas Kindergefühle wach wurden.

Den unmittelbaren Sinn dieses euphorischen Hochs sah Anna vorrangig darin: *Bejahung und unbedingte Annahme ihres bisherigen Lebenslaufs* — einschließlich ihres Außenseiter-Daseins — mit negativen Seiten und Niederlagen.

— Das Erleben des euphorischen Hochs

Die dann einsetzende Euphorie dauerte ca. eine Woche. Anhand einiger Auszüge aus den damaligen Tagebuch-Eintragungen sowie aufgrund der lebenslaufanalytischen Schilderungen Annas möchte ich hier mir wichtig erscheinende Aspekte dieser ekstatischen Erfahrungen kurz wiedergeben:

— »Ich habe eine Woche lang nur in Gefühlen geschwelgt, in einem sehr einseitigen Glücksgefühl, ohne daß es durch irgendein reales Ereignis ausgelöst worden wäre... Als wären plötzlich alle Wahrnehmungskanäle in mir frei geworden, strömte mir von überall eine Fülle von Gefühl entgegen.
  Ich glaube, über diese intensiv empfundene Woche einen Zugang zu allem zu bekommen, was mir selbst in meinem Leben wichtig ist, und welche Erlebnisse, Menschen und Lebensphasen von wahrer Bedeutung für mich sind und waren.«

— »Ich bin in einem Rausch; alles was vergangen ist, wird mir lebendig und schirmt mich gleichzeitig ab. Es ist Gefühl, das mich umgibt; alles, was ich sehe, formt sich um in Empfindungen, nicht in greifbare Gedanken... Es ist alles übersteigert, als suchte jedes Gefühl sein Gegenteil und fügte sich mit ihm zusammen, zu einer Einheit, in der es keinen Widerspruch gibt. Ich fühle mich seltsam frei und gleichzeitig als eine Gefangene dieser Freiheit, als wäre sie ein Strudel, der mich festhält und herumwirbelt.«

— »Heute saß ich in einem Café und las. Ich konnte alles mitfühlen, was ich las, und kriegte wieder solch einen Anfall von Freude, daß ich Lust hatte, die Welt zu umarmen. Ich empfinde so viel Freude, daß ich es kaum ertragen kann. Ich bin meinem Leben so dankbar für alles! Ich habe jetzt solch ein blindes Vertrauen in das Leben, ein Vertrauen, das ich von der vernunftmäßigen Überlegung nicht zu rechtfertigen wüßte. Das ist ein großer Halt, dieses blinde Vertrauen, über alles Scheitern hinweg!«

— »Es plätschert alles so leicht hin und belebt mich immer mehr, weil es sich nicht so staut. Ich kann in Worten nicht ausdrücken, was im Gefühl so klar und durchsichtig ist.«

In der Lebenslaufanalyse explorierte Anna wesentliche Erlebnisaspekte dieses Zustandes, den sie in etlichen Hinsichten mit dem Paradise-Valley-Erlebnis verglich:

Hyperion-Euphorie	*Paradise-Valley*
	Grundstimmung
Jubel, Freude, Glück, Dankbarkeit. Absoluter Überschwang der Gefühle: Liebe	Stille, Freude, sanfte Melancholie; manchmal euphorische, manchmal schmerzliche Momente. Dankbarkeit / Liebe
	Gedanken
Sich überstürzende Gedanken, Metapher. Rege Geistestätigkeit. Gedanken und Erleben sind eins: Alles ist Empfindung.	Langsamer, gelassener Gedankenfluß, eher herabgesetzte Geistestätigkeit. Denken und Fühlen ebenfalls eins im Erleben.
	Zeiterleben
Kraft, die sich beschleunigt, mich mitreißt, kontinuierlich.	eher verlangsamt, kontinuierlich
	Körperempfinden
Wie körperlos, als sei ich nur »Herz und Geist«. Vermindertes Schlafbedürfnis. Zugleich tiefe Ruhe, Angstfreiheit. Aktives Mitteilungsbedürfnis.	verstärktes Körperempfinden, entspannte Haltungen, ich liege oft auf dem Rücken, passives Hingabegefühl. Vertrauensvolles »Anlehnen«. Kein Mitteilungsbedürfnis.

Durch den intensiven Vergleich beider Episoden im Zuge der weiteren Lebenslaufanalyse glaubte Anna den biographischen Sinngehalt dieses euphorischen Zustands klarer denn je erfassen zu können. Im Zusammenhang mit diesem Zustand entdeckte sie, daß sie »in ihrem innersten Kern unzerstört, heil geblieben ist.« Anna hatte zudem in ihrem Euphoriezustand einige glückliche Episoden ihrer Kindheit wiedererlebt. Ihre Selbsteinschätzung, aufgrund ihrer Kindheitserlebnisse durch und durch psychisch gestört zu sein, fiel von ihr wie schlagartig ab und löste somit eine Riesenerleichterung oder ekstatische Euphorie aus. Kurze Zeit nach dieser Woche glaubte sie auch, daß sie ein für alle Mal von ihrem Kindheitsleiden geheilt wäre, daß die Zeit der Alpträume und Horrorerinnerungen an die Kindheit vorüber sei, und daß sie sich mit der Vergangenheit versöhnt habe.

Nach der lebenslaufanalytischen Besprechung ihrer Gipfelerlebnisse neigte Anna immer stärker dazu, diese Erfahrungen als Wendepunkt oder Meilenstein auf dem Weg zur Selbstentwicklung zu bewerten, und sie mit etwa folgenden anderen Ereignissen oder Erlebnissen zu einer gemeinsamen »spirituellen Entwicklungslinie« in Verbindung zu setzen:

— Ihre »Bekehrung«
— Ihre Gemeinschaftserlebnisse im Jesus-Keller
— Fred, der Amerikaner
— »Hermann Hesse und die Reisen«
— Die Harmonie mit und Liebe zu Rafa
— Die erste Begegnung mit Helge.

Auch bei der Bearbeitung der »Hyperion-Euphorie« unterstützte ich Anna darin, in Kontakt mit ihrem unzerstörten, gesunden Kern (wieder) zu kommen. D.h. das euphorische Erleben sollte nicht etwa als Ausdruck oder Beleg einer »neurotischen Entwicklung« erklärt werden, sondern als ein positives »Energiefeld«, das in der Lage ist, sie mit gesunden Anteilen (Empfindungen, Gedanken, Gefühle...) aus ihrer Kindheit in Verbindung zu bringen und mit ihrer Vergangenheit ein Stück weiter zu versöhnen.

In der Lebenslaufanalyse lernte Anna ihre biographiebezogenen Erlebnisse, dies gilt a fortiori für die beiden hier erwähnten Gipfelerlebnisse, nicht mehr als Belege oder symptomatische Ausdrucksweisen neurotischer Verwirrungen zu betrachten. Vielmehr lernte sie ihre ekstatischen (und sonstigen) Erlebnisse vorrangig und hauptsächlich nicht im Sinne einer Reduktion auf Neurotisches, sondern im Sinne einer inneren, therapeutischen Fortentwicklung zu verstehen, neu zu entdecken und positiv zu nutzen.

Dementsprechend möchte ich diesen Abschnitt mit einem Zitat aus einer ihrer letzten lebenslaufanalytischen Sitzungen abschließen:

> »In der Lebenslaufanalyse fand ich einen Rahmen, in den ich für mich wesentliche Harmonie-, Euphorie- und ekstatische Erlebnisse einordnen konnte. Dadurch entstand auch ein 'roter Faden', aufzeigbar und irgendwie klarer getrennt von neurotischen Tendenzen und Krisenphasen.«

4. Kapitel

Männer-Liebe. Aspekte ihres Weiblichkeitsideals

Liebe ist zweifelsohne ein zentrales Thema in Annas Biographie und in ihrer Reflexion über sich, die anderen und die Welt.

Zahlreiche Passagen aus ihren Tagebüchern (seit ihrem 19. Lebensjahr) sind diesem Thema gewidmet. Folgende Zitate machen deutlich, welche überragende Stellung Liebe in ihrer Menschen- und Weltanschauung einnimmt:

— »Durch einen Mangel an Liebe als des echten Wertes des Menschen und seines Lebens entstehen letztlich die Probleme im einzelnen wie auch in der ganzen Gesellschaft . . .«

— »Liebe ist das Geheimnisvolle des Lebens, das allen Naturgesetzen entgegensteht, das die Grausamkeit der Naturgesetze überwindet und das die Menschen dazu treibt, sich selbst und die natürlichen Grenzen zu überwinden. Liebe geht gegen alle Vernunft und ist verstandesmäßig nicht faßbar.«

— »Wenn man den Wert der Menschen und den Selbstwert nicht in der Liebe erkennt, sucht man ständig nach Ersatzwerten und ist nie zufrieden mit sich selbst und den anderen.«

Für Anna ist *Liebe* nicht nur Gegenstand philosophischer Reflexionen: sie wird von ihr als eine konkrete, existentielle »Sinndimension« ihrer Biographie aufgefaßt.

Erst bei der späteren Beschäftigung mit ihren Tagebüchern und den Protokollen der lebenslaufanalytischen Sitzungen wurde mir klar, warum bei manchen therapeutischen Gesprächen gegenseitige Mißverständnisse entstehen konnten. Meine Klassifikations- , Funktions- oder Bewertungsmuster hinsichtlich der Kategorie »Liebe« wiesen anscheinend andere Gewichtungen oder Wertungen auf. Wo ich fast automatisch klare Trennungen sah, war es für Anna z.T. ein und dasselbe, oder umgekehrt.

Da ihre problematische »Männer-Liebe« (Annas Ausdruck) neben ihren Einsamkeits- und schwankenden Selbstwertgefühlen sie nicht zuletzt zu einer therapeutischen Lebenslaufanalyse veranlaßt hatte, regte ich eine intensive Auseinandersetzung mit ihren bisherigen »Männer-Beziehungen« an.

Teils als Vorbereitung, teils aber auch als Weiterführung der lebenslaufanalytischen Gespräche schrieb Anna ca. 70 Seiten zu diesem Thema. Im folgenden fasse ich wichtige Aspekte zusammen.

Eine ihrer ersten Tagebucheintragungen mit Anfang 19 Jahren behielt bis zum Ende der Lebenslaufanalyse ihre volle Aktualität:

> »Werde ich in meinem Leben einen Menschen finden, bei dem das gegenseitige Vertrauen so weit geht, daß man sich ohne Worte versteht und in den Augen des anderen seine Seele liest, und es erregt und wertvoll nimmt, was man so gegenseitig von sich erfährt, so werde ich das Hauptsächliche für mich gefunden haben und ich würde mir schlecht vorkommen, wenn ich mich jemals wieder über die Tatsache beklagen würde, daß ich lebe.«

Annas anfängliches Interesse an einer Lebenslaufanalyse bestand z.T. darin, sich so zu verändern, daß die Wahrscheinlichkeit deutlich zunimmt, diesen Menschen (»ihren Mann«) zu finden.

Streckenweise war es ihr in der Vergangenheit gelungen, z.B. bei der Weinlese in Südfrankreich mit Rafa oder ein Jahr später in Marokko mit Carlo, solche Menschen zu finden. Vor allem in der Beziehung zu Rafa erfuhr Anna zum ersten Mal in ihrem Leben, daß ihr zentraler Wunsch tatsächlich realisierbar war. Spätestens seit dieser Erfahrung (ca. mit 22 Jahren) machte Anna die im obigen Zitat beschriebene »Liebe« zu ihrem »Selbstideal«.

Ideale Liebe zwischen Mann und Frau wird als »Eins-Sein und zugleich Einzigartig-Sein« verstanden, etwa wie auf der folgenden Zeichnung (s. Abb. 1), die sie während der Lebenslaufanalyse anfertigte:

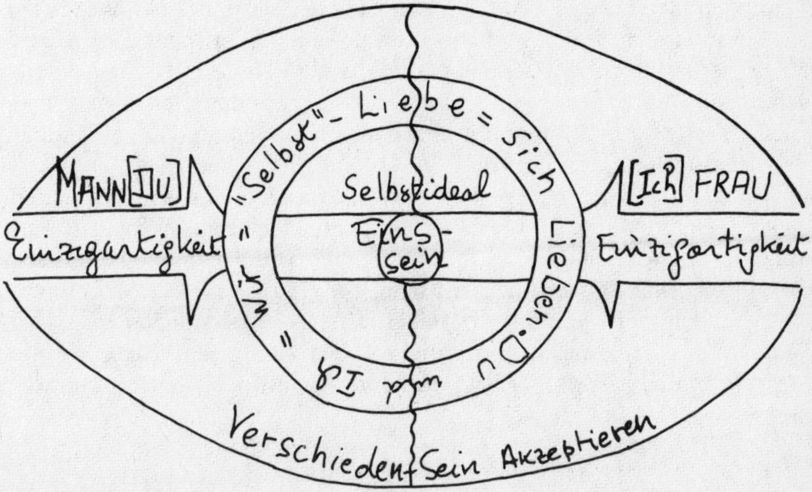

Abb. 1 »Eins-Sein«

Mit anderen Worten:

> »Egal wie man auch war, welchen Weg man konkret ging, welchen unterschiedlichen Lebensweg man gegangen war: Hauptsache, das, was man suchte und fand, war das Gleiche. Hauptsache, man zog sich wegen des gleichen Selbstideals an, in dem Liebe und Eigenliebe in eins flossen, denselben Grund hatten. D.h. nicht die Individuen verschmelzen, sondern der innere Kern beider verschmilzt im gemeinsamen Ideal«. (Aus dem Lebenslaufanalyse-Kommentar zur Zeichnung).

Im Vergleich zu anderen Formen der Liebe zwischen Mann und Frau sieht Anna in ihrem »Selbstideal der Liebe« etliche Vorteile, so z.B.:

— »Liebesverlust ist unmöglich, weil man sich aus demselben Grund (Kern) heraus liebt, wie den anderen. Jeder liebt sich selbst, indem er den anderen liebt.«

— »Man behindert sich nicht durch ein festes Erwartungs- und Wunschbild. Das Ideal ist wahr: Das Eins-Sein der Liebe für das, was jeder im Selbst-Ideal auf einzigartige Weise sucht und findet.«

— »Lieben und geliebt-werden bedeutet dasselbe. Es ist ein bleibender Zustand, den jeder mit seinem Ideal verbindet.«

Seit ihrer kurzzeitigen Beziehung zu Rafa in Südfrankreich (s. Teil II, Kap. 6), mit dem sie zum ersten Mal eine tiefe Begegnung zwischen Mann und Frau als eine reale Möglichkeit erfahren hatte, ja sogar als eine zeitweise Verwirklichung ihres Selbstideals, wollte Anna nicht länger allein leben und Außenseiter sein. Seitdem war sie mehr denn je auf der Suche nach gleichgesinnten Männern, mit denen man »ein und dieselbe innere Welt und Heimat« sein würde.

Mit 23 Jahren erfuhr Anna eine weitere, noch intensivere Verbundenheit mit einem Mann, dem Straßenmusikanten Helge aus Norwegen. Eine knappe Woche erlebte sie mit ihm eine innige, wunderschöne Verbundenheit in sexueller und geistiger Hinsicht. Sie glaubte in Helge den ihr entsprechenden Mann gefunden zu haben. Erst 2 1/2 Jahre später, als sie wegen ihm nach Norwegen fuhr, mußte sie enttäuscht feststellen, wie weit sich Helge in der Zwischenzeit von ihrem »Selbstideal« entfernt hatte.

Helge

Helge und Anna waren nur einige Tage zusammen. Auch wenn sie von ihm kein Lebenszeichen mehr bekam, bis sie ihn gut 2 1/2 Jahre später in Norwegen besuchte, hegte sie lange Zeit die Hoffnung, mit ihm eine Dauerbeziehung im Sinne ihres Selbstideals aufbauen zu können. Mehr noch als mit Rafa in Südfrankreich erlebte Anna mit Helge eine tiefe Verbundenheit in geistiger und körperlicher Hinsicht, die im wesentlichen ihrem Selbstideal der Liebe zwischen Mann und Frau entsprach bzw. immer noch entspricht. Die folgenden Tagebuch-Passagen schildern ihre Liebesempfindungen von damals:

— »Ich habe ihm mein Leben erzählt und von meinen Reisen. Zwischendurch hat er immer einige seiner selbstgemachten Lieder gesungen ... Ich war so berührt von der Schönheit seiner Gedanken, dem Schmerz seiner Gefühle und der Art, wie er es durch Worte und die Musik ausdrückte. Er saß da, wie ein Wunder für mich. Ich liebe ihn mit jedem Tropfen Blut, mit jeder Faser von mir, und es tut sehr weh und ist doch so gut.
Ich wünsche mir nur das Eine, nur, daß Helge die endgültige Krone meiner Liebe ist, zu der alle anderen Menschen, die mir so nahe stehen, Wegweiser waren. Ich wünsche mir, daß diese Liebe wächst und nie endet, egal ob sie mich zu neuem Leben führt oder in einen Abgrund. Ich fühle mich so sehr verstanden von ihm, es ist ein

Wunder, die Texte seiner Lieder spiegeln mich so oft wider, und so klar, wie ich mich selbst in Worten noch nie über mein Inneres ausdrücken konnte.«

— »Helge hat eine Platte von den 'Moody Blues' aufgelegt, die ich kaum gehört hatte. Mir ist das Herz immer schwerer geworden und als das Lied 'Is not life strange?' kam mit der Strophe: 'Wish I could be in your heart to be the one you love, wish I could be in your eyes' mußte ich entsetzlich heulen, Helge wachte davon auf, er streichelte meinen Arm und fragte, was ich habe, ich sagte, es sei o.k., aber er sagte, ich müsse es ihm sagen, und ich sagte, es sei immer wieder einpacken und Abschied, nichts sei von Dauer, ich sagte, ich vermisse ihn schon jetzt, aber ich wollte nicht, daß er denke, er sei ein Grund für Kummer in meinem Leben . . .«

Es kostete Anna damals (vor ca. 5, 6 Jahren) viel Zeit und Tränen, allmählich von ihrer Hoffnung Abschied zu nehmen, mit Helge irgendwann eine Dauerbeziehung aufbauen zu können.

Erst 3/4 Jahr später, z.T. unter dem Einfluß ihres Verliebt-Seins in Klaus, ihrem Gitarrenlehrer, faßte sie die Absicht, sich von ihrer Hoffnung auf eine feste Zweierbeziehung mit Helge loszumachen. Sie notierte dann in ihr Tagebuch:

»Den Gedanken an Helge habe ich mir aus dem Kopf geschlagen und damit auch die Hoffnung auf eine feste Zweierbeziehung. Ich habe Helge geliebt und ich weiß, daß ich so schnell oder sogar nie wieder jemand so wie ihn lieben können werde. Helge ist für mich unersetzlich. Ich weiß nur, daß das Leben weitergeht und daß für mich ein neues Kapitel angefangen hat. Die Zeit der Erwartung ist vorbei, und ich muß jetzt ganz andere neue Erwartungen an das Leben stellen und mich der neu gegebenen Situation anpassen. Ich bin dabei, mich loszulösen von meinen Träumen und idealen Vorstellungen und will mich der Realität zuwenden, mich zwar noch als Individuum, aber besonders als ein Glied in der menschlichen Gemeinschaft ansehen und da meine Rolle finden, einen Lebensstil und -kreis, in dem ich mich ausleben kann, in dem ich zugleich nützlich und wertvoll für die anderen bleibe oder werde.«

Anders als mit dem Amerikaner »Fred« oder bei ihrer ersten Liebe zu »Wolfgang« hatte sich Anna in ihrer Beziehung zu Rafa oder Helge nicht minderwertig, häßlich, unattraktiv, unerfahren, naiv und abgelehnt, sondern vollwertig und angenommen gefühlt.

Sie konnte Rafa und Helge bewundern, ohne von ihnen verunsichert zu werden. Auch wenn sie ihr in vielen Hinsichten überlegen schienen, fühlte und verhielt sich Anna keinesfalls unsicher, ungeschickt oder »neurotisch« in ihrer Anwesenheit.

Im Gegenteil: sie hatte den festen Eindruck von ihnen als *ganzer Mensch* erkannt, geliebt, ja sogar bewundert zu werden. Die Tagebucheintragungen während der wenigen Wochen, die sie mit Rafa, Helge oder Carlo verbrachte, enthalten — wenn überhaupt — nur sehr wenig negative Selbstbewertungen. Es sind eher Zeitinseln der Ruhe und Selbstzufriedenheit in ihrem Lebenslauf.

Klaus

Mit knapp 25 Jahren verliebte sich Anna in Klaus, ihren Gitarrenlehrer, einen Band-Musiker, der einige Semester an der Uni studiert hatte. Die Beziehung zu Klaus sieht Anna im Rückblick in einem engen Kausalzusammenhang mit einer bei ihr beginnenden »grundsätzlichen« Lebensweise.

Während Anna bei Rafa oder Helge eine innere Verbundenheit auf gleicher Ebene, ja eine streckenweise Verwirklichung ihres »Selbstideals« erlebte, geriet sie bei Klaus in eine — wie sie sagte — »hoffnungslos neurotische Abhängigkeit«.

Nicht zuletzt aus Angst, Klaus zu verlieren, ihm gleichgültig zu werden, machte sie ihn zu ihrem Ich-Ideal, etwa nach dem Motto: Je bewundernswerter er für mich wird, umso wertloser fühle ich mich.

Klaus machte ihr immer mehr klar, daß ihre bisherigen Wert- und Orientierungsmaßstäbe wenig tauglich seien. Klaus war davon überzeugt, daß Anna sich möglichst rasch eine rationale, realistische Orientierung zulegen sollte, um sich einen Platz in der bürgerlichen Gesellschaft (Politik, Beruf, Ausbildung, Status ...) zu erobern.

Teilweise erlebte auch Anna die Beziehung zu Klaus als eine Stütze, um von ihren Hippie-Vorstellungen und den negativen Seiten ihres gesellschaftlichen Außenseiter-Daseins wegzukommen. Sie machte sich aber von ihm zunehmend abhängig und entwickelte ein intensives Hörigkeitsgefühl Klaus gegenüber. Zeitweise sah sie in ihm sogar eine Art Therapeuten, der sie von ihrer »unheilbaren Neurose« heilen könnte. Anna erlebte sich gegenüber dem auf vielen Gebieten (Politik, Musik, Sport, Frauenbeziehungen ...) erfolgreichen Klaus als eine minderwertige »Traumtänzerin«. Negative Selbstbewertungen, Minderwertigkeitsgefühle, Depressionen, Ängste, allerlei Unsicherheiten machten sich bei ihr nunmehr breit. Gleichzeitig wollte sie ihn zu tiefen, wahren Liebesgefühlen fähig machen. Je abhängiger sie sich aber von Klaus machte, umso mehr wurde ihr klar, daß Klaus sie überhaupt nicht brauchte.

In vielerlei Hinsicht schilderte Anna die Beziehung zu Klaus als eine in ihrer bisherigen Biographie markante Etappe oder Wende, die sie mit dem Motto »Realität statt Träumen« charakterisierte. Nicht zuletzt aus diesem Grund wurden etliche lebenslaufanalytische Sitzungen zu einer Rekonstruktion dieser ca. zweijährigen Beziehung und eine möglichst differenzierte Bilanzziehung verwendet.

Während der beginnenden »Klaus-Phase« hatte Anna die Möglichkeit einer Dauerbeziehung zu Helge noch nicht völlig aufgegeben. In ihren Briefen und Erinnerungen an Helge konnte sie ihren »Weg nach Innen« irgendwie weitergehen, sich als Außenseiter auf geistigem Bereich erleben. Parallel dazu eröffnete ihr die von Klaus unterstützte Orientierung an der »äußeren Realität« die verstärkte Ausrichtung an Alltagsmöglichkeiten: politische Bildung, Abendgymnasium, Studentenleben.

Die verstärkte Abhängigkeit von Klaus, gleichzeitig ihre Orientierung an äußeren Werten nach dem Motto »genug geträumt« bewertete Anna schon damals als schwere Lebenskrise. Durch die Lebenslaufanalyse gelang es ihr, mehr Klarheit und Struktur über diese knapp zwei Jahre währende Krisenzeit zu erlangen.

»Der totale Frust«, den sie in Bezug auf Klaus schließlich erlebte, half Anna, ihre Lebensplanung aktiver in die Hand zu nehmen, sich langfristige Ziele (wie z.B. das Abendgymnasium) zu setzen und sich im Lebensstil ihrer Generation »besser zurecht zu finden«. Gleichzeitig nahmen ihre Ängste, Depressionen, »Unwertgefühle« deutlich zu.

Wie früher bei Fred und Wolfgang machte Anna mit Klaus und einigen weiteren Männern die für sie bittere Erfahrung, daß sie von ihnen bei weitem nicht in dem Maße geliebt wurde, wie sie selbst liebte. Oftmals war es ein Kampf oder Bettelgang gewesen, obwohl sie sich gewünscht hatte, ohne eigene Anstrengung und Verkrampfung einfach geliebt zu werden!

Die Reflexion über die Beziehung zu Klaus festigte sie in ihrem Entschluß, lieber allein und asketisch zu leben, als Liebe von Männern zu erwarten, von denen sie von vornherein das Gefühl hatte, ein Gleichgewicht des Gebens und Nehmens im Sinne ihres oben geschilderten »Selbstideals« sei illusorisch.

Bei der eingehenden Besprechung und Rekonstruktion ihrer vergangenen »Männer-Beziehungen« neigte Anna somit zu dem Schluß, lieber allein und einsam zu leben, und dabei sich selbst treu und würdig zu bleiben, als sich aus Triebdruck oder aus welchem Grund auch immer abhängig und hörig zu machen, um dann doch zu erleben, daß trotz ihrem Engagement keine innere Verbundenheit, kein stabiler, emotionaler Austausch stattfand. Sätze wie dieser (aus der »Klaus-Zeit«) hoffte sie niemals mehr schreiben zu müssen:

»Wirklichkeit ist, daß ich für ihn persönlich keine große Bedeutung habe, daß ich viel abhängiger von ihm bin, und er von mir eigentlich total unabhängig; ich brauche ihn, er braucht mich nicht, jedenfalls kaum.«

Am Beispiel »Klaus« arbeitete Anna einige ihrer Wahrnehmungs- und Verhaltensmuster heraus, die für sie diese Beziehung so enttäuschend erscheinen ließen.

- Urteile des Mannes werden zum Maßstab. Um angenommen zu werden, setzt Anna taktierendes Verhalten, Dosieren bei der Mitteilung eigener Gefühlsreaktionen ein. Anna fühlt sich dabei nicht spontan, sondern unfrei und kontrolliert.
- In der Wahrnehmung Annas verschmilzt alles, was sie selbst anzubieten hat. Der Mann wird immer grandioser.
- Sie befürchtet als unfähig, neurotisch, »verkorkst« abgeurteilt zu werden, wobei sie den Mann zu ihrem Richter macht. »Ich werde unterlegener Bewunderer seiner Überlegenheit. Ich darf nur stolz auf das sein, was er gelobt hat, worauf stolz zu sein er mir erlaubt hat.«
- Es folgen Gefühle der Hörigkeit, Abhängigkeit, Selbstunsicherheit...
- Seine erotische Anziehung wird verstärkt.
  Sie meint im nachhinein, damals ihre eigene Stärke in sein äußeres Gebahren hineinprojiziert zu haben, schutzbedürftig geworden zu sein, weil sie in ihm den starken, stabilen, unerschütterlichen Mann sah.

Zunehmend wurde Anna klar, daß sie diese Verhaltensmuster nicht mehr wiederholen wollte. Sie blieb dennoch bei ihren »symbiotischen Verschmelzungswünschen«, die bereits in ihren Tagebuchaufzeichnungen zu finden waren, wenn ihr auch bewußter wurde, wie gering die Chance lag, einen solchen Partner zu finden.

Während der Analyse und Bilanzziehung ihrer »Männerbeziehungen« entdeckte Anna, daß sich »ihre Männer« in annähernd vier Gruppen einordnen ließen, wobei sich die beiden ersten Gruppen teilweise überschnitten.

Männergruppe I

Zu dieser Gruppe zählte sie (Lebens-)Künstler, Chaoten, Philosophen, Gefühlsmenschen, Außenseiter, Abenteurer... Diese Männer wirkten auf sie erotisch, anziehend, zeigten aber in der Regel kein »männliches Gehabe«. Sie waren risikofreudig, Optimisten. Sie konnten lachen und weinen, sich total begeistern und tief verzweifeln. Sie legten keinen großen Wert auf Äußerlichkeiten bei Frauen, im Sinne von Kosmetik, Reizwäsche etc. Ihren eigenen Halt konnten sie zeitweise verlieren. Für Anna hatten sie so etwas wie eine »Katzenseele«. Sie strebten keine stabile, emotionale Beziehung zu ihr an. Sie hatten eine eher poetische Ausdrucksweise.

Mit Männern aus dieser Gruppe (z.B. Rafa, Carlo, Helge) konnte Anna ihr Selbstideal zum Teil realisieren oder als eine realisierbare Möglichkeit betrachten.

Männergruppe II

Für Anna war es die Gruppe der »Rationalisten«, der erfolgs- und leistungsorientierten Männer (z.B. »Klaus«). Sie waren für sie — emotional gesehen — eher unzugänglich oder »schwierig«.

Das Positive ihrer »inneren Ordnung« war, daß sie aufgrund ihrer rationalen Vernunft und ihrer Verwurzelung in der gesellschaftlichen Realität weniger zur Verwechslung von Wunschvorstellungen mit der realen Situation neigten, weniger projizierten, stabiler waren als die Traumtänzer oder Utopisten der Gruppe I.

Das Negative sah Anna darin, daß ihre »Ordnung« etwas Blockierendes hatte, weil der starre Bezugrahmen eng mit ihrem eigenen Selbstwertgefühl zusammenhing. Alles diente zur »Beweihräucherung« der eigenen Person, zum vorzeigbaren Etikett und Aushängeschild. Sie zeigten männliches Gehabe, brauchten eine »schöne Frau« zum Renommieren, zum Vorzeigen.

Sie ließen sich nicht anstecken, mitreißen, weil sie selbst der »Star« sein mußten, sich sonst in Frage gestellt fühlten und durch Verweigerung abwerten mußten, wenn sie selbst nicht Mittelpunkt einer Situation waren. Man könnte sagen, sie blockierten das Hin und Her wechselseitigen Gebens und Empfangens, weil sie selbst der Gebende sein wollten. Sie waren ständig die Unabhängigen, Starken, Führenden, Beschützenden und suchten eher Ergänzung als gleichgestellte Partner. Sie sahen Gleichwertigkeit als Herausforderung, selbst die Oberhand zu gewinnen. Eine echte

Anerkennung des anderen in seiner Einzigartigkeit (vgl. das Selbstideal Annas) schien bei ihnen nicht möglich zu sein. Im Gegenteil, sie fühlten sich durch Andersartigkeit eher in Frage gestellt.

Sie argumentierten und beurteilten ständig vom »vernünftigen Standpunkt« aus. Sie hatten laut Anna eine »Elefantenseele« und wenig Charisma.

Wenn Anna in Kontakt mit solchen Männern kam, versuchte sie, sich ihren Wünschen anzupassen, wurde aber dabei zunehmend unsicher, abhängig, neurotisch.

Männergruppe III

Zu dieser Gruppe zählte Anna Männer, die wie trostlose Außenseiter aussahen. Sie befanden sich auf dem Rückzug, lebten isoliert und wirkten eher abweisend. In der Regel war die Beziehung Annas zu solchen Männern nur von sehr kurzer Dauer. Sie hatte das Gefühl, von ihnen als Retter gebraucht zu werden, sie stellten für sie besondere, persönliche Herausforderungen dar. Ihr Charisma war eindeutig: »Neurose«. Ihre Seele glich nach Annas Meinung derjenigen einer Schildkröte.

Männergruppe IV

Für Anna war dies die größte Gruppe: die »Normalen«. Keinerlei Charisma. Sie waren in der Regel liebevoll, zuverlässig, fürsorglich. Sie hatten eine stabile Sympathie zu ihr, waren ehrlich, äußerten ihre Gefühle, waren recht unkompliziert. Sie waren eher antriebsarm und gutmütig (»Hundeseele«). Sie lächelten, gähnten, trugen Pantoffeln. Ein Teil dieser Gruppe verhielt sich ihr gegenüber wie Väter, der andere eher wie Kinder.

Behaglichkeit gepaart mit einer tödlichen Langeweile machte sich bei Anna schnell bemerkbar. Sie empfand zusehends im Kontakt mit ihnen eine innere Stagnation, was mit zunehmender Unzufriedenheit oder Unruhe einherging. Das Abschiednehmen von solchen Männern wirkte auf sie eher erleichternd, ähnlich einem »Aufatmen«.

Ihren Wunschpartner stellte sich Anna vor als jemand aus der »Schnittmenge der Gruppen I und II«: sie brauchte einerseits das chaotischmusische aus der ersten Gruppe als Anreiz oder Herausforderung zur Entwicklung und Förderung von ihren inneren Ressourcen. Einige positive Aspekte aus der Kategorie II müßten aber dazu kommen, wie z.B. soziales Integriert-sein, Konzentration, Ruhe, Gewissenhaftigkeit...

Im Zuge der lebenslaufanalytischen Bearbeitung der Thematik »Männer-Liebe« entwickelte sich bei Anna ein geordneteres Bild ihrer bisherigen Männerbeziehungen. Obgleich sie sich schon Jahre — auf unsystematische Art und Weise — mit diesem Thema beschäftigt hatte, gewann Anna im Rahmen der ca. 10 Sitzungen, die um diese Thematik kreisten, den für sie neuen Eindruck:

— einen roten Faden zur klaren Orientierung über ihre bisherigen Männerbeziehungen gewonnen zu haben.

— ein klares Gefühl, ihr »Selbstideal« (vgl. Zeichnung, Abb. 1, S. 181) in deutlicher Abhebung zu »neurotischen Manövern« erkannt zu haben bzw. sich dazu verantwortungsbewußter bekennen zu können.

— Mehr innere Stärke gewonnen zu haben, um sich von einseitigen, neurotisch machenden Beziehungen — soweit es geht — fernzuhalten.

Aspekte ihres Weiblichkeitsideals (»Frau-Sein«)

Teilweise im Zusammenhang mit der Thematik »Männer-Liebe«, teilweise aber auch im Anschluß daran, dachte Anna über Aspekte ihres Weiblichkeitsideals, ihres bisherigen und angestrebten »Frau-Seins« nach.

Anna erkannte in vielen Aspekten eine — etwa seit ihrem 17. Lebensjahr beobachtbare — klare Ablehnung vom »Mädchen-Sein«. Am negativsten empfand sie die Vorbilder aus der religiösen Versammlungswelt und der geschäftlichen Bürowelt: so z.B. das »Versammlungsmauerblümchen« und die »Büromieze«. Die damit assoziierten Verhaltensweisen und Eigenschaften waren ihr sehr fremd und sind ihr immer noch zuwider: unselbständig, zimperlich, schutzbedürftig, anständig, brav, unterwürfig, geziert, affektiert, etc.

Durchaus im Einklang mit ihren Winnetou- und Wildfang-Phantasien neigte Anna schon früh dazu, ihr ideales »Frau-Sein« an jungenhaften Verhaltensweisen zu orientieren. Es gefiel ihr z.B. als Frau frei zu sein, zu trampen und sich allein in der (Männer-)Welt durchzuschlagen:

> »Ich bin in N. von jemand ein Stück mitgenommen worden, und er fragte mich unterwegs, ob ich mir 100 Francs verdienen wolle, wir

sind zurückgefahren in ein Hotel, wo ich die Sache zur Zufriedenheit meines Kunden erledigt habe, und ich bin dann leicht nach B. gekommen, nur mit einem Wagen. Es hat mir auch nichts ausgemacht mit Jean zu schlafen, obwohl er ein Mann von 40 ist und dick dazu. Ich weiß, daß ich ihm geholfen habe, denn er hat sexuelle Probleme mit seiner Frau. Die Männerwelt hat mich heute sowieso angekotzt, ein Lastwagenfahrer hat auch versucht, eine kleine Extratour mit mir zu fahren, sie denken auch nur an sich.
Mit Jean war es dasselbe, warum soll ich nur immer die Dumme sein, wenn sie schon was wollen, die Schweine, dann sollen sie auch blechen.
Ich traue keinem Menschen und ich seh unterwegs so viele Schweine, aber ich weiß, daß irgendwo die Leute sind, die ich innerlich immer liebe und ich suche sie und hoffe, sie zu finden.«
(Aus ihrem Tagebuch, 21 Jahre).

Statt Mädchenhaftigkeit strebte sie Kumpelhaftigkeit an, zeitweise nach dem Typus der »Malocherin«: humorvoll, derb, lustig, gesund, burschikos, nicht-auf-den-Mund-gefallen, Obszönitäten zurückgeben und darüber lachen. Eng damit verbunden war ihr Ideal der »Travelling Woman« bis etwa 25 Jahre: »derbe Kleidung, Wanderschuhe, Flanellhemden, keine Angst, sich schmutzig zu machen; einziger Schmuck im Vergleich zum Mann: die Haare.«

Die »weibliche Position« hatte Anna von Zuhause aus als eindeutige Schwäche empfunden, wogegen sie innerlich rebellierte. Von der Erziehung ihrer Mutter und der Versammlung her hatte sie die Frau als eindeutig »minderwertiges Wesen« erfahren. Die Opferrolle der Mutter, die sich vor dem Vater fürchtet, die Passivität des Mädchens (»Frau wartet und macht schöne Augen; Mann wählt aus«), nicht zuletzt ihr Dick-Sein und ihre Häßlichkeitsgefühle seit ihrem 7. Lebensjahr und während der Pubertät trugen dazu bei, daß Anna sich gegen die Aneignung tradierter weiblicher Rollenmuster wehrte.

In der Pubertät hatte sie z.B. ihre »weibliche Mädchen-Kleidung« als beschämend-grotesk, einschnürend, bewegungseinengend empfunden, etwa nach dem Motto: »um Männern zu gefallen muß die Frau sich selbst einengen, behindern!«. Schon früh hatte sie im Umgang mit Jungen eine Art »demütigender Wehrlosigkeit« empfunden. So z.B. bei obszönen Bemerkungen oder Witzen wie »lauf nicht so schnell, die Milch wird sauer« hätte sie am liebsten mit gleicher Münze heimzahlen wollen, was aber für ein Mädchen als unweiblich, unanständig etc. galt.

Die Identifikation mit Janis Joplin (s. Teil III, Kap. 2) brachte ihr in dieser Hinsicht Erleichterung, war eine erste Möglichkeit, gern Frau zu sein. In der Disco genoß sie zum ersten Mal, beim Tanzen ihre inneren Gefühle auszudrücken und widergespiegelt zu sehen auf den Gesichtern der Männer, die sie antörnte. Sie erlebte sich dort verführerisch-aktiv in einer Kleidung, die ihr gefiel: indische Gewänder, lange Röcke, indianerhafte Aufmachung. Wie Janis glaubte sie die Erkenntnis (Männern gegenüber) zu machen: »Ich habe was, was ihr wollt und kann euch damit locken, es euch verweigern, euch sehnsüchtig machen, antörnen oder es euch geben.« In einer Disco wurde sie eine Zeitlang als »Queen« angesprochen, ja gefeiert. Im Vergleich zu ihrem Fabrikalltag, wo sie sich mit lauter Unsicherheits- und Minderwertigkeitsgefühlen herumplagte, fühlte sich Anna abends in ihrer Rolle als »Queen« geradezu grandios.

Sie wünschte sich, daß ein Mann ganz von ihr ergriffen wäre, so wie sie von ihm und von Janis Joplin. Daß es nicht so war bzw. sogar so blieb, empfand sie als »Halbherzigkeit« der Männer. Sie bekam auch Wut, wenn sie merkte, daß diese von ganz anderen Attributen und Frauentypen angezogen waren als von den Frauen, die sie faszinierten. Wie Janis Joplin wollte Anna bewußt »nicht schön und brav sein, sondern autonom, böse, häßlich, ihren Todestrieb auslebend.«

Als Anna mit 22 in der Werbekolonne (s. Teil II, Kap. 6) arbeitete, lernte sie ganz neue Aspekte der Weiblichkeit hautnah kennen: Frau als Ware, Sex als Geschäft. Ihre Chefs und Mitarbeiter waren ehemalige Zuhälter, (Möchtegern-)Edelnutten, Striptease-Tänzerinnen. Pelzmäntel, Parfums, Diamanten im Ohr, schicke Autos waren an der Tagesordnung. Ihre damals naive Wahrnehmung des Milieus führte zu einem verstärkten Orientierungs- und Selbstachtungsverlust (auch als Frau), was sicher zu ihrem dritten Selbstmordversuch beitrug.

Das Gefühl, das Anna als »Ehefrau- oder Erwachsene-Frau-Gefühl« bezeichnete, tauchte zum ersten Mal in ihrer Beziehung zu Klaus auf: Sie wollte den Mann positiv überraschen, schick und weiblich aussehen; es machte ihr selbst Spaß sich neu einzukleiden; ihr gefielen sogar Reizwäsche, Negligés, Strapse. Sie war aber damals (25 Jahre) zu unvorbereitet oder fand zu wenig Halt für eine Identifikation mit der Rolle als »Ehe- oder Erwachsene-Frau«. Statt mit dem »schick und weiblich« Freude, Genuß und Selbstsicherheit erfahren zu können, geriet sie im Umgang mit »weiblichen Attributen« unter Leistungsdruck. Sie bekam große Angst, sich lächerlich zu machen. Dabei hatte sie den Anspruch, sich das nicht anmerken zu lassen.

Ihr heutiges Frauenideal schilderte Anna mit dem Satz: »I am a woman of heart and mind«. Sie wollte sich mehr als bisher von inneren Werten leiten lassen und dabei eine Harmonie zwischen Verstand und Einfühlung anstreben; sie wollte Weichheit, Akzeptanz, intuitive Erfassung mit intellektueller Schärfe und Härte fließend verbinden. Bezogen auf die Männer wollte sie sich nicht mehr je nach Gruppe (I - IV) mal in plumpe, mal in subtile Anpassungsformen des Gebrauchtwerdens begeben.

Dieses Resümee Annas verdeutlichte mir erneut, was bereits wiederholt bei der gesamten Durcharbeitung des Themas »Männer und Liebe« anklang: Anna neigte dazu, überhöhte Ansprüche an sich wie den potentiellen Partner zu stellen.

Es gelang nur begrenzt, ihre Selbsteinschätzung in diesem Bereich zu relativieren. Sicherlich trug aber die Reflexion über ihre bisherigen Männer-Beziehungen und die Herausarbeitung ihrer bevorzugten Strategien dazu bei, einen »vorläufigen Schlußstrich« zu ziehen. Ferner schien sie mir sensibler für das Erkennen alter Verhaltensmuster geworden zu sein und von diesen dann aktiv Abstand nehmen zu können.

5. Kapitel

Rückzug, Verlassenheits- und Wertlosigkeitsgefühle

Mit den ersten Bestrafungsritualen im Hause der Großmutter waren allerlei Rückzugsphantasien, Verlassenheitsgedanken bis hin zu Verbrechergefühlen aufgetaucht. Damit einhergehend kamen deutliche Schuld- und Minderwertigkeitsgefühle zum Ausdruck.

Beim Überblick des ca. 30jährigen Lebenslaufs Annas fällt mir besonders auf, daß

1. eine relativ breite Palette an Themen, die um Rückzugsphantasien, Verlassenheits- oder Wertlosigkeitsgefühle kreisen, bis ungefähr zu ihrem 7. Lebensjahr schon vorhanden und klar erkennbar war, und
2. diese Gefühle und Phantasien sie seither nicht mehr verließen. In bestimmten Krisenzeiten nahmen ihre Dauer und Intensität dermaßen zu, daß neben eindeutigen Einbußen in der Lebensqualität eine akute Selbstmordgefahr bestand.

Einige Monate vor Beginn der Lebenslaufanalyse — teilweise bedingt durch Ratlosigkeit hinsichtlich der Partnerbeziehungen und Zukunftsvorstellungen — hatten ihre Verlassenheits-, Einsamkeits-, Minderwertigkeits- und Schuldgefühle erneut zugenommen.

Fast jede Woche zog sie sich für zwei, drei Tage in ihr Zimmer zurück. Bei kargem Essen und wenig Schlaf grübelte sie über sich nach. Es dauerte nicht lange bis sie heftige Einsamkeits- oder Verlassenheitsgefühle erlebte. Stunden oder Tage später kamen tiefsitzende Schuldgefühle allmählich hoch, die Weinanfälle bis spät in die Nacht auslösten. Erst dann kam mit der Erschöpfung eine gewisse Erleichterung bzw. eine Art Befreiungsgefühl hoch, das sie mit sich selbst ein Stück weit wieder versöhnte.

Erst durch die Lebenslaufrekonstruktion konnte neben den vermutlich allerersten Auslösern (innerhalb der Mutter-Tochter-Interaktion) die Tiefe und Breite des persönlich-biographischen Sinns solcher z. T. lähmenden Gefühle allmählich erkannt werden. Hand in Hand mit der Vergangenheitsrekonstruktion früher Bestrafungstraumata zielte die Lebenslaufanalyse auch darauf, die Vielfalt an Gedanken, Phantasien, Gefühlen, die während der Rückzugstage Annas aufkam, Schritt für Schritt anzugehen.

Im folgenden möchte ich anhand von Therapieprotokollen sowie von Tagebuchauszügen (der letzten 3, 4 Jahre) zentrale Aspekte der Thematik »Rückzug / Einsamkeit / Verlassenheit...« skizzieren. Es handelte sich zwar im einzelnen um voneinander relativ klar abgrenzbare Themen oder Aspekte; durch das stundenlange Nachgrübeln Annas wurden sie aber miteinander so eng verknüpft, daß sie sich wie zerdrückt oder hoffnungslos verfangen in einem Riesenklumpen oder -knäuel an negativen Vorstellungen und Affekten vorkam.

Durch die Lebenslaufanalyse gelang es ihr, aktive Distanzierungsstrategien oder auch befreiende neue Sichtweisen zu entwickeln, die das Bedrohliche und Zerstörerische der Thematik »Rückzug, Einsamkeit...« weitgehend eindämmten. Es blieb aber für mich offen, ob das im Rahmen der Lebenslaufanalyse Erfahrene und Erlernte ausreichen würde, um allein durch Selbstanalyse mögliche künftige Krisensituationen ohne allzu lange und heftige selbstzerstörerische Rückzugsformen bewältigen zu können. In Nachgesprächen mit Anna — ein Jahr nach Beendigung der Lebenslaufanalyse — teilte sie mir jedoch mit, daß ihre »Rückzugskrisen« seltener geworden und bei weitem nicht mehr so bedrückend gewesen wären.

Einsam, schuldig und verzweifelt

> »Gestern war ich in äußerst depressiver Stimmung, so daß ich mich am liebsten aufgehängt hätte. Ich fühlte mich sehr einsam, schuldig und verzweifelt. Die schlimmsten Zeiten erlebe ich dann, wenn alles, was ich jetzt erlebe, mir eine Wiederholung der Vergangenheit ist. Dann habe ich das Gefühl nicht vorwärts gekommen zu sein, sondern daß ich in mir selbst festgefroren bin. In solchen Zeiten verläßt mich alles, und ich habe keinen Lebenswillen mehr. Ich komme aus dem Heulen nicht mehr raus, ich bin augenblicklich wirklich am Boden zerstört und total aufgelöst, aber ich muß eben warten, bis ich darüber weg bin. Selbstmordgedanken kommen zwar auf mich zu, aber ich will nicht sterben, ich habe noch etwas

vor und bin noch nicht bereit um abzutreten.«
(Aus den Tagebüchern, 26 Jahre)

Ähnliche Beschreibungen tauchen in regelmäßigen Abständen in den Tagebüchern auf. Auch in den ersten Monaten der Lebenslaufanalyse berichtete Anna hin und wieder — z. T. mit ähnlichen Worten — über depressive Verstimmungen.

»Einsamkeit, Schuld, Verzweiflung« bildeten eine enge Gefühlstriade aus ferner Vergangenheit. Diese drei Gefühle lösten sich so gegenseitig ab, daß es Anna schwer fiel, sie deutlich voneinander trennen zu können.

Eindrücke oder Gefühle des »Steckenbleibens«, des »Festgefrorenseins«, der Zukunftslosigkeit machten sich breit. Erst nach einsamen und lange anhaltenden Heulanfällen hoffte sie, darüber hinwegzukommen.

Manchmal dauerte ihr Rückzug eine ganze Woche. Der Kontakt zu Mitmenschen wurde dann auf ein Minimum reduziert.

> »Ich bin jetzt schon seit einer Woche in einer lähmenden Stimmung und schließe mich ganz vom Leben ab. Mir sind die Sinne und die Gedanken vernebelt. Ich bin einsam und abgeschirmt von Empfindungen und Tatendrang, der sich auf die Menschen und die Welt bezieht. Nichts stimmt... Ich fühle mich wie auf dem Abstellgleis, oder besser, wie in einer Unterdruckkammer, wo ich wieder auf die 'menschliche Atmosphäre' vorbereitet werde. Das Schlimme dieser depressiven Stimmungen besteht gerade darin, daß ich das Zusammensein mit den anderen als zusätzliche Belastung empfinde; denn ich kann den anderen nicht sagen, worunter ich leide und versuche deshalb meine Unzufriedenheit zu verstecken.«
> (Aus den Tagebüchern, 28 Jahre)

Mit dem Thema »Einsamkeit / Alleinsein / Rückzug« verbanden sich bei Anna zwangsläufig Themen wie »Kontakt und Liebe«. Nicht zuletzt durch ihre Unsicherheiten und Ängste gegenüber Urteilen anderer bedingt mied Anna in Zeiten depressiver Verstimmung unnötigen Kontakt. Sie erlebte die anderen zunehmend als eine kontrollierende Instanz, analog den früheren Kontroll- und Regelsystemen ihrer Mutter (s. Teil II, Kap. 2). Aus Angst, Kontakt könnte zu einer zusätzlichen Belastung werden, schützte sich Anna durch aktiven Rückzug.

> »Die ständige Kontrolle, die ich mir auferlegt fühle, wenn ich mit Leuten zusammen bin, macht mich so unzufrieden mit mir selbst, daß ich erneut die Forderung an mich stelle, daraus auszubrechen.«
> (Aus den Therapieprotokollen)

Sie glaubte im Kontakt mit anderen nicht zu bekommen, was sie suchte und brauchte. Die vor allem Männern gegenüber wiederholt gemachte Erfahrung der »abgewiesenen Liebe« ermunterte sie gerade nicht dazu, neue Kontakte zu knüpfen: »Die Platte 'abgewiesene Liebe' ist bei mir so ausgeleiert. Aber was soll ich machen?«

In diesem Zusammenhang sprach Anna von einem für sie demütigenden Kontaktbedürfnis. Denn sie hatte den festen Eindruck, daß sie es sei, die den Kontakt zu den anderen suchte, während ihr zu wenig von den anderen zurückkam.

So kam es auch, daß Anna — nicht nur wenn sie sich depressiv fühlte — zur Stubenhockerei neigte und dort in eine regelrechte Lese- und Schreibsucht verfiel.

> »Ich habe durch die extreme Stubenhockerei eine Monotonie aus meinem täglichen Leben gemacht, die mein Lebensgefühl doch hemmt, trotz der Befriedigung, die mir die Arbeit gibt.«
> (Aus den Therapieprotokollen)
> »Ich habe mich gleich wieder vor meine Bücher gesetzt, wie eine Süchtige. Ich habe sowieso etwas Fiebriges und Süchtiges an mir, in vieler Hinsicht. Daher die Extreme, aus denen ich mich immer wieder befreien muß.«
> (Aus den Tagebüchern, 29 Jahre)

Durch die Einsamkeit, das viele Lesen und Schreiben wurde manchmal auch das frühe Kindheitsgefühl »ich / wir sind etwas Besonderes« (s. Teil II, Kap. 2) aktiviert:

> »Ich habe auch ab und zu das Gefühl, jemand Besonderes zu sein, aber ich bin nie richtig stolz, weil ich weiß, daß mein Selbstbewußtsein nie lange anhält, sondern schon am selben Tag kann ich wieder sehr gehemmt und unsicher werden.«
> (Aus den Tagebüchern, 26 Jahre)

Mit ihrer Einsamkeit und Verlassenheit hängen auch mitunter bedrükkende Fremdheitsgefühle zusammen, die bei ihr die Angst auslösten, allmählich verrückt zu werden. Jedenfalls hatte sie — besonders bei längeren Rückzugsperioden — große Angst davor, sich schon zu weit vom normalen Erlebens- und Verhaltensbereich entfernt zu haben. Teilweise kam sie sich selber seltsam oder fremd vor. Während ihrer aktiv gesuchten Isolation hatte sie zunehmend Angst, aus der Rolle zu fallen, jegliche gesellschaftliche Verankerung für lange Zeit oder gar für immer zu verlieren. Schlichte Unsicherheiten konnten sich somit zu einem verstärkten Selbstzweifeln entwickeln, wobei ihr zunehmend unklar war, wer sich täuschen oder verrückt machen würde: sie selbst oder die anderen.

»Born under a bad sign«

Ein weiterer, zentraler Aspekt ihrer Verlassenheits- und Unwertgefühle war die feste Überzeugung »in ihrer Kindheit gründlich versaut worden zu sein«. Sie kam sich zeitweise wie eine Art Monstrum vor, das eines menschlichen Lebens nicht würdig sei und Buße machen mußte, um vielleicht eines Tages in die Menschengemeinschaft aufgenommen zu werden.

Sie fühlte sich dann besonders einsam, verlassen. Sie hatte den Eindruck, verflucht oder unerwünscht zu sein. Diese Überzeugung und Stimmung kennzeichnete sie mit dem Kürzel »born under a bad sign«. Vieles aus ihrem Lebenslauf glaubte Anna dadurch begründen oder erklären zu können. Dieses Kürzel war für Anna keine bloße Floskel. Es war auch nicht nur eine Art idiographisches Superzeichen oder eine kognitive Kernannahme. Es stand stellvertretend für eine ganze Reihe von negativen Selbstwertgefühlen.

> »Neben dem Verdacht, schon sehr früh gründlich versaut worden zu sein, sehe ich auch darin, mein Bedürfnis zu lieben, ohne den Glauben, sogar in der Angst, daß diejenigen, die ich liebe, sich als meine Feinde erweisen würden. Daß ich beinahe verflucht sei, und niemand sich durch meine Liebe beschenkt fühlen würde, daß ich unerwünscht sei, daß ich kein richtiger Mensch wie andere sei. Daß niemand mich braucht, aber ich die anderen brauche. Mama, Helge, Klaus und noch viele andere sind Meilensteine auf dem Weg in die Isolation und Angst.«
> (Aus den Tagebüchern, 28 Jahre)

Abgrund von Traurigkeit

Gleichsam als »Bindemittel« zwischen den eben genannten Gefühlen des Alleinseins, der Verlassenheit, Unsicherheit, Wertlosigkeit und Schuld wirkte eine um sich greifende Trauer.

> »Als 4jährige ging das los. 'Warum heulst du denn jetzt schon wieder?' Ich konnte es nicht sagen, doch es war schon derselbe Abgrund von Traurigkeit wie heute, und dann die Lüge, um nicht ganz

verstoßen zu werden: 'Ich habe mich am Schlüssel gestoßen.' Ich stand neben dem Schrank, und mein Blick fiel auf den Schlüssel, während ich nach einer plausiblen Erklärung suchte, nach einer Lüge, um doch noch Trost zu finden. 'Das ist dein Glück', sagte Mama.«
(Aus den Therapieprotokollen)

Wie Anna einmal äußerte, hatte ihre Traurigkeit »Tradition«. Sie ließ sich in der Tat bis in die Anfänge ihrer Lebensgeschichte zurückverfolgen. Viele Auslöser und Variationen dieser Trauer waren aber im Laufe der Jahre neu hinzugekommen. Während der Lebenslaufanalyse wurden nur — gleichsam exemplarisch — einige Formen und Auslösebedingungen im einzelnen besprochen.

Ein Gutteil ihrer Traurigkeit war eine Folge ihrer negativen Selbstbeurteilungen und Bewertungen der in Rückzugsphasen erlebten Isolation oder Verlassenheit. Ein weiterer Teil der Trauer bestand aus einer Mischung unterdrückter Wut und starker Schuldgefühle gegenüber sich selbst (z. B. wegen Entfernung von eigenen Idealen) und gegenüber anderen (z. B. wegen unerwiderter Liebe).

»Ich bin sehr traurig und fühle mich zum Weinen. Ich bin enttäuscht von meinem ganzen Gefasel und meiner inneren Unsicherheit. Ich bin tatsächlich schon so sehr isoliert, daß ich gar nicht mehr normal mit den Menschen sprechen kann und ich spüre auch, daß mein Gerede die Leute belastet und sie unangenehm berührt. Ich fühle mich unglücklich . . .
. . . Ich fühle mich zum Heulen, voller Trauer über mein unausgeglichenes Wesen und nervlich völlig verausgabt. Es ist alles wirklich zum Kotzen und zum Weinen. Ich fühle mich richtig tot, weil ich mich die letzten Monate immer weiter von meinem Idealbild und meinen idealen Lebensgefühlen entfernt habe und entferne.«
(Aus den Tagebüchern, 26 Jahre)
»Freitag und Samstag war ich ständig in Tränen aufgelöst und habe mich sehr geschämt über hochfahrende Äußerungen, Vorwürfe und über meine ganze Unverschämtheit. Ich bin wirklich dankbar für Ihre Geduld und ich glaube, für Sie wird jetzt alles weniger anstrengend werden, denn ich fühle mich jetzt bereit, mich auf Selbsterfahrung, auf Selbstreflexion zu konzentrieren.«
(Aus den Therapieprotokollen)

Zum Themenkreis »Rückzug, Verlassenheits- und Wertlosigkeitsgefühle« scheinen mir noch fünf wichtige Komponenten zu gehören, die sowohl in den Tagebüchern wie auch in den Therapieprotokollen oft vorkamen.

Diese Komponenten oder Aspekte sind als besondere Auslöser und Verstärker von Annas Traurigkeit zu betrachten.

1. »Häßlichkeitsgefühl«

> »Ich finde mein Gesicht schrecklich häßlich.«
> (Aus den Therapieprotokollen)

Seit dem siebten Lebensjahr (»von nun an war ich häßlich«) hatten sich erste Häßlichkeitsgefühle eingestellt. Während das Dicksein in der Pubertät und in der Schweiz für Anna eine wichtige Quelle von negativen Selbstwertgefühlen gewesen war, hatte ihre radikale Abmagerung (mit Anfang 20) ihr zu einer schlanken Figur verholfen, die ihr gemeinsam mit dem Tanzen und Singen Anerkennung und Bewunderung von Männern (sie wurde in ihrer Stamm-Disco »Queen« genannt) einbrachte.

Ab dann konzentrierte sich das Häßlichkeitsgefühl auf ihr Gesicht bzw. ihre Gesichtsmimik. Sie sprach, wohl in Anlehnung an die Schimpftiraden ihrer Mutter, über ihr Horror- oder Monstrum-Gesicht (»Grimmassier' nicht so! Mach' kein Horrorgesicht!«). Ihre Gesichtsmimik oder -maske sah sie mit ihren seelischen Regungen eng verbunden. Wenn sie »böse Gedanken oder schlechte Gefühle« hatte, verzog sich ihr Gesicht beinah automatisch — meinte sie — z. T. auch um sich vor dem Blick anderer undurchsichtiger zu machen. Traurigkeit oder Schuldgefühle bezogen sich somit mehr auf ihre vermeintliche psychische Häßlichkeit als etwa auf eindeutige Körpermerkmale.

2. Schamgefühle

> »Große Schamgefühle habe ich wegen Gefühlsduselei, Kitsch, Sentimentalität, daß man mich dafür hält, obwohl es mir ernst ist.«
> (Aus den Therapieprotokollen)

Es dauerte ein paar Monate, bis Anna im Rahmen der Lebenslaufanalyse ausreichend Vertrauen gewonnen hatte, um mit mir über ihre diversen Alleinsein-Gefühle in aller Ruhe reden zu können und sich in meiner Anwesenheit nicht zu zwingen, das Weinen unbedingt unterdrücken zu wollen, was ihr besonders schwer fiel, — vgl. hierzu z. B. »Winnetou-Stolz«, (vgl. Teil II, Kap. 4).

Sie fand in ihren Rückzugsmanövern soviel Neurotisches und Versautes, daß sie sich davor schämte und es vermied, mit irgend jemand darüber zu sprechen. Mit diesen Schamgefühlen verband sich die Angst, von anderen ausgelacht oder gar als Verrückte eingeschätzt zu werden. Hinzu kam noch verstärkend ihr Stolz, sich nicht von anderen helfen zu lassen, »weil mir viel zu selten geholfen worden ist.«

3. Phantasie-Welt als Wirklichkeit

Während ihrer Isolation konnte Anna so intensiv nachgrübeln, daß ihre Gedanken und Phantasien streckenweise wirklicher als die Wirklichkeit wurden. Auch ihre Nachtträume nahmen dann an Häufigkeit und Intensität deutlich zu, was sie tagsüber zu erneuten Überlegungen und Phantasien anspornte. Mitunter hatte sie sogar den Eindruck, dermaßen in Kontakt mit ihren eigenen Vorstellungen zu kommen, daß dies sie geradezu am richtigen Kontakt hinderte. Lange vor der Lebenslaufanalyse erkannte Anna den Rückzug in eine gesteigerte Phantasiewelt als eine echte Gefahr und versuchte — z. T. mit Hilfe des Tagebuchschreibens — ihrem Grübeln und Phantasieren Einhalt zu gebieten. Ihre Suche oder Sehnsucht nach echtem Kontakt oder tiefer Liebe war aber zu stark ausgeprägt, um sich allein durch Träume oder Phantasiebilder beschwichtigen zu lassen.

4. »Totaler Hunger nach Zärtlichkeit«

> »Ich ging sehr niedergeschlagen nach Hause und kam mir bemitleidenswert vor im Vergleich zu den anderen, die in trauter Zweisamkeit zu Bett gehen würden. Habe dann zu Hause auch geheult und nicht schlafen können, und gehofft, daß diese einsamen Zeiten mal irgendwann Vergangenheit sein werden.«
> (Aus den Tagebüchern, 29 Jahre)

Besonders in Zeiten des Alleinseins nimmt Anna eine untergründige oder durchgreifende Sehnsucht nach Zärtlichkeit wahr. Ihre ganze Person, Körper und Geist, sehnt sich nach Zuwendung, Anerkennung, Zugehörigkeit, Geborgenheit, Wärme, Liebkosung, Liebe. Schallplatten von Leonard Cohn oder Cat Stevens werden aufgelegt. Je kälter und grausamer sie ihre Einsamkeit spürt, umso glühender wird ihre Sehnsucht nach Liebe und Zärtlichkeit. Verlassenheitsgefühle, Traurigkeit, Sentimentalität, heiße Phantasien, Scham- und Schuldgefühle lösen einander ab, ohne ihren »totalen Hunger nach Zärlichkeit« wirklich stillen zu können. Erst allmählich, ähnlich wie sich ein klimatisches Tief verzieht, läßt nach Stunden oder Tagen ihr »Spleen« (Annas Ausdruck) an Intensität spürbar nach.

5. Schichtwechsel, sozialer Aufstieg

Einen Teil ihrer Unsicherheits- und Unterlegenheitsgefühle führte Anna darauf zurück, daß sie versuchte, seitdem sie von Zuhause ausgezogen war, aus eigenen Kräften einen »Schichtwechsel« vorzunehmen: etwa weg von dem Fabrikarbeitermilieu und der engstirnigen Versammlungswelt, hin zu einer oberen Bildungsschicht.

Im Zuge der Lebenslaufanalyse wurden verschiedene, befreiende wie belastende Aspekte dieses sozialen Aufstiegs besprochen, wobei sie die Psychotherapie auch als ein wichtiges »Bildungselement« wahrnahm.

Beim Auszug von Zuhause hatte sich Anna als überwiegend unterlegen gefühlt. Vor allem gegenüber Fred, dessen Vater ein hoher amerikanischer Beamter war, war sie sich in vielen Hinsichten unterlegen oder minderwertig vorgekommen: keine Erfahrung, keine Anziehungskraft, keine höhere Bildung. Durch ihre innere Kraft und ihre spirituellen Erfahrungen in Verbindung mit der »Versammlung« glaubte sie allerdings einiges kompensieren zu können. Durch die Hippie-Bewegung oder die Lektüre von Hermann Hesse versuchte sie eine gewissen Überlegenheit zu erreichen, indem sie sich bewußt gegen die an üblichen gesellschaftlichen Werten orientierten »Alltagsmenschen« stellte. Neben einigen Freunden, denen sie sich auf Anhieb als eine überlegene Helferin vorkam, lernte sie immer wieder Männer kennen, die sie wegen ihrer Freiheit, Bildung und ihres künstlerischen »charismatischen Könnens« stark bewunderte.

Durch die Bekanntschaft mit Klaus im Alter von ca. 24 Jahren erfuhr Anna einen — wie sie sagte — »Unterlegenheitsschock«. Verglichen mit ihr erlebte sie Klaus als haushoch überlegen: Klaus hatte Intelligenz, Bildung (Abitur), zudem Sozialwissenschaften studiert. Er war politisch engagiert, musikalisch sehr begabt, sportlich aktiv und wirkte als Mann selbstsicher, attraktiv. Klaus hatte viele Freundinnen, viel Geld und Prestige. Allein im spirituellen oder ekstatisch-mystischen Bereich fühlte sich Anna Klaus überlegen. Sie glaubte innerlich »etwas Besonderes« erfahren zu haben.

Die Beziehung zu Klaus verstärkte bei ihr den Wunsch, sich weiterzubilden, ihre »Fabrikarbeiterphase« zu beenden und das Abendgymnasium zu besuchen. Durch das Gymnasium und das systematische Literaturstudium verringerte sich allmählich ihr »Unterlegenheitsgefühl«. Vor allem im Umgang mit Nicht-Abiturienten fühlte sich Anna im Laufe ihrer Bildungsjahre immer klarer überlegen. Ihr anerzogenes Minderwertigkeitsgefühl und die z. T. von ihr übernommene Unterwürfigkeitshaltung ihres Vaters nahmen allmählich ab. Das bestandene Abitur und die bevorstehende Aufnahme eines Hochschulstudiums erlebte Anna als eine für sie starke und wichtige Quelle zur Anhebung ihres unsicheren Selbstbewußtseins. Die Entscheidung, das Abitur nachzuholen und zu studieren bedeutete aber auch eine Art »Identitätswechsel«, fast als sei sie ihrem Weg untreu geworden. Denn als sie mit 19 Jahren von Zuhause auszog, wollte sie den gesellschaftlich etablierten Normen und Werten den Rücken kehren. Sie wollte bewußt anders leben und ihr Selbstbewußtsein nicht durch gesellschaftlich hoch angesehene Werte wie Bildung, Beruf und Geld anheben.

Durch das Abitur kam es Anna so vor, als ob ihr ein gesellschaftlich anerkannter, vorgezeichneter, gradliniger Weg eröffnet worden wäre. Das Chaos, die Ungewißheit, das Von-innen-geleitet-sein, sozusagen der »innere Weg« abseits von Status und Prestige, schienen ihr jetzt viel zu kurz zu kommen, ja teilweise verraten zu sein. Hin und wieder während der Therapie äußerte sie ihre Zweifel darüber, ob sie in dieser für sie neuen, »gehobenen Gesellschaftsschicht« ihren Platz, ihre Leute finden würde. Schon während des Abiturstudiums waren ihr immer wieder Zweifel hochgekommen, ob ihr »Bildungstrip am Modell Klaus« das Richtige für sie sei. Hin und wieder beneidete sie daher ihre Schwester Birgit, die mit ihrem Mann (Schreiner) und Kindern in Armut und Einfachheit ein Alternativ-Dasein führte, sich und ihrer Schicht treu blieb.

So entstand innerhalb der Lebenslaufanalyse die auf diesem Hintergrund gut nachvollziehbare Frage: Werde ich trotz meinem Hochschulstudium mir — d. h. meinem ursprünglichen, inneren Weg — treu bleiben können? Wird mich dieser Schicht- und soziale Identitätswechsel nicht allzu viel entfremden? Denn wie Anna von der Versammlung noch allzu gut wußte:

> »Was nützt den Menschen, wenn er die ganze Welt gewänne, aber Schaden nähme an seiner Seele.«

In diesem Zusammenhang erhoffte sich Anna auch von der Therapie eine Klärungshilfe.

Anna erkannte, daß »Schichtwechsel und sozialer Aufstieg« nicht überdauernd ihre Unsicherheits- und Unterlegenheitsgefühle gegenüber der Umwelt abbauen konnten. Sie fühlte sich zudem der Gruppe der Abiturienten bzw. Studenten nicht voll zugehörig. Nach wie vor kam sie sich einsam und alleingelassen vor, was bei ihr zu erneuten Phasen der Trauer führte.

Die biographische Analyse der eben genannten Trauer-Komponenten, die kritische Infragestellung des Mottos »born under a bad sign«, das teilweise Abklären der komplexen Vernetzung von Einsamkeits-, Schuld-, Verlassenheits- und Wertlosigkeitsgefühlen waren für Anna Hilfsmöglichkeiten, sich aktiv gegen die Sogwirkung dieser vielfältigen, affektbeladenen Thematik zu wehren. Die vorherige, umfassende Rekonstruktion von ihre Trauer betreffenden Szenen aus ihrer Kindheit und Jugend — mit z. T. kathartischen Affektreaktionen — schien mir allerdings eine tiefgehendere positive Wirkung gehabt zu haben als die Auseinandersetzung mit den o. g. eher gegenwärtigen Trauerkomponenten.

Teil IV

Perspektivisch-verstehende Ansätze

»C'est qu'un homme n'est jamais un individu; il vaudrait mieux l'appeler un *universel singulier:* totalisé et, par là même, universalisé par son époque, il la retotalise en se reproduisant en elle comme singularité.«

J.-P. Sartre
(Aus: L'idiot de la famille.
Bd. 1. Paris, 1971, S. 7)

1. Kapitel

Theorien zu Annas Biographie

»Die Wirklichkeit unseres Seins ist niemals nur eine feststellbare Summe von Fakten, sondern immer zugleich ein Horizont von Möglichkeiten. Psychologisches Deuten eröffnet darum stets eine Perspektive in dieses Feld von Möglichkeiten, das zu unserer Existenz gehört.«

D. von Uslar
(Aus »Das Problem der Deutung in der Psychologie«, in: Bubner, R. et al., Hermeneutik und Dialektik, Aufsätze II, Tübingen, 1970, S. 338)

Im Rahmen einer multiperspektivischen Psychologie kann man Theorien als Bezugsysteme auffassen; durch diese treten verschiedene Aspekte und Ebenen von Phänomenen in Erscheinung. Die »Wahrheitsfindung« oder die »Abbildung der Realität« sind nur zwei Metaperspektiven, die im Zusammenhang mit bestimmten Zielsetzungen ihre Funktion erfüllen. Wie in Teil I, Kap. 1 schon angedeutet worden ist, kann man im Prinzip von einer unendlichen Vielfalt konstruierbarer Bezugsysteme ausgehen. Die folgenden Überlegungen sind demnach nur als einige Sichtweisen zu werten, die z.T. bei Annas Lebenslaufanalyse, z.T. aber auch erst auf dem Hintergrund meiner nachträglichen Auswertung ihrer biographischen Dokumente entstanden sind. Bezogen auf die Biographie verfügen die Menschen — a fortiori auch die Persönlichkeitsforscher — über Theorien großer, mittlerer und kurzer Reichweite. Diese Theorien sind mehr oder weniger elaboriert: manchmal ganze Systeme, manchmal aber auch eine einzige Hypothese. Sie erscheinen dem Subjekt mal in begrifflichen Kategorien faßbar, mal aber wie in einem Grundgefühl eingefangen. Im folgenden bespreche ich lediglich Modelle mittlerer und großer Reichweite.

D.h. Es wird hier nicht auf Modelle über kurze Lebensabschnitte oder einzelne Ereignisse eingegangen, die im Kontext der Lebenslaufanalyse oft benutzt werden.

1. Spannungspolariäten

— *»Gut sein vs. böse sein«*

Von der ersten Erinnerung bis in das frühe Erwachsenenalter hat das Thema »Gut sein — böse sein« einen zentralen Stellenwert in der Personwerdung Annas.

Die Verzweigungen und Vernetzungen dieser semantischen Spannungspolarität sind im Laufe ihrer Lebensgeschichte zahlreicher und subtiler geworden. Diese Polarität ist auf verschiedenen Ebenen des Erlebens und Verhaltens leicht anwendbar und wandelbar. Sie dient z.B. schon sehr früh bei der Befriedigung primärer Bedürfnisse oder bei ersten Raumerkundungen. Durch Mimik, Gestik, Stimmklang oder einfache Wörter wird dem Kleinstkind signalisiert, ob etwas »gut« oder »schlecht« (bäh!) ist. Diese dichotomische Unterscheidung wird dann bis in höchste zivilisatorische Entwicklungsstufen (Rechtswissenschaften, Philosophien, Religionen...) hinübergerettet. Die manichäische Theologie (Mani, Marcion) ging z.B. soweit, das Gute und das Böse zu zwei miteinander ewig streitenden Weltprinzipien (das Licht/die Finsternis) zu erheben.

Annas Mutter, deren Eltern bereits zu der streng religiösen Sekte (»die Versammlung«) gehörten, verband das Gute auf einfache Weise mit Jesus und dem Glauben, während das Schlechte mit der profanen »Welt« und dem »Teufelswerk« zusammenhing.

Als Schwierigkeiten im erzieherischen Umgang mit ihrem ersten Kind auftauchten, griff sie auf die altbewährte Kategorie »gut/böse« und die damit einhergehenden Erziehungsmuster zurück, die sie selbst in ihrer eigenen Erziehung leidlich genug erfahren hatte.

Einfach ausgedrückt:

- Die Guten ins Töpfchen (ins Paradies); die Schlechten ins Kröpfchen (in die Hölle).
- Das Gute wird belohnt; ein braves Kind tut es sogar einfach so oder um die Mutter zu erfreuen.
- Das Schlechte muß bestraft werden. Harte Strafen, schwere Züchtigungen sind heilsamer als zu milde Verweise, »denn eng ist der Weg zum Himmel und breit die Straße zur Hölle«.

Diese Erziehungsideologie brauche ich nicht mehr in allen ihren Einzelheiten und Konsequenzen zu schildern. Fest steht jedenfalls, daß Anna in einem sehr ausgeprägten Maße mit dieser Erziehungsform von ihrem ersten Lebensjahr bis zu ihrem Auszug von zu Hause mit 19 Jahren konfrontiert wurde. Dabei wurden nicht nur bestimmte Verhaltensweisen auf- oder abgebaut. Vielmehr hat sich Anna als Person durch langwierige Aneignungsprozesse und vielschichtige Verinnerlichungsvorgänge eines solchen Erziehungssystems hindurch entwickelt.

Noch ganz zu Anfang — bevor die Bestrafungsrituale einsetzten — versuchte Anna ihrer Mutter klarzumachen:

»Ich bin doch ein gutes Kind. Ich bin nicht böse!«

Später steigerte sich ihre Selbstunsicherheit so stark, daß sie mit ca. vier Jahren große Angst hatte, zum Teufel in die Hölle zu kommen, um dann mit sechseinhalb Jahren endlich einsehen zu müssen: »Ich bin doch ein böses Kind, ich bin ein Verbrecher«.

Das Leitmotiv »Gut sein — böse sein« ist bei Anna mit einer ganzen Reihe von Lebensthemen eng verquickt. Der Einfachheit halber versuche ich diese Themen auf dem Hintergrund der Polarität »Gut- vs. böse-sein« darzustellen.

— *Wunschkind vs. Kummer- oder böses Kind*

Schon im Alter von dreieinhalb Jahren belegen einige Erinnerungen Annas diese für sie entstehende, erlebnisstrukturierende Polarität. Wie Anna S.,[1)] von der ihre Mutter immer wieder schwärmte, sollte Anna werden: lieb, brav, anmutig, bildhübsch, zierlich etc. Anna träumte schon früh von ihrem Idealbild und strengte sich an, ihrer Mutter zu gefallen und zu erfreuen, indem sie — bisweilen sogar krampfhaft — versuchte, Anna S. — oder was sie sich darunter vorstellte — gleich zu werden. Eng damit verbunden ist auch Annas Idealbild »Schneewittchen«: blaß, zerbrechlich, anmutig, gütig, schwarze Locken...

Das böse Kind war im Zusammenhang mit den Bestrafungsritualen der Mutter nicht schwer zu definieren: Verfehlungen, Unartigkeiten, Wutschreie, Bewegungs- und Rededrang und vieles mehr waren Anzeichen ge-

---

1) (Vgl. Teil III, Kap. 1) Anna S. war ein Kind aus einer wohlhabenden Familie, das für die Mutter die ideale Tochter verkörperte: Bildung, Anmut, schwarze Locken, Geige spielen... Ihren Namen verdankt Anna auch der Bewunderung ihrer Mutter für Anna S.

nug, daß Anna die gute Engelschar verlassen hatte und dabei war, zu einem Teufelskind zu werden. Erst durch Reue-, Scham- und Schuldgefühle konnte sie selbst erfahren, wie weit sie sich von ihrem Ideal, von dem Wunschkind entfernt hatte. Mit zunehmenden Strafen schwand aber die Hoffnung, das Wunschkind-Ideal überhaupt noch verwirklichen zu können. Immer mehr verstand sie sich als ein böses Kind, als ein Verbrecher.

Einige Zeit nach der Geburt ihrer Schwester Birgit fühlte sich Anna noch mehr von ihrer Mutter abgelehnt, etwa nach dem von der Mutter propagierten Motto: »Birgit ist mein Sonnenschein.« Anna gewann den Eindruck, daß ihre Schwester auf Anhieb und ohne Anstrengung dem Wunschbild ihrer Mutter entsprach. Obgleich sie sich oft anstrengte, brav und gut zu sein, gelang es Anna doch nicht, an das Wunschbild heranzureichen.

Aufgrund solcher enttäuschender Erfahrungen wird sie zunehmend in die Lage versetzt, sich als ein durch und durch »böses und schlechtes Kind« wahrzunehmen. In den wenigen Situationen, in denen Anna sich dem Wunschkind (Anna S.) oder ihrem Ideal (Schneewittchen) nahe fühlte, erlebte sie sich mit der Mutter freudig und innig verbunden. Sie wurde geliebt und bewundert. Sie fühlte sich gut, gesund und frei. Sie konnte das Leben lieben. Auf der anderen Seite, in den allzu häufigen Bestrafungssituationen, fühlte sich Anna schlecht, ängstlich, minderwertig bis wertlos. Sie wurde in den Keller gesperrt und fühlte sich von der Mutter und später von der ganzen Familie abgelehnt, ausgeschlossen.

In dieser frühen Erfahrung der Sehnsucht nach einer engen Verbundenheit mit der Mutter sehe ich eine mögliche Quelle der von Anna geschilderten ekstatischen Erlebnisse (s. Teil III, Kap. 3) sowie von ihrer Sehnsucht nach einer tief freundschaftlichen Liebe. Umgekehrt sehe ich enge Sinnzusammenhänge zwischen dem Ausgestoßen-Werden durch die Mutter und ihren Verlassenheits-, Einsamkeits- und Alleinsein-Gefühlen, die u.a. durch starkes Grübeln und ausgeprägte Isolationsstimmungen gekennzeichnet waren.

— Schön sein vs. häßlich sein

Ein wesentliches Merkmal der Idealfiguren »Anna S. und Schneewittchen« ist sicherlich die Schönheit. Nicht nur die körperliche Erscheinung, auch das Seelenleben, die Anmut und Grazie sind für Anna eng mit diesen tugendhaften Wesen verbunden. Anna S. und Schneewittchen sind rein und klar wie ein Lichtstrahl. Dagegen führten das hämische Grinsen der Mutter, ihre erbarmungslosen Verhöre und Bezichtigungen dazu, daß sich Anna immer mehr körperlich verkrampfte.

Schon mit fünf Jahren erlebte sie ihren Gesichtsausdruck als eine aufgesetzte Maske, die ihr böses Gesicht — »Annas wahres Gesicht« wie die Mutter in ihren Wutanfällen sagte — und ihre echten Gefühle verbergen sollte. Anna empfand sich auch in ihren guten Tagen weit entfernt von dem Glanz und von der Freiheit ihrer Ideale. Sie nahm sich zunehmend als verlogen und doppelbödig wahr. Zeitweise verlor sie sogar das Vertrauen in ihre eigene Selbstwahrnehmung. War sie der Wolf im Schafspelz, der Teufel in Engelsrobe? Als sie in armseliger, altmodischer Kleidung zur Schule gehen mußte und darüber hinaus noch »rund und dick« wurde, fühlte sie sich ganz und gar *häßlich*: ihre schwarze Seele, ihr monströses Fratzengesicht, ihre runde, fette Gestalt, ihre unmögliche Frisur, ihre viel zu engen und altmodischen Kleider...

Erst mit Anfang 20 gelang es ihr allmählich, sich zumindest in Bezug auf Körper und Kleider wieder zu gefallen.

— Jesus-Liebe vs. Beten zu Satan

Sicher durch die Sektenzugehörigkeit bedingt verbindet sich die Polarität »Gut sein vs. böse sein« bis zur Untrennbarkeit mit Glaubenskategorien. Wahrer Glaube und Jesus-Liebe gehen Hand in Hand mit Gehorsam, Tugend, Gut-Sein. Schlechtes Benehmen oder Unordnung sind schon als erste Anzeichen zu werten, daß man sich vom wahren Weg entfernt.

Ihre »Bekehrung« und Jesus-Liebe, die von ihrer Mutter immer wieder in Zweifel gezogen wurden, waren für Anna Grund zur Freude bis hin zu Hochgefühlen. Eine Zeitlang (ca. 14 Jahre) glaubte sie sogar unter Aufwand sämtlicher Energie, sich dem Wunschkind-Ideal nähern zu können.

Alsbald aber, nämlich im Zusammenhang mit ihrer ersten Liebe, empfand sie das Gut-Sein in Form von Jesus-Liebe und religiöser Bekehrung als ein Hindernis in ihrer weltlichen Zuneigung zu Wolfgang. In ihrer Wut und Verzweiflung ging sie dann doch so weit, Satan anzubeten. Somit lassen sich zumindest bis zu ihrem 16. Lebensjahr zwei einander bekämpfende Motivlinien auf dem Hintergrund der übergreifenden Spannungspolarität und Tiefenstruktur »Gut-sein vs. böse-sein« erkennen.

- Die eine Linie kreist etwa um Themen wie Wunschkind, Schön-Sein, Liebling der Lehrerin, Jesus-Liebe, Bekehrung, Missionieren. Dabei sind oft zu beobachten: erhabene Hochgefühle, Freudestimmungen, Selbstvertrauen.
- Die andere Linie zentriert sich um Themen wie Kummerkind, böses Kind, Verbrecher-Sein, Häßlich-Sein, Verlogen-Sein,

Verlassen-Sein, Satan anbeten. Nachgrübeln, dumpf-brütende Stimmungen, Wertlosigkeitsgefühle tauchen in diesem thematischen Zusammenhang häufig auf.

Scham, Schuld, Reue, Trauer über sich und die Welt signalisieren meist einen Abkehrversuch vom Bösen und eine erneute Rückkehr zum Guten, zum Glauben, im gewissen Sinne auch zur Mutter.

Die in der Pubertät intensiv erlebte Jesus-Liebe und Hinwendung zum Satan zeigt, welche Zuspitzung diese beiden Motivlinien zeitweilig erfuhren. Was die Beziehung der beiden Pole »Gut- vs. Böse-Sein« zueinander betrifft, steckte Anna immer mehr — strukturell wie auch inhaltlich gesehen — in einem Teufelskreis.

— Sich-Fügen vs. Sich-Loslösen

Anfänglich eng mit der Grundpolarität verknüpft ist das Spannungsgefüge: Abhängigkeit vs. Autonomie bzw. Sich-Fügen contra Sich-Loslösen.

Hier zeigt sich besonders wie jeder der beiden Pole in sich schon eine Reihe von positiven und negativen Zügen beinhaltet, was u.a. den Dilemma-Charakter von solchen Polaritäten deutlich macht.

Sich-Fügen (der Mutter, den Eltern, Jesus gegenüber) bedeutete für Anna friedliches Zusammensein, Erleben von erhabenen Gefühlen wie Dankbarkeit, Reue, Hingabe, sowie fortschreitende Annäherung an hehre Ideale und Wunschbilder. Andererseits bedeutete dies auch, sich abhängig machen, sich der Kontrolle unterordnen, seine Schwäche und Schuld anerkennen.

Besonders der Mutter gegenüber kam Anna das Sich-Fügen beinahe wie eine Selbstverleugnung vor. Ausgerechnet dem sadistischen Täter gegenüber sollte sie seine Gerechtigkeit und Güte im Gegensatz zu ihrer eigenen »Bösartigkeit« bekunden. Sie soll der Mutter volles Vertrauen schenken, sämtliche Sünden und Missetaten beichten, ohne irgend eine Gewähr dafür zu bekommen, beim nächsten Ausrasten der Mutter von Strafen verschont zu werden (vgl. hierzu das paradigmatische Beispiel »das Gipsbein«).

Mit zunehmendem Alter empfand Anna das Sich-Fügen, ihre Dankbarkeits- und Schuldgefühle als Ausdruck von Schwäche, Passivität und Selbstabwertung.

Sich-Loslösen (von der Mutter, den Eltern, der Versammlung...) Schon früh fürchtete sich Anna vor der unheimlichen Gesichtsmimik der Mutter bei ihren Rasereien und Wutanfällen. Durch Rückzug in und Aufbau ihrer eigenen Phantasiewelt versuchte sie einen halbwegs geschützten Freiraum zu gewinnen. Später in der Pubertät sah sie in ihrem Bestreben, Strafen wie Winnetou mit Würde und Stolz zu ertragen und keinerlei

Schwäche oder Reue zeigen zu wollen, eine Möglichkeit, sich selbst positiv zu erleben. Wenn es ihr gelang, durch vermehrte Aktivitäten ihren eigenen Weg unabhängig von und oft gegen die Mutter, Eltern, Versammlung etc. zu gehen, fühlte sie sich stark, gesund, lebensfroh, — zumindest solange sie frei blieb von alsbald ansetzenden Schwäche-, Unsicherheits- und Schuldgefühlen.

Tiefenpsychologisch gesehen ist die Spannungspolarität »Sich-Fügen — Sich-Loslösen« Ausdruck einer Doppelbewegung wie etwa:

— zum einen Sehnsucht nach totaler Hingabe, Einswerdung, Symbiose mit dem Anderen (Mutter, Geliebter, Selbstideal). Hierbei können Momente der passiven Selbstauflösung, des blinden Vertrauenwollens mitschwingen,

— zum anderen machen sich Selbsterhaltungs- und Selbstschutztendenzen vorm anderen bemerkbar. Angst und Mißtrauen werden deutlich spürbar. Der Wunsch nach Eingrenzung, starker Autonomie wird unüberhörbar.

Steigerungen auf beiden Seiten der Polarität hat Anna hin und wieder erfahren. So könnte man ihre ekstatischen und Bekehrungserlebnisse als ein Erfahren der totalen Hingabe, des Urvertrauens gegenüber dem Leben, des Eins-Seins mit der (symbolischen) Mutter interpretieren. Umgekehrt lassen sich die Zeiten intensiven Rückzugs mit selbstauferlegter Isolation, großer Trauer, lang anhaltendem Grübeln als Zeichen der Abtrennung, der inneren Einkehr, der zunehmenden Wahrnehmung eigener Stärke, Selbstachtung und Autonomie ansehen.

Während aber die symbiotischen Erlebnisse als positive Schlüsselerfahrungen in Annas Erinnerung bleiben, zeigen die mitunter starken Erlebnisse des Getrennt-Seins bis hin zum Ausgeschlossen-Werden unterschiedliche Konnotationen. So lange sie als gesunde Protestreaktionen oder Demonstrationen eigener Stärke erfahren werden, können sie durchaus positiv bewertet werden. Sobald aber schmerzhafte Gefühle des Ausgeschlossen- oder Abgelehnt-Werdens auftauchen, nimmt die Selbstabgrenzung quälende Züge an.

— Zusammensein (Eins-Sein) vs. Alleinsein

Ähnlich wie bei der Polarität »Sich Fügen — Sich Loslösen« sind sowohl beim Allein- als auch beim Zusammensein positive und negative Aspekte wie in einer Art Dilemma vorhanden. Im Allein-Leben sieht Anna zum einen Möglichkeiten, sich frei, selbständig, im gewissen Sinne

»Ich-Stark« zu fühlen, um daraus ein positives Selbstwertgefühl entwickeln zu können. Wenn aber ihre Bedürfnisse nach Anerkennung, Anlehnung oder Passivität wenig befriedigt werden, erfährt sie ihr Alleinsein wie eine Art Strafe. Sie fühlt sich wie von den anderen abgelehnt und ausgestoßen.

Auf der anderen Seite erscheint ihr das Zusammensein (Eins-Sein) ebenfalls doppelbödig: So lange das Zusammensein auf der Basis wechselseitiger Zuneigung oder gegenseitigen Interesses geschieht, hat es für sie einen eindeutig positiven Wert. Zu oft mußte sie aber die Erfahrung machen, daß sie bei ihren Beziehungen zu anderen viel zu viel investierte und dafür viel zu wenig bekam. Diese eindeutig negative Bilanz verleitete sie dazu, vielmehr wie früher, das Alleinsein, so hart es manchmal ist, gegenüber einem Zusammensein mit negativer Bilanz zu bevorzugen.

Sämtliche bisher ausgeführten Spannungspolaritäten stehen in einem engen Sinn- und Wirkzusammenhang mit der ursprünglichen und umfangreichen Polarität »Gut (lieb, nett...) sein vs. böse (schlecht, schwer erziehbar...) sein«.

Das Gute und das Böse waren für Anna über lange Zeit hinweg eindeutige, sich ausschließende Kategorien. Tugend und ggf. Belohnung gehörten für sie zum Gut-Sein. Sünde und Bestrafung hingen unweigerlich mit dem Böse-Sein zusammen. Trotz großer Anstrengung mußte Anna immer wieder feststellen, daß es ihr nicht gelingen konnte, in den Augen ihrer Eltern wie auch alsbald in ihren eigenen Augen zu einem rundherum guten (Wunsch-)Kind zu werden. Während der Pubertät versuchte sie für eine kurze Zeit, z.T. aus Protest gegen ihre Eltern und die »Versammlung«, die kategorialen Werte umzukehren (z.B. aus Liebe zu Wolfgang Satan anbeten).

Im Laufe der Zeit unterschied Anna im Guten wie im Bösen verschiedene teils positive, teils negative Aspekte. Solche Unterscheidungen halfen ihr zwar einen gewissen Freiraum in der Auseinandersetzung mit den von ihrer Familie und der religiösen Sekte vertretenen starren Kategorisierungs- und Bewertungsmustern zu schaffen; zugleich aber verwickelte sie sich in Dilemma-Situationen, in denen eindeutige Hin- oder Abwendungen vom / zum Guten und vom/zum Bösen kaum noch möglich waren.

In Bezug auf die Mutter-Tochter-Interaktion kann man den Dilemma-Charakter, der in so vielen Polaritäten durchscheint, leicht nachvollziehen. Ihre Mutter, die über ihre Strafen das Gut- oder Böse-Sein bestimmt, erlebt Anna als schwankend zwischen Güte und Monstrosität. Eine eindeutige und konstante Wahrnehmung dessen, was gut, gerecht, wahr und wirklich ist, wird Anna nicht zuletzt durch aufbrausende Verhaltens- und

Gefühlsschwankungen ihrer Mutter erschwert. Das Gute verwischt sich mit Lügen und bösartigen Zügen. Umgekehrt empfindet Anna etliche ihrer eigenen Verhaltensweisen als gut, echt und richtig. Im krassen Gegensatz zu ihrer eigenen Empfindung zeigen ihr aber die Ermahnungen und Bestrafungen ihrer Mutter, daß sie sich getäuscht hat: ihr Verhalten war böse, unecht, falsch.

Diese widersprüchliche Wahrnehmung und Wertung ihres Verhaltens fördert Labilisierungs- oder Verunsicherungsprozesse. Ein gesundes Selbstvertrauen kann sich unter solchen Bedingungen nur schwer einstellen. Anna erlebt ab ihrem vierten oder fünften Lebensjahr wie wenig »Böse- und Gut-Sein« bei ihr und ihren Eltern voneinander getrennt sind. Hin und wieder verwischen sich die Grenzen zwischen »Gut« und »Böse« derart, daß Annas Selbstvertrauen und ihr Vertrauen in die Mutter (Eltern) erschüttert wird. Mit zunehmendem Alter schwindet auch ihr Vertrauen gegenüber der Versammlung, in der übrigens zahlreiche »Gut-Böse-Dichotomien« wie z.B. Licht vs. Finsternis, Jesus vs. Satan, Himmelreich vs. Hölle... vorherrschen. Allzu deutlich wurden ihr nämlich Heucheleien und Ungereimtheiten im angeblichen Streben nach dem Guten bei vielen Versammlungsangehörigen bewußt.

Die in ihrer Kindheit erfahrene Verunsicherung in bezug auf die Wertung ihres Verhaltens schien mir weite Teile ihrer Person stark beeinflußt zu haben. So berichtete Anna über Schwierigkeiten, zwischen der von ihr angenommenen Wirklichkeit und der »realen Wirklichkeit« selbstsicher unterscheiden zu können. Diese Schwierigkeiten hingen ihrer Meinung nach mit ihrem leicht verunsicherbaren Selbstvertrauensgefühl zusammen. Da sie schon in bezug auf sich selbst wenig sicher und vertrauensvoll war, fiel es ihr auch schwer, einen stabilen, eindeutigen und vertrauensvollen Kontakt zu anderen Menschen zu entwickeln.

2. Annas eigene Entwürfe

Die eben dargestellten Polaritäten umreißen Grundthemen und -motive, die Annas ganze Lebensgeschichte begleiten. Selbst wenn die aktive Beteiligung am Entstehen der Biographie bereits in der Vorschulzeit ihre Anfänge hätte, gilt doch die Pubertät als eine Zeit, in der die Eigenständigkeit biographischer Gestaltung vom Subjekt selbst zunehmend bewußt wahrgenommen und weitergeführt wird.

Zu Anfang der 3. Phase (Haus Zollak, 10 — 15 Jahre) sind schon Anzeichen wahrnehmbar, wonach sich Anna durch die Freundschaft mit Anna

F. von den hehren Idealfiguren des Wunschkindes (der anmutigen Anna S. oder des unnahbaren Schneewittchens) immer mehr distanziert und sich mit Figuren wie dem stolzen Winnetou oder der Struwwelliese identifiziert. Zusammen mit ihrer Freundin, Anna F., entdeckt sie die wilde Natur. Als herumtobender Wildfang fernab von den Kontroll- und Bestrafungssystemen der Mutter fühlt sie sich in ihrem Element. Es wird ihr dabei allmählich bewußt, daß eine Stuwwelliese im Vergleich zum Schneewittchen weder böse, noch häßlich ist. Auf ihre Art sprengt sie die allzu rigiden und stereotypen Leitbilder des »Wunschkindes«.

Während ihres Praktikums in der Schweiz mit 15 / 16 Jahren wirkt der Woodstock-Film elektrisierend auf sie. Sie weiß jetzt, daß es Menschen gibt, die fernab von den unlebendigen Vorschriften und Moralvorstellungen der Eltern und »Versammlung« eine natürliche Liebe und Schönheit ausstrahlen. Anna entdeckt und begreift die Hippie-Bewegung als eine machbare Alternative zur Weltauslegung ihrer Eltern.

Obwohl sie nach ihrer Rückkehr aus der Schweiz wieder unter den Einfluß ihrer Eltern und der »Versammlung« gerät, versucht sie doch zunehmend durch das Jesus-Zentrum und den Kontakt mit »echten Hippies« eine eigene Religiosität und Lebensphilosophie zu entwickeln, jenseits von Strafen und Zwängen. Durch den Auszug von zu Hause und das Kennenlernen der »finsteren Welt« (Vergewaltigung, Drogenkonsum, Selbstmordversuch, Armut...) fühlt sich Anna gefordert, die bisherige Enge ihrer moralischen und religiösen Sicht zu überwinden. Die verstärkte Lektüre von Werken Hermann Hesses, die Auslandsreisen, die mitunter exzessive Identifikation mit ihrem Jugendidol Janis Joplin, die Freundschaften mit Hippies und Straßenmusikanten, das alles kann man zu ihrem Versuch zählen, durch einen eigenen (Gegen-)Entwurf sich von dem »bösen Kummerkind vs. Jesus-Kind-Schema« zu befreien. Gleichzeitig kann man es auch als einen Versuch werten, sich ein lebensfähiges Selbstwertgefühl aufzubauen, jenseits von Bestrafungen, Beschämungen, Demütigungen, Verbrecher-, Häßlichkeits-, Verlassenheits- und Wertlosigkeitsgefühlen.

Mit 24 / 25 Jahren erfuhr der eigene (Gegen-)Entwurf eine neue Dimension und Ausrichtung. Während z.T. durch »Woodstock« und »Janis Joplin« eine Absatzbewegung nicht nur von der Sekte und der Familie, sondern auch von bürgerlich-gesellschaftlichen Werten erfolgt war, erkannte Anna nun — nicht zuletzt durch die Beziehung zu Klaus — in der Bildung und dem politischen Engagement positive Werte, die sie in ihrer Hippie-Phase kaum beachtet oder als spießbürgerlich abgetan hatte.

Anzumerken ist hierbei, daß es ihr in den ersten Jahren nach dem Auszug von zu Hause nicht geglückt war, sich einer nach Woodstock-Prinzipien lebenden Gruppe für längere Zeit anzuschließen oder stabile Beziehungen zu echten Hippies oder Woodstock-Außenseitern einzugehen. Im Gegenteil. Sie befürchtete eine für sie bedrohliche Entwicklung in Richtung eines sonderbaren, einsamen Außenseiters. Diese Aussicht wirkte auf sie deprimierend und verstärkte auch ihre Verlassenheits- und Wertlosigkeitsgefühle.

Durch die Entscheidung für das Abendgymnasium und für die spätere akademische Berufsausbildung nahm ihr Woodstock-Gegenentwurf an Radikalität, aber auch an Lebendigkeit ab.

Anna knüpfte einige Kontakte zu Mitschülern und fühlte sich im Laufe der Zeit weniger isoliert und ausgeschlossen. Durch das Studium merkte sie, daß sie an »Wert« im Vergleich zu Nicht-Abiturienten gewann und sah in der Bildung eine Möglichkeit, mehr Selbstvertrauen und Selbstsicherheit zu gewinnen. Dies reichte aber nicht aus, auf Dauer ein festes Selbstvertrauen und ein stabiles Selbstwertgefühl aufzubauen. So entschloß sich Anna, trotz einiger Bedenken, eine lange gehegte Idee zu verwirklichen, »sich endlich einer längeren Psychotherapie zu unterziehen«.

In ihrem Entwurf hatte die Psychotherapie u.a. die Funktion, einmal gründlich mit Hilfe eines anderen Menschen — nicht nur allein mit ihren Tagebüchern — die »Hypothek ihrer schlimmen Kindheit« abzuarbeiten.

Den für Anna hohen Stellenwert des *eigenen* (Gegen-)Entwurfs verstehe ich als ihr Bestreben, sich aus den erlittenen Gängelungen und Demütigungen ihrer Kindheit (»ich bin ihre Marionette«) zu befreien, selbstbewußt und unabhängig von Bestimmungen anderer ihren eigenen Weg durchs Leben zu gehen. In diesem Zusammenhang erscheint mir ihr Alleinsein nicht zufällig. Es ist gleichsam Ausdruck und Folge dafür, daß sie unabhängig von der »Versammlung«, von den Eltern und Männern, ihren eigenen Weg gehen will, »koste es, was es wolle!«

Zu Beginn der Lebenslaufanalyse hatte Anna Angst davor, in die Abhängigkeit eines anderen, ähnlich wie gegenüber ihrer Mutter, zu geraten. Gegen Ende der Therapie stellte sie jedoch erleichtert fest, die Lebenslaufanalyse habe viel mehr zur Stärkung ihres eigenen Lebensentwurfs, zur Klärung und Festigung ihres inneren Weges, ihres — wie sie sagte — »inneren Therapeuten« beigetragen.

3. Lebensübergreifende Kernannahmen Annas

Auf der Suche nach überdauernden Themen und Motiven eines Lebenslaufs stößt man unweigerlich auf Leitgedanken, die von der Person selbst immer wieder als Beschreibung und Erklärung zugleich für zahlreiche Ereignisse und Verläufe ihrer Biographie eingesetzt werden. Insbesondere wenn solche Annahmen negative Einflüsse ausüben oder Hindernisse auf dem Weg zur Personentwicklung sind, lohnt es sich, sie zu thematisieren und ihre vielschichtigen semantischen Vernetzungen aufzudecken. Einige solcher lebensgeschichtlichen »Kernannahmen« waren bei Anna unüberhörbar. Sie wurden zum Gesprächs- und Reflexionsgegenstand.

Im folgenden skizziere ich ein paar Kernannahmen Annas, die im Vergleich zu anderen Annahmen nicht nur für bestimmte Lebensabschnitte, sondern für die gesamte Biographie Gültigkeit haben sollten.

— *»Born under a bad sign«*

Mit diesem Kürzel verband Anna vor allem die auf ihr lastende Hypothek ihrer Kindheit, so wie sich diese bis in ihre lebensgeschichtliche Gegenwart auswirkte. Wie ihre Lebenslinie (vgl. Teil II, Kap. 1) zeigt, ging es für sie schon bald nach ihrer Geburt »abwärts«. Bei der Betrachtung von Fotos aus ihrer Baby-Zeit glaubte sie die ihr gegenüber ablehnende Haltung ihrer Mutter bereits erkennen zu können. Die spätere Kontrastierung der Mutter zwischen ihren beiden Töchtern (Birgit der Sonnenschein, Anna das schwer erziehbare Kind) gehörte hierzu. Für sie stand jahrelang fest, daß ihre Schwester unter einem guten Vorzeichen geboren worden war, und daß sie wie Aschenbrödel durch die Stiefmutter, eindeutig von ihrer Mutter benachteiligt worden sei.

Synonym mit »born under a bad sign« war die Annahme, »ich bin restlos verkorkst worden«. Das Verkorkst-Sein verband Anna mit Ausdrücken wie »stockneurotisch, verdreht, kaputt, wertlos...«. Ihre Kindheit und Jugend hätten sie ihrer Meinung nach dermaßen mürbe gemacht, daß sie noch jahrelang — vielleicht ein Leben lang — »an den Spätfolgen laborieren« würde.

Besonders während ihrer Rückzugsphasen, mitten in ihren dumpfbrütenden Stimmungen wirkten diese Annahmen nicht nur wie absolut gültige Feststellungen über irreversible Lebensabschnitte der Vergangenheit; sie würden auch ihr Leben bis in die ferne Zukunft schicksalhaft prägen. In diesen Augenblicken wirkte »born under a bad sign« wie die unwiderrufliche Diagnose einer unheilbaren Krankheit.

Jedes Mal, wenn sich diese oder ähnliche Vorstellungen breit machten, schwankte Annas Selbstvertrauen dermaßen, daß sie sich nicht mehr bloß als stockneurotisch empfand, sondern auch Angst bekam, in nicht allzu ferner Zukunft verrückt zu werden. Insofern wirkte die Annahme »born under a bad sign« nicht nur als Bewertungs- und Erklärungsgrundlage für ihre vergangene Kindheit. Sie wurde auch als Hinweis auf eine schlimme, ausweglose Zukunft gedeutet.

Die Besprechung ihrer Erwartungen und Ängste in bezug auf diesen »life belief« half Anna, dessen negativen Einfluß einzudämmen. Weiterhin bestand ein entscheidender lebenslaufanalytischer Schritt darin, daß Anna durch das Sich-Aussprechen in einer vertrauensvollen Atmosphäre unter Anleitung eines Therapeuten genügend Selbstvertrauen und -sicherheit entwickeln konnte, um sich erfolgreich gegen die negativistischen Einflüsse eines solchen »life belief« zu wehren.

— »Das häßliche junge Entlein«

Außer »Schneewittchen« gab es noch zwei Erzählungen Andersens (»das häßliche junge Entlein« und »die kleine Seejungfrau«), die Anna als ihre Lieblingsmärchen bezeichnete. In den beiden letzten Hauptfiguren sah Anna wichtige Themen und Erlebnisse ihrer Lebensgeschichte bildlich vorgeführt.

Anna verstand sich selbst über weite Strecken ihrer Lebensgeschichte als das häßliche junge Entlein. Mit dem Entlein verband sie u.a. folgende Gemeinsamkeiten:

- ein schweres Schicksal voller Enttäuschungen und schmerzhaften Erfahrungen
- sich häßlich, minderwertig fühlen — wenig Liebe und Verständnis von anderen: »ihr versteht mich nicht! sagte das Entlein«
- anders sein innerhalb der eigenen Familie und im Vergleich zu anderen; damit einhergehend: Rückzug, Isolation
- etwas Besonderes sein; eine positive Facette der Andersartigkeit und des Außenseitertums. Am Ende könnte sich doch bewahrheiten: »Der Neue ist der Schönste! So jung und so prächtig! Und die alten Schwäne neigten sich vor ihm«
- eine starke Sehnsucht nach einer Familie (Gruppe, Partnerschaft...), in der sie selbst sein könnte
- auf Reisen gehen, auf der Suche nach Menschen, zu denen sie gehören würde: »Ich glaube, ich gehe hinaus in die weite Welt! sagte das Entlein«.

Die lebenslaufanalytische Bearbeitung des Leitmotivs »das häßliche junge Entlein« ließ zum einen Gefühle und Sinnzusammenhänge auftauchen, die weitgehend der Annahme »born under a bad sign« entsprachen. Zum anderen ließ sie die nach wie vor schmerzliche Sehnsucht Annas nach einer Gemeinschaft durchscheinen — sei es nur mit einem einzigen Menschen —, in der sie sich als »schöner Schwan« glücklich fühlen würde.

— *»Die kleine Seejungfrau«*

Diese Märchen-Erzählung, ebenfalls von H.Chr. Andersen, war für Anna Sinnbild ihrer gesteigerten Liebeskraft, die letzten Endes doch nicht erwidert wurde. In vielen ihrer Lieb- und Freundschaften zu Männern empfand sie sich wie diese kleine Seejungfrau, die sich in ihrer unerwiderten Liebe im todeskalten Meeresschaum auflöst:

> »Noch einmal sah sie mit halb gebrochenem Blick auf den Prinzen, stürzte sich vom Schiffe in das Meer hinab und fühlte, wie ihr Körper sich in Schaum auflöste«. [1)]

In der Sehnsucht nach ewiger Liebe, im Ertragen von Verlustschmerzen, in der letztlich unerwiderten Liebe (»negative Bilanz«) sowie in dem Wunsch nach bezirzender Schönheit wußte sich Anna mit der kleinen Seejungfrau seelisch verwandt.

Auch wenn Märchen meist nur vage und metapherartige Entsprechungen zum Alltag anbieten, können sie doch — zumal wenn die Person wie in Annas Fall eine starke Identifikationstendenz mit der Hauptfigur zeigt — prägnante Hinweise über langandauernde Lebensmotive geben. Ähnlich kognitiven Kernannahmen wirken die Märchen meist wie Einordnungs- und Orientierungsschemata in bezug auf die gesamte Biographie. In diesem Zusammenhang ist noch anzumerken, daß Anna dem »Entlein-Märchen« — global betrachtet — eine Relevanz für ihre gesamte Biographie zusprach, während sie die beiden anderen Märchen vorrangig im Zusammenhang mit bestimmten Entwicklungsphasen ihres Lebens in Beziehung brachte.

4. Ihr Lebenslauf als spiritueller Weg nach Innen

Wie aus ihren Tagebüchern, aber auch aus ihrer Lebenslaufanalyse deutlich hervorgeht, begriff Anna ihre Lebensgeschichte als einen Weg zu sich selbst.

Ihre mit Anfang 20 begeisterte Lektüre von Werken Hermann Hesses hat sicher dazu beigetragen, daß ihr die Sichtweise einer Tiefenpsychologie im Sinne C.G. JUNG's oder die von mir hervorgehobene Entwicklung zum »Weisen Menschen« nicht fremd war. Im Gegenteil. Es bestand von

1) *H. Chr. Andersen:* »Märchen«, Frankfurt 1975, S. 137

vornherein eine starke Affinität zwischen ihrer geistigen Sichtweise von Lebenssinn und Biographie und der hier von mir vertretenen Einbettung der Lebenslaufanalyse in einen psycho-philosophischen Kontext, (vgl. hierzu Teil I, Kap. 2).

Ihre religiöse Sozialisation brachte sie schon früh in Kontakt mit einer inneren, nicht-materiellen Welt. Bibelsprüche wie »Was nützen dem Menschen die Reichtümer der Welt, wenn er dabei seine Seele verlöre« wurden ihr schon lange vor der Schulzeit durch die »Versammlung« und ihre Mutter eingetrichtert.

Die in der Pubertät erfahrene Jesus-Liebe, die Gespräche mit Bruder W., ihre Bekehrungserlebnisse, das Missionieren, das Jesus-Zentrum und ähnliches mehr haben Anna mit der Existenz einer inneren Welt und mit der hohen Wertschätzung einer persönlichen, inneren Entwicklung vertraut gemacht.

Durch die Lebenslaufanalyse erhielt Annas gesamtbiographische Perspektive der inneren Selbstwerdung eine Stärkung im Vergleich zu anderen, eher negativistischen Sichtweisen. Gegen Ende der Therapie betrachtete Anna immer mehr Lebensereignisse und -phasen als Meilensteine und Etappen einer sich vollendenden Reise nach Innen.

Ohne die »neurotische Entwicklungslinie« (etwa »born under a bad sign«; »psychisch verkorkst und versaut worden sein«) vergessen zu wollen, fand sie im Lichte einer spirituellen Selbstwerdungsperspektive eine ermutigende Sinndimension für ihre Zukunft.

Der Woodstock-Film, die Freundschaft mit Fred und Rafa, die Reisen, die Grenzerfahrungen usw. begriff Anna stärker denn je als wichtige, förderliche Begegnungen und Etappen für ihre tiefenpsychologische Selbstwerdung.

Anna verstand ihre Entwicklung als einen Versuch, das religiöse Vermächtnis der »Versammlung« (von den Großeltern an) in einem tieferen Sinn statt buchstabengetreu nach kirchlichen Vorschriften anzunehmen, weiterzubringen. Weder moralische Werturteile noch Rollen- und Verhaltensvorschriften empfand sie als den Kern dieses Vermächtnisses. Vielmehr verstand sie es als eine Aufforderung zur geistig-seelischen Verwandlung aus einer vertieften Liebe zu sich selbst, d.h. auch zu den anderen.

Die Schattenseite ihrer Geschichte, darunter auch die »neurotische Linie«, empfand sie mehr und mehr als einen sinnvollen, positiven Schmerz. Die eher negative Bilanz ihrer bisherigen Männerbeziehungen sah Anna z.B. als eine Möglichkeit, als Frau mehr Selbstsicherheit und Selbständigkeit zu erlangen. Nicht zuletzt waren auch eben durch diese negative Bilanz die einjährige Lebenslaufanalyse und die damit erlebten Veränderungen mitbedingt worden. Schmerzliche Erfahrungen oder deprimierende Aspekte ihres Lebens nahm sie nicht mehr als »Prüfsteine des Herrn« oder als »teuflische Sünden« wahr. Es waren vielmehr reinigende, kathartische Schritte zwecks stärkerer Klarlegung ihrer eigenen Selbstverwirklichungsziele bzw. zwecks festerer Entschiedenheit bezüglich ihrer Verwirklichung.

Obgleich diese Sichtweise mit meiner eigenen Hervorhebung transpersonaler Aspekte im wesentlichen übereinstimmte, konnte ich doch nicht ohne eine gewisse Skepsis zusehen, wie leicht Annas roter Faden viele ihrer Lebensthemen und -ereignisse miteinander verband und ihnen obendrein eine nicht zu leugnende Plausibilität verlieh.

Die bisher angeführten Erklärungsperspektiven sind eng an den subjektiven Theorien und Sichtweisen Annas angelehnt.

Auf dem Hintergrund der von mir vertretenen perspektivisch-verstehenden Psychologie sind die eben dargelegten Erklärungsansätze und Reflexionen als mehr oder weniger förderliche Verstehenshilfen im Zuge der Be- und Nacharbeitung der Lebenslaufanalyse Annas zu werten. Auch wenn von Spannungspolaritäten und Grundkonflikten die Rede ist, sollte dies nicht als ein Teil einer Persönlichkeitstheorie mit Universalitätsanspruch gewertet werden. Vielmehr handelt es sich in erster Linie um eine bewährte Erfassungs- und Erklärungsform im Zusammenhang mit biographischen Entwicklungsprozessen.

Die oben angeführten Perspektiven zielen auf ein Verstehen der Person im Kontext lebensübergreifender Handlungsthemen und -motive. Sie sind bestrebt, eine einheitliche Sicht der Person zu vermitteln, unter gleichzeitiger möglichst optimaler Benutzung der Selbstcharakterisierungsversuche der Person. D.h. es sind weitgehendst psychologische Konstruktionen und Konstrukte, die die Nähe von Annas eigenen Konstruktionen suchen und auf ihre Weise zu explizieren versuchen. Ferner wird angenommen, daß die oben geschilderten Themen und Annahmen miteinander Motivsysteme bilden, die auf strukturelle, nicht direkt beobachtbare Weise das Erleben und Handeln des Subjekts beeinflussen. Allgemein betrachtet ist es im Vergleich zu abgegrenzten Einzelthemen oder -phasen viel schwerer, übergreifende Motivsysteme zu beschreiben, die sich auf zahlreiche Lebensthemen und -bereiche auswirken.

Die eben angeführten Reflexionen sollte man demnach als bloße Überblicksskizzen einer denkbar möglichen Rekonstruktion der Binnengliederung und Wechselwirkung wichtiger Leitmotive Annas ansehen, — dies selbstverständlich auf der Grundlage von weiterreichenden Konstruktionen wie Person, Biographie, subjektiver Identität.

5. Annas Biographie im Blickwinkel »klassischer Theorien«

Prinzipiell lassen sich sowohl was die Gesamtbiographie als auch einzelne Themen und Ereignisse betrifft, unendlich viele erklärende / verstehende Perspektiven an die Biographie eines Menschen anlegen aus der Psychologie, Psychiatrie, Soziologie, Pädagogik etc.

Wenn man einige davon im Rahmen einer verstehenden Psychotherapie heranzieht, sollte man sie als vorläufige Behelfsmittel betrachten, die allerdings den Blick für die Biographischen Analyseprozesse versperren können, sobald sie sich als fest bestehende Entitäten verselbständigen.

So läßt sich Annas Leben im Lichte verschiedenster theoretischer Ansätze betrachten. Viele Perspektiven aus der Persönlichkeitspsychologie, Psychiatrie, Psychoanalyse und Soziologie neigen dazu, die Einzelperson immer schon als ein mehr oder weniger gelungenes Exemplar eines bestimmten Typus aufzufassen. D.h. es wird versucht, soweit es geht, die individuelle Entwicklung entsprechend der jeweiligen Typologie zu klassifizieren und zu interpretieren. Dank der Komplexität eines jeden Lebenslaufs und der Vielfalt der einnehmbaren Perspektiven auf der einen Seite sowie wegen der oft unklaren Terminologie und Kriterienoperationalisierung bei der Typenbildung auf der anderen Seite läßt sich — zumindest streckenweise — die einzelne Lebensgeschichte ohne allzu große Mühe diesem oder jenem Typus zuordnen.

So lange diese verschiedenen Typisierungen als eine flexible Heuristik zwecks optimaler Handlung im Kontext einer multiperspektivischen, verstehenden Psychologie Berücksichtigung finden, kann dies u.U. eine auf den Fortgang der Lebenslaufanalyse förderliche Wirkung ausüben. Wenn aber die eine oder andere Typisierung überbeansprucht wird, führt dies meist dazu, daß die Einzelperson in ihrer Eigenartigkeit und Einzigartigkeit immer weniger wahrgenommen und zu einem objektivierenden Typus X, Y reduziert wird.

Auch wenn Typisierungen in bezug auf den damit einhergehenden Reduktionismus nicht ungefährlich sind, glaube ich doch, daß sie als vorläufige, heuristische Perspektiven im Zusammenhang mit der Gestaltung der Lebenslaufanalyse kreativ und personzentriert angewandt werden können.

Die im folgenden angeführten Beispiele sind einige wenige Perspektiven, die während der biographisch-therapeutischen Arbeit mit Anna Eingang in meine Überlegungen fanden und mein therapeutisches Wirken bzw. Nachdenken vielfach beeinflußt haben dürften.

— *Annas Lebenslauf im Lichte der Individualpsychologie Alfred Adlers*

Wäre ich ein überzeugter Adlerianer, würde mir die Konzeptualisierung von Annas Biographie im Rahmen der Individualpsychologie nicht schwerfallen. Minderwertigkeits- bis hin zu Wertlosigkeitsgefühlen gibt es in Annas Biographie in Hülle und Fülle. Überkompensationsversuche — am »Gemeinschaftsgefühl« vorbei — drücken sich in ihrer aktiv betriebenen Selbstisolation, in gesteigerten Erwartungen nach Zuwendung, in verdeckten Überlegenheitsphantasien bezüglich Bildung und Schönheit aus. Auch einzelne Hypothesen und Konstrukte wie Geltungsstreben, Lebensplan, Lebensstil oder die Geschwisterkonstellation ließen sich ohne weiteres im Sinne der *Adler*'schen Psychologie näher analysieren. Die therapeutische Hervorhebung der eigenverantwortlichen Lebensgestaltung, die teleologisch-intentionale Sichtweise (»Zielursache«) mit Orientierung am Zukünftigen, das Stärken des Eigen- und Fremdvertrauens beim Sich-Einüben in gemeinschaftsorientierte Aufgaben, letztlich der zentral-therapeutische Wert einer lebensgeschichtlichen Reflexion, dies alles sind für mich hilfreiche Gesichtspunkte, die — wenn sie nicht allzu rigide oder dogmatisch vertreten werden — durchaus schöpferische Impulse für die je individuelle Gestaltung einer Lebenslaufanalyse als Therapie oder Selbsterfahrung geben können.

— *Annas Person in der Perspektive psychoanalytischer Modelle und Klassifikationen*

Im breit angelegten, theoriegeschichtlichen Kontext der Psychoanalyse bieten sich auf Anhieb etliche Typisierungsmöglichkeiten an. Auch wenn ich es wollte, würde es mir schwerfallen, mich auf eine dieser Denkmöglichkeiten festzulegen. Je nach Selektion und Gewichtung biographischer Daten erschienen mir aus dem Blickwinkel dieses Ansatzes folgende Typisierungen in bezug auf Annas gesamten Lebenslauf möglich:

— Hysterie
— Depressive Angstneurose
— Narzißtische Neurose bzw. Persönlichkeitsstörung
— Borderline-Persönlichkeit.

Für einzelne Phasen ihres Lebens kann ich mir darüber hinaus psychopathologische Typisierungen vorstellen wie etwa »Ekklesiogene Neurose« (17, 18 Jahre), »schwere Depression mit Selbstmordneigung« oder gar »akuter schizophrener Schub« (z.B. im Zusammenhang mit ihrer »Hölderlin-Ekstase« (vgl. Teil III, Kap. 3)). Andere psychopathologische Konstrukte wie Zwangsneurose oder Suchtpersönlichkeit erschienen mir weniger vertretbar, obwohl perfektionistische Tendenzen oder Abhängigkeitsmuster bei gleichzeitig vorhandenen Schuldgefühlen ohne weiteres erkennbar sind.

Allein schon was die o.g. vier psychoanalytischen Typisierungen angeht, kann man eine Fülle von Phänomenen heranziehen, die je nach Überzeugung des Forschers Anna mal als Hysterikerin, mal als narzißtische oder Borderline-Patientin erscheinen ließen. Es fehlt jedenfalls nicht an Affekten, die einer entsprechenden Einordnung eine gewisse Gültigkeit verleihen würden.

Annas Lebenslauf bietet meines Erachtens genügend Instabilitäten und Störungen in vielen Bereichen des zwischenmenschlichen Verhaltens, der Stimmung, des Selbstbildes etc., um ihn als eine hysterische, depressive oder Borderline-Persönlichkeit beschreiben zu können. Sicher liefern Abhandlungen und Studien von *O. Kernberg* (1978), *H. Kohut* (1973, 1979) oder *E. Jacobson* (1974) interessante Hinweise zur Behandlung oder sogar Gesamtperspektiven zur Einordnung von »Selbststörungen«. Wenn ich aber das von *Kernberg* benutzte Vokabular bei der Beschreibung einer narzißtischen Persönlichkeitsstörung lese, spüre ich mit *H. Wahl* (1985, S. 93) eine klare Abneigung gegenüber moralisierenden und abwertenden Kategorien wie:

> »ungewöhnliches Maß an Selbstbezogenheit; maßloses Bedürfnis nach Bestätigung, Liebe, Bewunderung; aufgeblähtes Selbstkonzept, seichtes Gefühlsleben; Mangel an Empathie und Interesse; Unfähigkeit, Gefühle anderer zu verstehen; extrem egozentrische Einstellung; starker Neid, Mißtrauen; Unfähigkeit zu echter Abhängigkeit und Vertrauen, Neigung zu idealisieren bzw. verachten, zu entwerten...«

Je nach psychoanalytischer Typisierung würde man bestimmte Behandlungsmethoden anwenden, bestimmte Themen und Motive der Lebensgeschichte besonders erforschen, bestimmte Konzeptualisierungen (sprich: Deutungen, Bewertungen, Interpretationen, Spekulationen, Hypothesen etc.) nahelegen.

Die hier vertretene Form der Lebenslaufanalyse versucht — so weit wie möglich — psychopathologische Konzeptionen zu vermeiden bzw. stark zu relativieren. In dem Maße, in dem diese Relativierung gelingt, kann u.U. das psychoanalytische Gedanken-und Erfahrungsgut in die Gestaltung der therapeutischen Beziehung oder in den Prozeß der Hypothesenbildung bereichernd einbezogen werden.

— Annas Lebenslauf in transaktionsanalytischer Sicht

»Ich bin nicht o.k. — du bist nicht o.k.«

Im Rahmen einer Skriptanalyse könnte Annas Lebenslauf als Beispiel für einen Lebensplan genommen werden, der sich schon früh (ab dem dritten Lebensjahr) in die »nicht okay-Richtung« der Selbst- und Fremdkommunikation entwickelte. In der Interaktion mit den Eltern verstärkte sich Annas negative Einstellung gegenüber sich selbst. Mißtrauen, Wut, Ablehnung zunächst der Mutter gegenüber machten sich allmählich in der Kommunikation mit anderen bemerkbar.

In dieser Hinsicht bestand die wesentliche Arbeit während der Lebenslaufanalyse darin, die doppelte Negation Annas in eine flexiblere Haltung zu transformieren, bei der jedoch das Motto »ich bin okay, du bist okay« vorherrschen würde. Es galt, ihre Skript-Struktur so zu beeinflussen, daß eine differenzierte Sicht ihrer Geschichte zu einer eher positiven globalen Bewertung von sich und den anderen führen würde. Gleichzeitig galt es auch, etwaige rigide Kommunikationsmuster zwischen ihrem strengen Eltern-Ich und ihrem trotzigen Kind-Ich zu überwinden oder depressionsfördernde Rückzugsspiele zu durchkreuzen.

Ähnlich wie im Falle der Individualpsychologie wäre es kein Kunststück, die Denk- und Behandlungsmuster der Skript- und Spielanalyse wie sie BERNE (1975) oder HARRIS (1973) beschrieben, auf den Lebenslauf und die Lebenslaufanalyse Annas zu übertragen.

— Anna oder die Geschichte einer aggressionsgehemmten, selbstunsicheren Frau

Im Kontext von Körper- und / oder feministischen Therapien kann ich mir vorstellen, daß Annas unterdrückte Wut, ihre Aggressionshemmungen, ihre Schuldgefühle, ihre Verspannungen, Verkrampfungen und unsicheren Verhaltensweisen, ihre unglücklichen Männerbeziehungen und ähnliches mehr wesentlich stärker als in der von mir durchgeführten Therapie hervorgehoben worden wären.

Gerade wenn man die Pathologisierung der Person vermeiden will, kann sich eine solche »undramatische Sichtweise« (Anna als Beispiel einer selbstunsicheren Frau) positiv auf das Arbeitsbündnis zwischen Therapeut und Klient auswirken. Der Klient fühlt sich wie eine »normale Person« von Anfang an akzeptiert. Wenn aber eine solche Sicht zur alleinbestimmenden Perspektive gerät, droht allerdings die Gefahr einer für individuelle Entwürfe blindmachenden Typisierung, was letztendlich einer differenzierten biographischen Analyse abträglich wird!

— Anna als Opfer elterlicher Kindesmißhandlung

Anna weinte hin und wieder über ihre »schwere Hypothek« aus den Kinderjahren. Damit meinte sie wohl ihre erlittenen Bestrafungen und Demütigungen und die dadurch ausgelösten emotionalen Belastungen, die für sie in ihrer Art zu Leben und Erleben unübersehbare Spuren hinterlassen hatten.

Gleichwohl begriff sie sich selber nicht als bloßes Opfer oder Produkt ihrer z.T. schlimmen Kindheitserfahrungen. Nicht zuletzt durch die intensive Beschäftigung mit ihrer Lebensgeschichte nahm sie ihre eigene aktive Entwicklung und Befreiung aus dieser Schattenseite ihres Lebens zunehmend als positiv und ermutigend wahr. Sicher zeigt eine steigende Anzahl von Studien über Kindesmißhandlung [1)] wie prägend und vielfältig biographische Einbrüche durch elterliche Gewaltanwendung möglich sind.

Die eben angeführten Perspektiven stellen einige Möglichkeiten dar, zur Gesamtbiographie Annas einen heuristisch-kreativen Zugang zu finden. Neben solchen eher klinisch-psychologischen Perspektiven bieten sich selbstverständlich eine Reihe von Sichtweisen aus anderen Wissenschaften an wie Soziologie, Pädagogik, Geschichtswissenschaften... So z.B. könnte man Anna vom Blickwinkel des Soziologen als Beispiel einer Mädchen-Sozialisation in einer Arbeiterfamilie mit strenger Sektenzugehörigkeit und unter relativ isolierten Bedingungen stilisieren.

Im Zuge der Lebenslaufanalyse werden vom Klienten selbst Perspektiven angeboten, entdeckt oder neu entwickelt. Positive, motivierende Perspektiven kann man dabei aktivieren, bekräftigen. Auch wenn Perspektiven der Selbstentwicklung i.S. psychophilosophischer Weisheitstraditionen, möglichst im Einklang mit Eigenperspektiven des Subjekts, im von mir vertretenen Ansatz bevorzugt werden, steht doch als unverändertes, paradoxes Ziel das Überwinden von Konstruktionen und Konstrukten — seien sie perspektivisch oder nicht — in Richtung einer breiten Erfahrungsöffnung des eigentlichen »Hier-Seins«.

---

1) *Carver, V.* (Hrsg.): Child Abuse. A Study Text. New York, 1978 / *Engfer, A.:* Kindesmißhandlung. Stuttgart, 1986 / *Gil, D. G.* (Hrsg.): Child Abuse and Violence, New York, 1979 / *Kemper, R. S.; Kemper, C. H.:* Kindesmißhandlung, Frankfurt 1984 / *Lee, C. M.* (Hrsg.): Child Abuse. A reader and source book, New York 1978 / *Rush, F.:* The best kept secret. Sexual abuse of children. New York, 1980

2. Kapitel

Der lebenslaufanalytische Weg. Reflexionen über die therapeutische Beziehung und ihre Wirkung

»Wer auf sein vergangenes Leben aufmerksam wird, der glaubt zuerst oft nichts als Zwecklosigkeit, abgerißne Fäden, Verwirrung, Nacht und Dunkelheit zu sehen; je mehr sich aber sein Blick darauf heftet, desto mehr verschwindet die Dunkelheit, die Zwecklosigkeit verliert sich allmählich, die abgerißnen Fäden knüpfen sich wieder an, das Untereinandergeworfene und Verwirrte ordnet sich — und das Mißtönende löst sich unvermerkt in Harmonie und Wohlklang auf.«

K. P. Moritz.(Aus: *Anton Reiser,* Frankfurt / M. 1979, S. 107)

In den Tagebüchern Annas taucht hin und wieder die Überlegung auf, sich einer längeren Psychotherapie / Psychoanalyse zu unterziehen, mit dem Ziel, unter Anleitung eines Therapeuten endlich Klarheit über ihre Lebensgeschichte zu bekommen bzw. zu erfahren, was mit ihr eigentlich los sei (bin ich normal? neurotisch? schon unterwegs zur Verrücktheit?).

Die knapp einjährige Lebenslaufanalyse entsprach ziemlich genau ihrer lange gehegten Vorstellung. Die Therapie verlief so, daß eine Reihe von Themen und Ereignissen mit den in Teil I, Kap. 4 beschriebenen Verfahren intensiv angegangen wurden. Häufig machte Anna dazu Recherchearbeiten in eigener Sache, schrieb über bestimmte Lebensphasen oder Ereignisse, fertigte Zeichnungen, Tabellen, Lebenslinien an oder stellte Fotoalben aus ihrer Vergangenheit zusammen.

In der Entwicklung ihrer Beziehung zu mir wurden etliche Aspekte ihrer Biographie aktualisiert. So zum Beispiel war in der Anfangsphase ihr »Rede- und Bewegungsdrang« weder zu übersehen noch zu überhören. Es dauerte einige Wochen bis Anna während der Therapiesitzungen zu einer ruhigeren Gangart fand. Grundthemen wie »Vertrauen / Mißtrauen« oder »geliebt, abgelehnt werden«, die ihre Biographie durchziehen, tauchten selbstverständlich auch in ihrer Interaktion mit mir auf. Im zweiten Drittel der Therapie fühlte sie sich eine Zeitlang in einer für sie dramatischen Vertrauenskrise: War ich ein weiser Heiler, ein verblendeter Scharlatan oder gar ein teuflischer Verführer?

Während dieser »Vertrauenskrise« kamen Affekte (Wut, Verbitterung, Angst, Schuld...) hoch, die in ihrer Stärke und Ausdrucksform an diejenigen erinnerten, die sie vorrangig ihrer Mutter gegenüber seit ihrer Kleinkindzeit erfahren hatte.

Über lange Strecken der Therapie, auch mitten in der »Vertrauenskrise«, fanden Themen wie »Männerliebe, Schön / Häßlich-Sein, Zusammen / Allein-Sein« auf vielschichtige Weise in ihrer Beziehung zu mir als Mann eine aktuelle Ausdrucksmöglichkeit. Zusammen mit der »Vertrauensfrage« waren somit eine Fülle von Aspekten verbunden, die Anna vorbewußt oder bewußt mit mir als Therapeuten in Beziehung brachte. Ich möchte nur einige davon auflisten:

— Liebt er mich? Was mag er an mir nicht? Werde ich von ihm abgelehnt?
— Findet er mich schön, attraktiv oder häßlich? Liebt er mich, so wie ich bin? Bin ich für ihn nur ein Geisteswesen?
— Meint er wirklich, was er sagt? Ist es nur ein Therapie-Trick? Was glaubt und fühlt er wirklich?
— Ist er ein wahrer Meister oder ein falscher Prophet? Ein Wunderheiler oder ein Quacksalber?
— Kann er mich echt verstehen? Kann er mir wirklich helfen oder gehört er selbst zu den hilflosen Helfern?

Im Zuge einer Lebenslaufanalyse werden oft zentrale Lebensmotive und -themen der Person in direkter Beziehung zum Therapeuten intensiv erlebt. Je nachdem wie »weise und therapeutisch« der Therapeut mit den auf ihn übertragenen Themen oder allgemeiner gesprochen mit den auf ihn übertragenen Affekten, Gefühlen, Erwartungen, Vorstellungen etc. umgeht, davon ist wohl der Erfolg vom Fort- und Ausgang einer therapeutischen Lebenslaufanalyse im wesentlichen abhängig. In dem Maße, wie es mir gelang, ein tiefes Vertrauen und eine unerschütterliche, warme Sympathie Anna und ihrer Geschichte gegenüber zu empfinden, in diesem Maße gelang es auch Anna, tiefes Vertrauen und unerschütterliche, warme Gefühle zu sich selbst zu entwickeln oder wiederzufinden.

Begreift man die therapeutische Lebenslaufanalyse als ein von Therapeut und Klient gemeinsames Beschreiten eines langen Entwicklungsweges zum »Weisen Menschen«, dann verlieren Fragen nach einer therapietechnischen Handhabung von Vertrauenskrisen oder Liebesübertragungen an Gewicht. Es geht nicht primär und wesentlich darum, Techniken zu erlernen, sondern vorrangig darum, sich Schritt für Schritt mit dem Klienten in einen weisen Menschen zu verwandeln. Bei diesem gegenseitigen Verwandlungsprozeß scheint mir für den Therapeuten sehr hilfreich zu sein, wenn er bereit ist, von der Lebensweisheit seiner Klienten zu lernen. In diesem Zusammenhang fällt mir der von Anna zitierte Bibelspruch ein:

> »Was siehst zu du aber den Splitter in deines Bruders Auge und wirst nicht gewahr des Balkens in deinem Auge?«
>
> (Matthäus 7,3)

Teilweise aufgrund eines selbstzufriedenen, subjektiven Sättigungsgefühl in bezug auf die Verarbeitung zentraler Biographie-Motive, teilweise aber auch wegen der überwundenen »Vertrauenskrise« in ihrer Beziehung zu mir dienten die letzten zwei Monate vor Ende ihrer Therapie bzw. ihrem baldigen Umzug in eine größere Stadt zur Stabilisierung und Bilanzierung des gemeinsam Erarbeiteten.

In den letzten Behandlungswochen wurde mir besonders klar, daß Anna aus der positiv gelösten Vertrauenskrise in der Beziehung zu mir gestärkt herausgekommen war.

Sie hatte mehr Selbstvertrauen und Sicherheit gewonnen. So z.B. nahm sie als Frau im Umgang mit mir mehr und mehr eine realistische und autonome Position ein. Darüberhinaus konnte sie ohne Rede- und Bewegungsdrang über ihre Stimmungen, aktuelle Problemsituationen oder zukünftige Pläne in ziemlich gelöst-entspannter Form sprechen. Auf ihrem Weg nach Innen hatte Anna durch die Lebenslaufanalyse, nicht zuletzt durch die Aufarbeitung ihrer krisenhaften Beziehung zu mir an Klarheit und Standfestigkeit gewonnen. In den letzten zwei Wochen der Lebenslaufanalyse, die sich auf knapp ein Jahr mit rund 130 Sitzungen erstreckte, regte ich Anna an, sich vermehrt mit dem bisherigen Ablauf der Therapie im Sinne einer vorläufigen Bilanzziehung zu befassen. In diesem Abschnitt gehe ich ausschließlich auf die Bilanzierungsaspekte ein, so wie sie sich in den letzten Gesprächen mit Anna herauskristallisierten.

Zu Beginn der Therapie erlebte Anna ihren eigenen Lebenslauf als eine »Überforderung«. Vieles davon wirkte auf sie zersplittert, bruchstückhaft, widersprüchlich. Zeitweise hatte sie den Eindruck gehabt, ihr Leben gleiche einem sinnlosen Chaos, das in unzählige Bruchstücke auseinanderzufallen drohte. Auch wenn sich dieser Eindruck in den ersten zwei bis drei Monaten der Lebenslaufanalyse zeitweise sogar verschärfte, merkte sie doch im Laufe der Zeit, daß Ordnungs- und Integrationszüge immer deutlicher wurden. Sie glaubte sogar einen »roten Faden« in ihrer Biographie (wieder-)entdeckt zu haben (s. u. S. 234).

»Ordnung« hieß für Anna nicht nur einen klaren Blick über ihre persönliche Entwicklung seit ihrer frühesten Kindheit erlangt zu haben. »Ordnung« hieß auch eine für sie festere Sinn- und Werthierarchie (wieder-)gewonnen zu haben, bewußter nach ihren eigenen Sinnkriterien ihren Alltag zu gestalten und zu erfahren. Sie glaubte in dieser »Ordnung« eine Art »Sammlungskraft« zu spüren. Sie kam sich weniger von Urteilen anderer abhängig vor, mehr in sich zentriert, integriert.

Anna glaubte einige von ihr beobachtete Veränderungen allein schon durch eine neu gewonnene »innere Ordnung« ihrer Lebensgeschichte und Lebenswerte erklären zu können. So meinte sie weniger unter ihren »handicaps« (z.B. Rollenunsicherheiten als soziales Wesen, als Frau etc.) zu leiden. Obgleich diese nach wie vor vorhanden waren, machte es ihr nicht mehr so viel aus, wenn sie z.B. unsicher stammelte oder sich von anderen abgelehnt fühlte.

Ferner hatte Anna im letzten halben Jahr der Therapie einen stärkeren Hang zu Humor bzw. eine erhöhte Frustrationstoleranz bei sich bemerkt, was ihrer ausgeprägten Tendenz zum Nachgrübeln und zu allerlei negativen Selbstwertungen entgegenwirkte. Irgendwie damit einhergehend beobachtete sie eine spürbare Rücknahme von Projektionen wie »alle lehnen mich ab, finden mich lächerlich etc.« Auch vorschnelle Idealisierungen von anderen, insbesondere in bezug auf Männer, waren zurückgegangen. Dafür merkte Anna, daß sich ihr Blickfeld mehr dem Alltäglichen, den kleinen Veränderungen im normalen, banalen Alltagsleben zuwandte, daß sie nicht mehr wie vor der Therapie den Eindruck hatte, etwas Besonderes oder Wertvolles aufgeben zu müssen, wenn sie sich auf »normales Leben« einließe.

Insgesamt glaubte sie eine wirklichkeitszentriertere und vor allem tolerantere Haltung gegenüber sich selbst und den anderen entwickelt zu haben. Ihrer Meinung nach hatte sich durch die Lebenslaufanalyse ein so gutes Grundgefühl bei ihr breit gemacht, daß sie verglichen mit der Zeit vor der Therapie, viel vertrauensvoller in ihre Zukunft blicken würde. Dennoch sah sie noch eine Reihe von Aufgaben vor sich: So z.B. mehr Geduld im allmählichen Abbau von vorhandenen Unsicherheiten, mehr Kontinuität und Zuverlässigkeit im Erleben, d.h. weniger »Hin- und her-Schaukeln« zwischen extremen Hochs und Tiefs, mehr Aufmerksamkeit und Verantwortung für Andere, stärkere Entwicklung vernachlässigter Fähigkeiten im musischen Bereich, gesünderer Umgang mit ihrem Körper (bessere Ernährung, mehr Sport, weniger Rauchen etc.).

Anna bekannte sich gegen Ende der Therapie auch mehr als früher zu ihrem Selbstideal in bezug auf die große Liebe zwischen Mann und Frau, die für sie immer schon »die Liebe zum Leben, zur Welt, zur Menschheit und alle Selbstliebe umfaßte«. Ihren Heilungsprozeß, den sie mit den Worten »Blut und Wasser schwitzen« beschrieb, verstand sie nicht nur für sich selbst, sondern auch für ihren »künftigen Mann«. Das Abarbeiten ihrer — wie sie sagte — seelischen Hypothek, d.h. die Mißhandlungen und Demütigungen in ihrer Kindheit, das sog. »born-under-a-bad-sign-Gefühl«, das alles verstand sie als einen schmerzvollen oder notwendigen Entwicklungsschritt zu ihrem »Frau-Mann-Selbstideal« (s. Teil III, Kap. 4).

Sie wollte sich nicht mehr von Männer-Beziehungen abhängig machen oder selbst manipulieren, sondern ihren eigenen, inneren Weg gehen. Gerade durch die Lebenslaufanalyse und die Beziehung zu mir habe sie Rückmeldungen genug bekommen, daß sie bindungs- und beziehungsfähig sei. Auch wenn sie »ihren Mann« i.S. des Selbstideals vielleicht nie treffen werde, wolle sie nichts anderes als »das«, niemand anderen als ihn. Anders ausgedrückt äußerte Anna den starken Wunsch, sich nicht mehr von ihrem eigenen, inneren Weg abbringen zu lassen und sich auch nicht mehr in ein »neurotisches Abhängig- und Gefügigmachen von idealisierten Männerbeziehungen« zu begeben.

In diesem Sinne schrieb sie:

> »Ich habe das sichere Gefühl gewonnen, daß ich mein Hauptproblem im Leben, das mich zur Therapie motivierte, nun tatsächlich eingesehen habe und im weiteren Lebenslauf überwinden kann (evtl. überwunden habe?) — nämlich die Neigung, *abhängig zu werden,* die *Mitte* und den *Weg* aus den Augen zu verlieren, weil der Heilungsprozeß abhängig war von Bestätigung durch die Reaktion der Männer, die ich liebte.«

Teilweise durch meine zunehmend transpersonale Orientierung beeinflußt, verstand Anna ihre Lebenslaufanalyse als das Wiederbeschreiten und Weitergehen ihres »Weges nach Innen«. Was sie damit verband und darunter verstand, hoffe ich durch einige längere Zitate aus Therapieprotokollen und aus der mir vorhandenen schriftlichen lebenslaufanalytischen Bilanz dem Leser genügend klarzumachen.

»Wann immer ich versuchte, mich an vorgefundenen Werten, Rollenvorschriften der Gesellschaft zu orientieren, geriet ich in eine Krise, fühlte keine Kraft, wurde depressiv, neurotisch, unzufrieden. Genauso wirkte der Einfluß psychologischer Ideen, wenn ich Psychobücher las. Ich geriet in mutloses Grübeln, fand im Kopf einen Beurteilungsmaßstab, aber es war wie von außen. Innerlich fehlte die Rückmeldung des Erlebens, ob diese Konzepte für mich Gültigkeit hätten.

...Daß ich aufgrund meiner frühen Kindheitserlebnisse besonders schlecht im Leben weggekommen und besonders neurotisch sein müsse, stand für mich fest, — besonders wenn ich psychoanalytische Konzepte kennenlernte.

...Ich habe mich nie getraut, eine Psychotherapie mitzumachen, weil ich eine innere Warnung dagegen empfand, so als würde ich meinen »inneren Therapeuten« aufgeben und als würde ich *den Weg nach Innen* dadurch verlieren. Als würde ich mich fremd bestimmen lassen, die Kontrolle verlieren und die selbstbestimmte Lebensweise. Ich fühlte auch, daß psychologisch geschulte Menschen wie Klaus oder Jürgen mich nicht richtig erfaßten, nicht ganzheitlich, sondern daß sie einseitige Kategorien auf mich anwandten, die zwar zutreffend waren, aber das Gesamte, den Zusammenhang zerrissen und verzerrten. Ich fühlte, daß sie nicht so wie Rafa, Fred, Carlo das ganze Leben als einen *Weg* zur Selbstwerdung / -heilung ernst nahmen und einem inneren Führer folgten.

...Krisen als Prozeß oder als Symptome einer festen Neurose. Ich geriet ständig hin und her zwischen »heilen« inneren Zuständen, die ich nicht halten konnte und woran ich nicht wußte, sie festzumachen und Krisen, wo ich mich fragte, ob nicht alles fragwürdig sei und Ausdrucksweisen meiner Neurose. Hierbei spielten Rückmeldungen anderer eine wichtige Rolle, sowie fehlende spirituelle Gemeinschaft... Ich wollte aus der Perspektive anderer sehen und erzählen können, was ich auf meinem *Weg nach Innen* erlebt hatte und worin er bestand.

...Ich habe durch Sie und Ihre Kenntnis über verschiedenartige Bewußtseinszustände einen Rahmen gefunden, in den ich meine wesentlichen Harmonie-, Ruhe-, und ekstatischen Erlebnisse einordnen und sie dem Zugriff zweiflerischen Grübelns entziehen kann. Dadurch wird auch der rote Faden, den ich vorher keinem 'außer mir Stehenden' vermitteln konnte, aufzeigbar und trennbar von neurotischen Tendenzen und Krisenfragen.

... Die Befürchtung, der 'äußere Therapeut' könne meinen 'inneren Therapeuten' vertreiben, entwerten etc. ist bei der Lebenslaufanalyse gerade nicht eingetreten, — im Gegenteil. Somit finde ich, daß es für mich genau die richtige Therapieform war / ist.«

Wie aus diesem längeren Zitat hervorgeht, sah Anna gegen Ende der Therapie in der Lebenslaufanalyse eine Stützung ihres »inneren Therapeuten« auf ihrem Weg nach Innen. Um bei der Bilanzziehung Annas zu bleiben, erscheint es mir bei Lebenslaufanalysen als besonders wichtig, eine Kooperation (Begegnung?, Dialog?...) zwischen dem »inneren Führer und dem äußeren Therapeuten« in Gang zu setzen, derart, daß der »innere Therapeut« gestärkt wird und sich aus der Stille heraus Gehör verschaffen kann.

3. Kapitel

Annas Idee: Der Innere Therapeut

jenseits von sinn und nichtsinn wer bist du?
der klang des tauenden schnees

Claudia Stanke (1962 — 1987)
(Aus: »Innen-Reise«, Gedicht-Heft, ohne Jahres- und Ortsangabe.)

Abschließend möchte ich auf Annas Sichtweise näher eingehen, wonach die Psychotherapie oder Lebenslaufanalyse zur Stärkung des Inneren Führers oder Therapeuten dient. Die Idee eines innerseelischen Führers findet man in etlichen philosophischen, alchemisch-allegorischen, religiös-mystischen Modellen der Menschwerdung. So ließ sich *Sokrates* (470 - 399 v.Chr.) bei seinen Alltagsentscheidungen von einer »inneren Stimme« (Daimonion) leiten, die ihm sagte, was er tun und meiden sollte. Der »Innere Gefährte« im Sufismus, der »Alte Weise« bei *Jung,* »Vergil und Beatrice« bei *Dante,* die »Ewige Weisheit« bei *Suso* (1295 - 1366) sind weitere Beispiele.

Entsprechend Annas Idee soll der ideale »Äußere Therapeut« den »Inneren Therapeuten« des Klienten so unterstützen und stärken, daß er seine Selbstanalyse allein weiterführen kann.

Im Rahmen einer perspektivisch-verstehenden Psychologie, die den konstruktiv-kreativen Anteil menschlicher Tätigkeiten betont, kann man den sog. »inneren Therapeuten« als ein Konstrukt zur Explizierung des hier vertretenen lebenslaufanalytischen Hauptzieles auffassen: Die Selbstwerdung, die Transformation in den »Weisen Menschen«, das Erwachsen der Tiefenperson u.ä.m.

So gesehen dient die biographische Selbstreflexion zunächst der Ingangsetzung und Entfaltung eines Dialogs zwischen der Person und ihrem »inneren Therapeuten« (sprich: die Tiefenperson, der Weise Mensch etc.).

Entsprechend diesem Modell wird der »äußere Therapeut« den Dialog in dem Maße fördern können, indem er selbst mit seinem »inneren Therapeuten« im Einklang steht. Mit anderen Worten: je mehr äußerer und innerer Therapeut bei ihm übereinstimmen, umso mehr wird er beim Anderen den heilsamen Dialog zwischen der Person und ihrem eigenen »inneren Therapeuten« aktivieren können.

Mit der Annahme eines »inneren Therapeuten« wird die Ansicht vertreten, daß in der Person Anteile und Kräfte vorhanden sind, die eine starke Heil- und Wandlungswirkung ausüben können.

Der äußere Therapeut hat somit die vorrangige Aufgabe, diese Anteile und Kräfte so zu aktivieren, daß sie alsbald ohne sein Zutun genügend Stärke entwickeln, um sich bei der eigenen Lebensbewältigung des Klienten Gehör zu verschaffen.

Die Hinwendung nach Innen, die verstärkte Achtsamkeit und Selbstreflexion, das Sich-Einlassen auf alternative Perspektiven biographischer Prozesse sind sicher geistige Tätigkeiten, die sich auf die Aktivierung und Stützung des »inneren Therapeuten« förderlich auswirken.

Bei einer Lebenslaufanalyse, die unter Anleitung eines Therapeuten stattfindet, dürften sich ferner eine Reihe von Faktoren wie tiefe Selbsterfahrung, Akzeptanz, Empathie, Lebensweisheit, Geduld, Weit- und Klarblick beim Therapeuten auf den inneren Entwicklungsprozeß des Klienten positiv auswirken. Auch wenn der äußere Therapeut — vor allem im Anfangsstadium einer systematisch-intensiven Lebenslaufanalyse — eine entscheidende Wirkung innehat, sollte man doch dem entstehenden Dialog der Person mit sich selbst eine zentral-therapeutische Funktion zuerkennen. Gleichsam am Beispiel der therapeutischen Kommunikation lernt der Klient mit sich selbst achtsam, empathisch, weit- und klarblickend zu kommunizieren. Indem er dies tut, gewinnt der »Weise Mensch« oder der »innere Therapeut« in ihm mehr und mehr an Gewicht.

Die Übung

Einen perspektivisch-verstehenden Dialog mit sich zu führen läßt sich erlernen. Der hier vorgeschlagene Weg geht vorrangig über eine systematisch-intensive Beschäftigung mit der eigenen Geschichte. Vielfältige Verfahren, auch vom Übenden selbst entwickelte Methoden, können dabei zur Anwendung kommen. Verfahren, die eine schrittweise und wiederholte Einübung erlauben, sind sicher günstig, wenn es darum geht, über lange Zeit sich hinziehende Reflexionsprozesse einzuleiten. Bestimmte Ritualisierungen, z.B. sich jeden Tag eine Viertelstunde lang an eine vergangene Episode erinnern und im entspannten Zustand verschiedene Erlebnis- und Verhaltensaspekte achtsam beobachten, sind — am besten unter Anleitung — sicher von Nutzen. Bei Ritualisierungen ist allerdings zu bedenken, daß sie dazu neigen, zu zweckentfremdeten Leerformeln zu degenerieren.

Der Terminus »Übung« hebt zuerst hervor, daß man die Auseinandersetzung mit der eigenen Biographie lehren, lernen bzw. trainieren kann, und daß unter Berücksichtigung von Lernprinzipien Fortschritte bei der Entwicklung zum »inneren Therapeuten« zu erwarten sind. Darüber hinaus verstehe ich den Terminus »Übung«, besonders im Zusammenhang mit der transpersonal orientierten Lebenslaufanalyse, im Sinne eines Exerzitiums, eines Übungsweges. D.h. die Übung ist nicht nur Lernvorgang, Aneignung von Wissen oder Fertigkeiten, sondern auch ein Prozeß der allmählichen Wandlung oder Transformation der ganzen Person in den »Weisen Menschen«.

Die Wandlung, der Weg, die Übung, ist bei jeder Biographie von Anfang bis Ende individuell, einmalig und einzigartig. Dennoch lassen sich allgemeintypische Phasen und / oder Themen skizzieren, die den Wandlungsweg zum und vom Weisen markieren.

Viele mystische oder psychophilosophische Schulen haben Stufenmodelle entwickelt. In seiner Yoga-Sutra unterscheidet z.B. *Patanjali* (2. Jh. v. Chr.) acht Stufen auf dem Weg zur vollkommenen Selbsterfahrung. In der Buddhavatamsaka-Sutra werden zehn Stufen angegeben, die ein Buddhist auf dem Weg zur Verwirklichung zu durchlaufen hat. Die metaphorische Zen-Geschichte »Der Ochs und sein Hirte« [1] unterscheidet ebenfalls zehn Phasen in der Suche und Verwirklichung des inneren Selbst.

Die abendländische Mystik kennt eine Reihe von langwierigen psychischen Prozessen auf dem Wege zur »Gottesgeburt im Seelengrund«. Die Einteilung in drei Hauptphasen (Via Purgativa, Illuminativa, Unitiva) ist in vielen Werken zu finden. Die Wandlungsphasen und -prozesse des Mystikers im Zuge der »Vergottung seines Seelengrundes« sind weitgehend analog zu den Entwicklungsstufen in der esoterischen Alchemie, so wie sie beispielsweise C.G. JUNG (1944) dargestellt und kommentiert hat.

Bei der Einübung bzw. »Übung« von lebenslaufanalytischen Verfahren lassen sich ebenfalls allgemeine Phasen oder Stufen unterscheiden, die man je nach eingenommener Sichtweise anhand einer psychodynamischen, exi-

---

1) *D. R. Ohtsu* (Hrsg.): Der Ochs und sein Hirte. Pfullingen, 1958

stentialphilosophischen, mystischen oder perspektivisch-verstehenden Terminologie umschreiben kann.

Die nachfolgenden Stufen der lebenslaufanalytischen Wandlung sollen nur als eine vage Orientierungsskizze verstanden werden, die innerseelische Prozesse im Dialog mit dem »inneren Therapeuten« grob vereinfacht wiedergibt.

Die Lebenslaufanalyse beginnt mit der Weckung des Interesses, der Motivation (I) für eine intensive, irgendwie geregelte Selbstexploration (-erfahrung, -reflexion,...). Oftmals schließt sich eine Zeit an (II), in der die Person viel Material (Taten, Erlebnisse, Geschichten, Gefühle...) aus ihrer Biographie herausarbeitet. Schon in dieser Phase können wichtige neue Perspektiven für die weitere Lebenslaufanalyse gewonnen werden. Die Konfrontation mit grundlegenden Motivsystemen bzw. Kernannahmen (III) führt in der Regel zu krisenhaften Zuspitzungen. Bestimmte Schlüsselerlebnisse, wichtige Lebensepisoden, dramatische Ereignisse etc. tauchen wieder auf und drängen sich durch z.T. intensive, kathartische Affektäußerungen zu einer umfassenden Bearbeitung.

Nach dieser Krisenzeit machen sich häufig erste Sättigungserscheinungen oder Zweifel (IV) bemerkbar, die man zuweilen als »Widerstände« deuten könnte. Sinn und Zweck der Lebenslaufanalyse werden in Frage gestellt. Die Motivation scheint nachzulassen, und die Gefahr besteht, die Lebenslaufanalyse abzubrechen. Eigene Initiativen und Ideen werden seltener. Aus dieser Stagnation heraus können sich doch — z.T. bedingt durch die langsame Erholung aus der »Krisenzeit« — neue Impulse (d.h. Einsichten, Sichtweisen, Gefühle, Motive...) herausbilden, die zu einer zentrierten, geordneten Auseinandersetzung mit einzelnen Themen oder Annahmen (V) führen.

Im Anschluß daran kann sich sozusagen im Dialog mit dem »inneren Therapeuten« eine erste, in sich gewissermaßen tragfähige Integration (VI) der individuellen Biographie herauskristallisieren. Die Person gewinnt dadurch an Autonomie, Ich-Stärke, Sicherheit, »Tiefe«.

Die in diesem Buch geschilderte Lebenslaufanalyse Annas entwickelte sich im großen und ganzen entsprechend diesen sechs Stufen. Im Rahmen von kurzzeitigen Lebenslaufanalysen kann man eine solche Entwicklung als völlig ausreichend und therapeutisch erfolgreich ansehen.

Bei einer längeren und intensiveren Selbsterfahrung wird man im Zuge der eigenen Personentwicklung weitere Stufen durchschreiten. Nicht zuletzt durch Regressionsvorgänge auf frühe, präverbale bis perinatale Erlebnisstufen, durch zufällige oder lebenslaufanalytisch (selbst-)induzierte Grenzerlebnisse können sich neue Erfahrungen einstellen, die die erste, einigermaßen tragfähige Integration erschüttern und die Person neben beglückenden, ekstatischen Erlebnissen in eine existentielle Krise hineinbringen, in der starke, unüberwindbar erscheinende Selbstzweifel aufkommen mögen (VII). Dieser Entwicklungsstufe entspricht in anderen Systemen wie z.B. in der Gestalttherapie das »Sackgassen-Erleben« (impasse experience), im Zen-Buddhismus die Phase des »großen Zweifels« oder in der christlichen Mystik die »dunkle Nacht, der mystische Tod«. Starke Affekte (Wut, Haß, Angst, Schreck, Trauer, Verzweiflung, Freude) lösen einander ab und vermitteln den Eindruck, man könne aus allen Fugen geraten und im gewissen Sinne »verrückt« werden.

Eine allmähliche Überwindung der individuellen Biographie und damit einhergehend der tradierten Einordnungs- und Bewertungsmuster durch Öffnung neuer, existentieller Sinnperspektiven (VIII) bietet eine Orientierungs- und Stabilisierungsmöglichkeit.

Eine zweite, vertiefte Integration der aus Stufen (VII) und (VIII) stammenden Selbsterfahrung mit der während der früheren Stufen erarbeiteten Sicht der eigenen Lebensgeschichte wird nun zum Gegenstand der Lebenslaufanalyse. Bei dieser »zweiten Integration« (IX) wird dem inneren Therapeuten oder der Tiefenperson ein noch größeres Gewicht zuerkannt. Eine fortschreitende, geruhsame, wenig krisengeschüttelte Wandlung in den Weisen Menschen (den inneren Therapeuten, die Tiefenperson) findet statt (X). Das Üben lebenslaufanalytischer Verfahren geschieht hier gleichsam automatisch. Jegliche Alltagssituation wird reflexartig zum Übungsfeld des Weisen, so wie er in den »Stoa-, Tao- Zen-« oder ähnlichen psychophilosophischen Traditionen geschildert wird.

Nach jahrelanger, intensiver Praxis der Lebenslaufanalyse erreicht die Person die stabile, krisenfreie Stufe der Ich- und Selbstvergessenheit (XI). D.h. sämtliche Konstrukte und Konstruktionen, darunter auch die eben skizzierte Stufenleiter werden überwunden bzw. geraten in Vergessenheit. Einst zentrale Themen der Person, wichtige Glaubenssätze bzw. Kernannahmen, die eigene Biographie, die jahrelange, mühsame Lebenslaufanalyse, der innere Therapeut, der Weise Mensch oder ähnliche Hilfskonstruktionen verblassen immer mehr. Spätestens hier erschöpft sich jeder Versuch, die biographisch-existentielle Entwicklung des Menschen in Konstrukten und Stufen fassen zu wollen. Sogar die in diesem Buch vertretene »perspektivisch-verstehende Psychologie« scheint beim Entwicklungsniveau dieser 11. Stufe ausgedient zu haben.

Wie sagte *Wittgenstein?*

6.54 Meine Sätze erläutern dadurch, daß sie der, welcher mich versteht, am Ende als unsinnig erkennt, wenn er durch sie —

auf ihnen — über sie hinausgestiegen ist. (Er muß sozusagen die Leiter wegwerfen, nachdem er auf ihr hinaufgestiegen ist).

7. Wovon man nicht sprechen kann, darüber muß man schweigen. [1]

Im Unbegangenen endet der Weg [2]

»... Die Schafe beweisen dem Hirten nicht dadurch, daß sie das Futter wieder von sich geben, wieviel sie gefressen haben, sondern sie tragen Wolle und geben Milch. Also auch Du blende die Laien nicht mit philosophischen Sätzen, sondern beweise ihre Wahrheit durch Taten« [3]

---

1) Aus: Tractatus logico-philosophicus, London 1960[8]

2) Aus: *Ohtsu, D. R.* (Hrsg.): Der Ochs und sein Hirte, Pfullingen 1958, Kap. VIII Die vollkommene Vergessenheit von Ochs und Hirte.

3) *Epiktet,* Handbüchlein der Moral und Unterredungen, Hrsg. von *H. Schmidt,* Stuttgart 1978

Literaturverzeichnis

Andersen, H. Chr.: *Märchen.* Frankfurt / M. 1975

Berne, E.: *Was sagen Sie, nachdem Sie »Guten Tag« gesagt haben?* München 1975

Blofeld, J.: *Der Taoismus oder die Suche nach Unsterblichkeit.* Köln 1986

Carver, V. (Hrsg.): *Child Abuse.* A Study Text. New York 1978

Castaneda, C.: *Die Kunst des Pirschens.* Frankfurt / M. 1981

Dogen Zenji: *Shôbôgenzô.* Die Schatzkammer der Erkenntnis des wahren Dharma. Bd. I, II. Zürich 1986[2]

Eichmann, K.; Mayer, I.: *Kursbuch Psychotherapie.* München, Frankfurt / M. 1985

Engfer, A.: *Kindesmißhandlung.* Stuttgart 1986

Epiktet: *Handbüchlein der Moral und Unterredungen.* Hrsg. von H. Schmidt, Stuttgart 1978

Fischer, P.: *Diagnostik als Anleitung zur Selbstreflexion.* Landau 1986

Gadamer, H.-G.: *Wahrheit und Methode.* Grundzüge einer philosophischen Hermeneutik. Tübingen 1960

Gil, D. G. (Hrsg.): *Child Abuse and Violence.* New York 1979

Gutjons, H.; Pieper, M.; Wagener, B.: *Auf meinen Spuren.* Das Entdecken der eigenen Lebensgeschichte. Hamburg 1986

Harris, T. A.: *Ich bin o. k. — Du bist o. k.* Hamburg 1973

Heinl, P.: Die Technik der visuellen Analyse von Genogrammen (Familienstammbäume). Familiendynamik, 1987, *12,* 118—138.

Hoellen, B.: *Stoizismus und rational-emotive Therapie (RET) — Ein Vergleich.* Pfaffenweiler 1986

Jacobson, E.: *Das Ich und die Welt der Objekte.* Frankfurt / M. 1979

Jüttemann, G.; Thomae, H. (Hrsg.): *Biographie und Psychologie.* Berlin 1987

Jung, C. G.: *Psychologie und Alchemie.* Zürich 1944

Jung, C. G.: *Gesammelte Werke.* Bd. 9, I. Zürich 1958 ff.

Kemper, R. S.; Kemper, C. H.: *Kindesmißhandlung.* Frankfurt / M. 1984

Kernberg, O.: *Borderline-Störungen und pathologischer Narzißmus.* Frankfurt / M. 1978
Kohut, H.: *Narzißmus.* Frankfurt / M. 1973
Kohut, H.: *Die Heilung des Selbst.* Frankfurt / M. 1979
Lee, C. M. (Hrsg.): *Child Abuse.* A reader and source Book. New York 1978
Leibniz, G. W.: Monadologie. Aus: *Gesammelte Werke,* hrsg. von C. T. Gerhardt, Hildesheim 1961, Bd. 6
Leontjew, A. N.: *Tätigkeit, Bewußtsein, Persönlichkeit.* Stuttgart 1977
Ludewig, K. et al: Die Entwicklung eines Verfahrens zur Darstellung von Familienbeziehungen: *Das Familienbrett.* Familiendynamik, 1983, *8,* 235—231
Meueler, E.: *Wie aus Schwäche Stärke wird. Vom Umgang mit Lebenskrisen.* Hamburg 1987
Morgan, L. D.; Murray, H. A.: A Method for Investigating Fantasies: *The Thematic Apperception Test.* Archives of Neurology and Psychiatry, 1935, *34,* 289—306
Ohtsu, D. R. (Hrsg.): *Der Ochs und sein Hirte.* Pfullingen 1958
Quekelberghe van, R.: *Systematik der Psychotherapie.* München 1979
Quekelberghe van, R.: Menschliches Handeln, Lebenspraxis und Psychotherapie. In: R. van Quekelberghe / N. van Eickels: *Handlungstheorie und psychotherapeutische Problemanalyse.* Landau 1983
Quekelberghe van, R.: Zur Methode der Lebenslaufanalyse: eine Darstellung aus tätigkeitspsychologischer Sicht. In: R. van Quekelberghe (Hrsg.): *Studien zur Handlungstheorie und Psychotherapie 2.* Landau: EWH 1984
Quekelberghe van, R.: *Albert und Sigrid. Eine Einführung in die Lebenslaufanalyse.* Landau 1985
Quekelberghe van, R. : Einige Handlungsregeln und -prinzipien zur Herbeiführung und Beeinflussung des Fließbewußtseins in der Psychotherapie. In: R. van Quekelberghe (Hrsg.): *Studien zur Handlungstheorie u. Psychotherapie 3.* Landau 1986
Rush, F.: *The best kept secret. Sexual abuse of children.* New York 1980
Sinclair, N.: *»Wen die Götter lieben ... den rufen sie früh zu sich.«* Idole des 20. Jhd. Hamburg 1984
Stevens, J. O.: *Die Kunst der Wahrnehmung.* München 1981[6]
Thomas, K.: *Selbstanalyse.* Stuttgart 1986[3]
Wahl, H.: *Narzißmus.* Stuttgart 1985
Werder von, L.: *...triffst Du nur das Zauberwort.* Eine Einführung in die Schreib- und Poesietherapie. München / Weinheim 1986
Wittgenstein, L.: *Tractus logico-philosophicus.* London 1960[8]

Erving Polster

Jedes Menschenleben ist einen Roman wert

aus dem amerikanischen von Brigitte Stein

In diesem Buch sucht Erving Polster, die technischen Modalitäten der Psychotherapie mit der Erkenntnis der Heilwirkung zu verbinden, die sich für Menschen ergibt, wenn sie erfahren, wie außerordentlich interessant sie sind. Als Modell für diese Verbindung dient dem Autor die von ihm postulierte Verwandtschaft zwischen Psychotherapeuten und Schriftstellern, deren Gemeinsamkeit er in einem empathischen Erforschen des menschlichen Verhaltens und Bewußtseins sieht. Polster zeigt, wie Psychotherapeuten einen Sinn für das Drama im Leben jedes Menschen eher entwickeln können, wenn sie dieses Modell anwenden. Demnach sind sie dann in der Lage, die Lebensgeschichte jeder Person zu verfolgen, die einzigartigen Charakteristika und Ereignisse zu entdecken, den mikrokosmischen Beitrag, den das Leben jeder Person enthält zu erkennen und die Klienten durch den unumgänglichen kreativen Weg problematischer Erfahrungen hindurch zu begleiten. Sich auf seine Erfahrung als Psychotherapeut beziehend, beschreibt der Autor einige Wege, die die Integration der literarischen Perspektive und der psychotherapeutischen Methodik fördern. Sowohl die Schriftsteller als auch die Psychotherapeuten laden uns dazu ein, das Buch des eigenen Lebens aufzuschlagen und die Wunder, die es enthält, zu bestaunen.

Zum Autor:
Seit seiner »Lehre« in den frühen 50er Jahren bei Fritz und Laura Perls, Paul Goodman, Paul Weisz und Isadore From hat Dr. Erving Polster einen eigenständigen und bedeutenden Beitrag zur Weiterentwicklung und Verbreitung der Gestalttherapie geleistet. Er ist Mitbegründer und ehemaliger Leiter des »Gestalt Institute of Cleveland«, Mitverfasser des Klassikers »Gestalttherapie, Theorie und Praxis der integrativen Gestalttherapie« und Autor zahlreicher weiterer Publikationen. Gegenwärtig ist Erving Polster Co-leiter des »Gestalt Training Center - San Diego« und lehrt klinische Psychologie in »The School of Medicine at the University of California, San Diego«.

Maurice Friedman

Der Heilende Dialog in der Psychotherapie

»Ich empfehle dieses Buch all jenen, deren Anliegen die zwischenmenschliche Begegnung ist ...« Lyman C. Wynne

Maurice Friedmans besonderes Anliegen in diesem Buch ist, der Art und Weise nachzugehen, wie Heilung durch Begegnung im psychotherapeutischen Dialog zustande kommt. Jede Form von Therapie lebt in größerem oder geringerem Maß von der Begegnung zwischen Therapeut / in und Klient / in, aber nur wenige Theorien haben die Begegnung — das was sich »dazwischen« ereignet — als zentrale und nicht als untergeordnete Quelle der Heilung begriffen. Der Autor zeigt auf, welch weitreichenden Einfluß Martin Bubers Konzepte des Dialogs, der Bestätigung und der Grundwörter Ich-Du und Ich-Es auf verschiedene Psychotherapieschulen ausübten. Friedman stellt eine Reihe bedeutender Psychotherapeuten / innen vor und setzt sie mit den Grundannahmen ihrer Schulen in Bezug, insofern als sie sich unmittelbar auf das Heilen durch Begegnung und Bestätigung auswirken.

Zum Autor:
Maurice Friedman lehrt seit über 30 Jahren an mehreren Universitäten der USA Philosophie, Religion, Psychologie und zeitgenössische Literatur. Er ist Autor mehrerer Bücher wie: »Martin Buber - The Life of Dialogue« (1960), »Martin Buber's Life and Work« Vol. I, II + III (1982—84), »The Confirmation of Otherness« (1983), »Revealing and Observing the Human« (1984) und hat mehr als 150 Aufsätze zum Existentialismus, zur Philosophie und Psychologie geschrieben.

Reinhard Fuhr / Martina Gremmler-Fuhr

Faszination Lernen

Transformative Lernprozesse im Grenzbereich von Pädagogik und Psychotherapie

Lernen ist eine faszinierende Lebensaufgabe, sofern diese Fähigkeit des Menschen nicht nur genutzt wird, um sich Kenntnisse und Fertigkeiten anzueignen, Probleme zu lösen und Gewohnheiten zu verändern.

In diesem Buch werden Lernprozesse, die Wandel im Organismus-Umwelt-Feld auslösen — also transformative Lernprozesse — theoretisch und empirisch untersucht. Die Gestalttherapie von Perls / Hefferline / Goodman, die transpersonale Psychologie Ken Wilbers und die Bewußtseinsbildung Paulo Freires werden ebenso wie die holistische Selbstorganisationstheorie Gregory Batesons und Erich Jantschs zur Entwicklung eines eigenständigen Konzepts transformativen Lernens herangezogen. An vielen Beispielen aus der Aus- und Weiterbildung, Beratung und Supervision wird aufgezeigt, wie kontaktvolle und sinnhafte Lernprozesse initiiert und unterstützt werden können.

Das Buch richtet sich an Pädagogen, Berater, Therapeuten, Supervisoren, Gruppentrainer, Dozenten und an alle, die an faszinierenden Lern- und Wandlungsprozessen interessiert sind.

Die Autoren:

Dr. Reinhard Fuhr

Studium in Anglistik, Geographie, Philosophie und Pädagogik. Staatsexamen für das Höhere Lehramt. Dozent in Lahore / Pakistan, Gymnasiallehrer, Didaktischer Leiter eines Gesamtschulversuchs. Seit 1975 Dozent am Pädagogischen Seminar der Universität Göttingen für den Studienschwerpunkt Beratung und für die Lehrerausbildung. Promotion in Pädagogik (Didaktik der Weiterbildung). Aus- und Weiterbildung in Gestaltpsychotherapie und Gestaltpädagogik.

Martina Gremmler-Fuhr

Studium in Biologie, Anthropologie, Germanistik und Pädagogik. Magisterdiplom in Pädagogik (Studienschwerpunkt Beratung). Mehrjährige Mitarbeit an Forschungs- und Praxisprojekten zum Thema »Bewußtseinsprozesse und Lernen« am Pädagogischen Seminar der Universität Göttingen. Weiterbildung in Personalentwicklung und Organisationsberatung.